# 거대한 가속

포스트 코로나 시대, 우리 앞에
다가온 역사의 변곡점

# 거대한 가속

**스콧 갤러웨이** 지음 | **박선령** 옮김

리더스북

# 10년 빨리 찾아온 미래를 직시하라

우리는 시간이 일정한 힘이라고 배웠다. 하늘을 가로지르는 태양의 움직임과 태양 주위를 도는 계절적 궤도는 끝없이 일정한 리듬을 형성한다. 그러나 시간에 대한 우리의 인식은 일정하지 않다. 나이가 들수록 과거가 차지하는 비중은 커지고, 세월은 더 빨리 흐른다. 아침에는 유치원에 처음 등원하는 아들과 헤어지면서 뽀뽀를 해줬는데, 오후에는 그 아들이 5학년이 되어 집에 돌아오는 식이다. 아들의 상황은 나와 정반대다. 아들이 다니는 학교에서는 5학년 아이들이 이런저런 실패를 겪어도 괜찮다고 말한다. 하지만 나는 아들이 처음 받은 C와 D 성적이 자꾸 신경 쓰인다.

우리가 경험하는 것은 시간이 아닌 변화다. 아리스토텔레스는 시간은 단순히 '이전'과 '이후'의 차이를 측정하는 것이기 때문에 변화가 없다면 시간은 존재하지 않는다고 말했다.[1] 우리는 늘 시간이 무척 천천히 가거나 쏜살같이 흐르는 듯한 경험을 하게 된다. 시간은 잘 변하고, 변화할 때마다 속도도 달라진다. 그리고 아주 작은 일이 전례 없는 변화를 일으킬 수도 있다. 바이러스처럼 작은 것이 말이다.

2020년 3월 초, 우리는 '이전'에 살고 있었다. 뉴스에 새로운 바이러스에 대한 이야기가 나오긴 했지만 그뿐이었다. 중국 밖에서는 세계적인 위기에 맞닥뜨렸다는 증거를 거의 발견할 수 없었다. 이탈리아 북부에서 41명이 사망했지만 그 외 유럽 지역에서는 생활에 아무런 변화도 없었다. 미국에서는 3월 1일에 첫 사망자 소식이 들려왔으나 그날의 주요 뉴스는 피터 부티지지Pete Buttigieg(인디애나주 사우스벤드 시장으로 일하다가 2020년 미국 대통령 선거 민주당 후보 경선에 출마했으나 중도 하차했다. 2021년 9월 현재 바이든 행정부 초대 교통부 장관이다.-옮긴이)가 대통령 선거운동을 중단했다는 것이었다. 봉쇄도, 마스크도 없었고 사람들은 대부분 앤서니 파우치Anthony Fauci(미국 국립알레르기·전염병연구소장으로 감염병 관리 최고 책임자-옮긴이) 박사가 누군지도 몰랐다.

그러나 그달 말부터 우리는 '이후'의 세계를 살아가게 되었다. 세계는 봉쇄되었다. 영화배우 톰 행크스Tom Hanks, 성악가 플라시도 도밍고Placido Domingo, 영국 총리 보리스 존슨Boris Johnson, 그리고 항공모함에 탑승해 태평양 한복판을 항해 중이던 미국인들을 비롯해 전 세계 수십만 명이 코로나 바이러스에 양성반응을 보였다. 크기가 사람 머리카락 두께의 400분의 1에 불과한 바이러스가 130조 톤이나 나가는 지구를 장악해 이전보다 10배나 빨리 돌아가게 만든 것이다.

그러나 시간의 흐름이 빨라졌는데도 우리 삶은 정지된 듯한 기분이다. 내 아들이 처음으로 형편없는 성적표를 들고 왔을 때처럼, 우리는 지금 이 시간이 지난 뒤 어떤 일이 생길지 상상하는 능력을 잃었다. 확진자 수와 사망자 수, 게임 점수와 영화 시간만 확인할 뿐이다. 우리 옆에는 이전도 이후도 없이 줌Zoom 미팅과 테이크아웃, 넷플릭스Netflix만 존재하고 있다. 2020년 여름 히트작인 영화 〈팜 스프링스Palm Springs〉는 두 사람이 계속 똑같은 날을 살아가는 내용이다.

태양 주위를 도는 여행을 50여 차례나 경험해본 나는 우리가 이 순간의 지속성에 대해 잘못 생각하고 있다는 걸 안다. 그래서 아이들에게 '이 또한 지나갈 것'이라고 말하면서 스스로도 그렇게 확신하려고 애쓰는 중이다. 이 책은 전례 없는 현재를 뛰어넘어 미래를 예측하면서 만들어가고, 더 좋은 해결책을 얻을 수 있는 대화를 위한 시도다.

생명체가 존재한다고 알려진 유일한 천체인 지구가 다시 원래의 규칙적인 회전 속도로 돌아갈 때쯤, 미국의 기업과 교육, 그리고 사람들은 어떻게 달라져 있을까? 더 인도적으로 번영하게 될까? 아니면 차라리 회전이 멈추는 걸 원하게 될까? '이후'의 세상을 제대로 만들기 위해 우리는 무엇을 할 수 있을까?

나는 기업가이자 경영대학원 교수이기 때문에 '비즈니스'라는 렌즈를 통해 세상을 바라본다. 팬데믹으로 기업 환경은 어떻게 재편될 것인가? 이는 이 책이 다루는 주제 중 하나다. 내 첫 저서인 『플랫폼 제국의 미래The Four』를 팬데믹 시대에 맞춰 업데이트한 이 책에서 아마존Amazon과 애플Apple, 페이스북Facebook, 구글Google을 다시 살펴볼 것이다. 또 이들 네 기업이 지배하는 분야 외에서 발생한 시장의 교란과 번창할 준비가 되어 있는 회사들도 살펴볼 생각이다.

비즈니스라는 것은 진공 상태에서는 운영될 수 없다. 그 때문에 나는 사업에 대해 말할 때 광범위한 사회적 스토리와 연결하곤 한다. 또 현재 고등교육이 변혁적 혁신의 정점에 와 있다고 생각하기 때문에 이 책의 한 장 전체를 고등교육에 할애했다. 아울러 팬데믹이 문화와 정치의 폭넓은 흐름을 밝히고 가속화한 방법, 자본주의의 이름으로 진행된 한 세대의 변화가 정작 자본주의 체제를 훼손시켰다고 믿는 이유, 그리고 이와 관련해 우리가 할 수 있는 일에 대해서도 썼다. 내가 제시하는 사례와 분석이 미국 내에서의 경험에 뿌리를 둔 것이긴 하지만, 현재의 위기는 세계적인 것이므로 이런 통찰이 다른 나라 독자들에게도 도움이 되기를 바란다.

우선 두 가지 주제부터 이야기하고자 한다. 첫째, 팬데믹이 가장 지속적으로 끼칠 영향은 현상 촉진제로서의 역할일 것이다. 팬데믹은 몇 가지 변화를 일으키고 일부 트렌드의 방향을 바꾸기도 했지만, 가장 주된 영향은 사회에 이미 존재하는 역학 관계를 가속화한다는 것이다. 둘째, 어떤 위기에도 기회는 있으며 위기가 크고 파괴적일수록 기회 또한 더욱 커진다. 그러나 두 번째 사항에 대한 낙관론은 첫 번째 문제 때문에 약화된다. 팬데믹 때문에 빨라지는 추세는 대부분 우리 삶에 부정적인 영향을 미치는 것들이라서 코로나 이후의 세계에서 우리가 회복하고 번영하는 능력이 약화될 수 있다.

### '거대한 가속'이 나타나는 시대

"몇십 년 동안 아무 일도 없다가 몇 주 사이에 수십 년 동안 일어날 법한 사건이 벌어질 수도 있다."

이 말은 레닌Lenin이 했다고 알려져 있지만 실은 스코틀랜드 하원 의원인 조지 갤러웨이George Galloway(훌륭한 이름이다)가 한 말이다. 이 말은 지금 우리 삶의 모든 부분에서 현실이 되고 있다. 전자상거래는 2000년부터 뿌리를 내리기 시작했고, 이후 소매업에서 차지하는 비중이 매년 약 1퍼센트씩 증가했다. 2020년 초에는 소매 거래의 약 16퍼센트가 디지털 채널을 통해 이루어졌다. 그런데 코로나 바이러스가 미

**미국의 전자상거래 보급률**

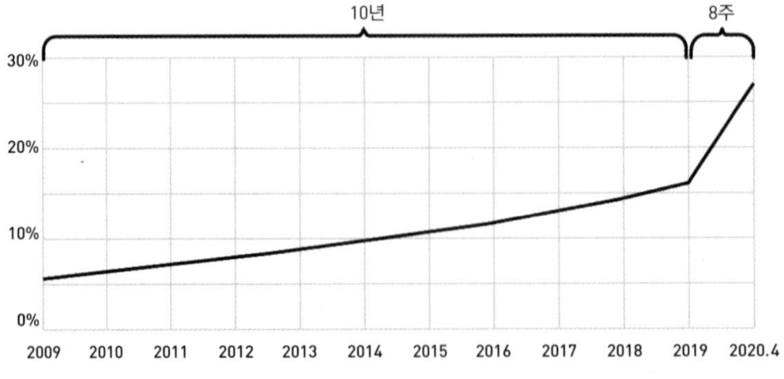


출처 : Bank of America, U.S. Department of Commerce, Shawspring Research

국에 상륙한 지 8주(2020년 3월부터 4월 중순까지) 만에 27퍼센트로 급증하더니 계속 그 상태를 유지하고 있다. 단 8주 만에 10년 치 성장을 이룬 셈이다.

사회와 비즈니스, 개인과 관련된 모든 추세가 10년이나 앞당겨졌다. 설령 당신의 회사가 아직 그 지점에 도달하지 못했더라도, 소비자 행동과 시장은 이미 추세선의 2030년 지점에 도달해 있다. 긍정적인 추세와 부정적인 추세 모두 말이다. 재무 실적이 좋지 않은 회사는 이제 버틸 수 없을 것이다. 필수 소매업체가 판매하는 상품이 그 어느 때보다 중요해졌다. 이제 필수 소비재가 아니라면 소비자의 판단에 맡겨야 한다.

기업들은 지난 수십 년간 화상회의 장비에 수백만 달러를 투자하면서 사람들 사이의 거리를 좁히려고 애써왔다. 대학들도 1990년대 초반에 외부 세계와 보조를 맞추기 위해 블랙보드Blackboard(학습 관리 시스템을 제공하는 교육 기술 회사-옮긴이)를 비롯한 도구를 마지못해 도입했다. 통신사들은 온라인으로 진행하는 가족 모임, 전국 곳곳에 흩어져 있는 환자들을 진찰하는 의사, 고향을 떠나지 않고도 세계 곳곳의 훌륭한 교사들에게 배우는 학생의 모습을 담은 광고를 수없이 내보냈다.

하지만 수십 년 동안 별다른 일은 벌어지지 않았다. 수백만 달러를 투자한 화상회의 시스템은 제대로 작동하지 않았고, 교수진은 드라이 이레이즈Dry Erase(시트지처럼 원하는 곳에 붙여서 쓸 수 있는 화이트보드-옮긴이)나 파워포인트보다 복잡한 기술에 저항했다. 페이스타임FaceTime과

자동차 회사의 시가총액

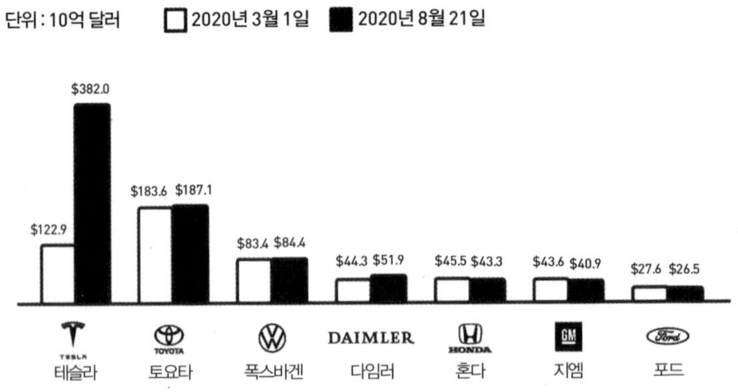


출처 : Seeking Alpha Data

스카이프Skype는 개인 간 커뮤니케이션에 영향을 미쳤지만 해당 업계를 장악할 만큼 인기가 높지는 않았다.

그런데 단 몇 주 만에 우리 삶이 온라인으로 옮겨 가면서, 업무도 대부분 원격으로 처리하게 되었다. 사람들은 모든 업무 회의를 온라인으로 진행했고, 교사들은 온라인 교육자가 되었으며, 친목 모임도 화면을 통해 이루어졌다. 시장에서는 투자자들이 다음 주 혹은 몇 년 뒤가 아니라 2030년에 기업들이 차지할 위치를 추정해서 혁신 기업의 가치를 보정했다.

애플의 가치가 1조 달러가 되기까지 42년이 걸렸는데, 1조 달러에서 2조 달러로 늘어나는 데는 고작 20주(2020년 3~8월)가 걸렸다. 같은 기간 테슬라Tesla는 세계에서 가장 가치 높은 자동차 회사가 되었을 뿐 아니라 몸값이 토요타Toyota, 폭스바겐Volkswagen, 다임러Daimler, 혼다

Honda를 합친 것보다 높아졌다.

대도시의 시장과 도시계획 관련 공무원들은 수십 년 전부터 자전거도로와 보행자 접근로를 늘리고 자동차 수를 줄여야 한다고 주장해왔다. 하지만 차량과 대기오염, 사고가 거리와 하늘을 혼탁하게 물들였다. 그런데 몇 주 만에 자전거를 타는 이들이 도로를 점령했고, 야외 테이블이 늘어났으며, 하늘은 맑게 개었다.

반면 부정적 경향 역시 가속되었을 수도 있다. 경제학자들은 수십 년 동안 경제적 이동성은 감소하는 데 반해 경제적 불평등은 심화되고 있다고 경고해왔다. 이렇게 근본적으로 부정적인 추세를 보이는 경제 상황은 디스토피아로 변질되어왔다. 미국인의 40퍼센트는 위급한 상황이 닥쳤을 때 바로 쓸 수 있는 현금 400달러를 구하는 것도 힘들어한다. 그러나 11년 동안 계속 경제가 성장하는 전례 없는 상황이 벌어지자 사람들은 이런 흐름이 앞으로도 계속 이어질 것이라고 생각했다.

그러다가 코로나 바이러스 때문에 불황이 닥치자 첫 3개월 동안 미국에서는 대공황 당시 2년간 줄어든 일자리보다(5퍼센트) 더 많은 일자리가 사라졌다(13퍼센트). 미국 가정 중 절반은 팬데믹으로 가족 구성원 최소 한 명이 일자리를 잃거나 급여가 줄어드는 것을 경험했다.[2] 특히 연소득 4만 달러 미만인 가구가 가장 큰 타격을 입었는데, 4월 초까지 거의 40퍼센트가 직장에서 해고 혹은 일시 해고된 반면, 소득이 10만 달러 이상인 가구에서는 그런 일을 겪은 경우가 13퍼센트에 그쳤다.[3] 좋은 쪽으로든 나쁜 쪽으로든 세상은 전보다 빠르게 돌아가고 있다.

### 위기 속에 새로운 기회가 있을까

'위기 속에 기회가 있다'는 말이 다소 진부한 표현이 된 데는 이유가 있다. 존 F. 케네디는 이 말을 선거 연설의 기본 토대로 삼았고, 앨 고어도 노벨상 수락 연설에서 위기를 기회로 삼아야 한다고 말했다. 위기危機를 나타내는 중국어는 2개의 문자로 이루어져 있는데 하나는 '위험'을, 다른 하나는 '기회'를 나타낸다. 그렇다면 코로나 이후에는 어떤 기회가 우리를 기다리고 있을까?

팬데믹은 그 먹구름의 크기에 맞먹는 밝은 희망을 품고 있다. 미국에서는 하룻밤 사이에 저축률이 높아지고 배기가스가 줄었다. 미국 소비자가 가장 많이 접하는, 규모가 가장 크고 중요한 3개 분야(의료, 교육, 식료품)는 전례 없는 혼란 속에서도 발전하고 있을 것이다.

한동안은 코로나19 때문에 혼란에 빠진 몇몇 병원의 이야기가 주요 기삿거리였지만, 앞으로는 나머지 99퍼센트의 사람들이 팬데믹 기간에 어떻게 (대형 병원은 고사하고 동네 의원에도 발걸음을 하지 않은 채) 의료 서비스를 이용했는지에 관련된 이야기가 주를 이룰 것이다. 원격 의료를 강제로라도 받아들이게 된 덕에 앞으로 혁신이 폭발적으로 이루어질 테고, 망가진 미국 의료 시스템의 비용 부담에 맞서서 벌이는 전쟁에 새로운 전선이 펼쳐질 것이다.

원격 학습을 강제로 받아들이는 과정도 어설프고 문제가 있었다.

그럼에도 이를 통해 고등교육이 진화하면 대학 등록금이 낮아지고 입학률은 높아져 더 많은 사람들이 상위 계층으로 이동하는 데 발판 역할을 하는 대학의 기능을 회복할 수 있다. 교육보다 훨씬 근본적 문제인 식생활의 경우, 배송을 통한 식료품 공급으로 보다 효율적인 유통, 신선 식품 이용 확대, 지역 상품 활용을 위한 기회가 생긴다면 이 분야에서도 혁명이 일어날 것이다.

이 같은 변화가 진행되는 세계적인 위기 속에서 성장한 이들은 공동체와 협력, 희생에 새삼 감사를 느끼는 세대, 공감 능력이 약점이 아니며 부가 미덕이 아니라고 믿는 세대로 자라날 가능성이 있다.

기회는 보장된 것이 아니다. 앞서 언급한, '위기'를 뜻하는 중국어의 첫 번째 문자는 '위험'을 의미하는 것이 맞지만 두 번째 문자는 '기회'가 아니라 '중요한 시점' 혹은 '갈림길'로 번역하는 게 맞다. 1917년에 러시아에서 진행된 급진적인 변혁은 레닌의 동포들에게 위기와 함께

**팬데믹 전후의 행동 변화**

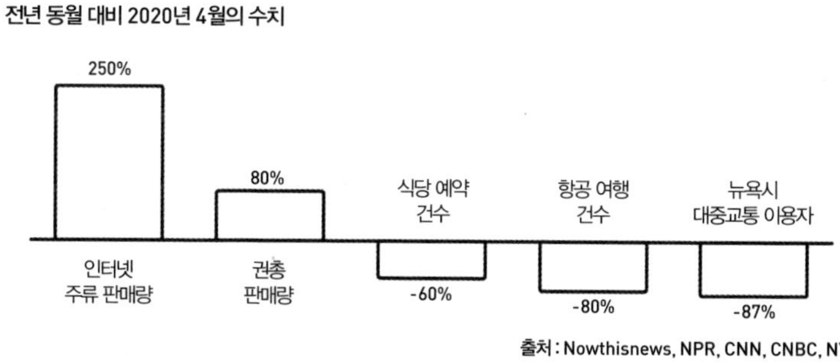


출처 : Nowthisnews, NPR, CNN, CNBC, NYT

기회도 제공했다. 하지만 그들은 그 기회를 잡지 못했기에 엄청난 고통을 겪어야 했다. 미국에서는 그런 일이 일어나지 않을 것이라고 생각하기 쉽다. 하지만 그리 멀지 않은 과거인 20세기 중반에, 일본인 조상을 뒀다는 이유로 미국 시민 7만 5,000명을 철조망 안에 가둬둔 적이 있지 않은가(진주만 공습으로 미국 내에서 일본에 대한 분노가 커지자 일본계 미국인들을 강제수용했던 일을 가리킨다.-옮긴이). 팬데믹이 시작될 당시만 해도 다른 나라에서 바이러스를 잘 막아냈기 때문에 미국이 하루 1,000명씩 사망하는 나라가 될 것이라곤 그 누구도 생각하지 못했다.

갑작스러운 이 위기에 대한 미국의 대응 방식은 미국인들의 자신감을 높이지 못했다. 다른 나라들보다 의료 분야에 많은 돈을 지출하며 역사상 가장 혁신적인 사회라고 믿었는데, 인구수가 전 세계 인구의 5퍼센트를 차지하는 미국에서 전 세계 코로나 감염자와 사망자의 25퍼센트가 발생한 것이다. 지난 10년 동안 미국에서 창출된 일자리는 2,000만 개였는데 10주 만에 4,000만 개가 사라졌다. 여행하는 사람이 줄었고 식당 불이 꺼졌으며 술과 권총 판매량이 증가했다. 200만 명이 넘는 Z세대가 다시 부모와 함께 살고 있고[4] 7,500만 명의 젊은이들은 불확실성과 갈등, 위험 속에서 학교에 다니고 있다.

역사학자들은 어떤 실책 때문에 이런 지경에 이르렀는지 분석할 수 있을 것이다. 하지만 우리가 겪은 실패의 심층적인 원인은 지금도 명확하게 알 수 있다. 2개의 전쟁을 생각해보자. 미국은 3년 8개월 동안 제2차 세계대전에 참전했고, 40만 7,000명의 미국인이 목숨을 잃었다. 초콜릿이나 나일론도 구할 수 없었고, 경제적 압박이 심한 전시였는데도 모든 가정이 돈을 긁어모아 전쟁 채권을 사라는 요구를 받았다. 제조업체들은 폭격기와 탱크를 만들기 위해 공장을 개조했고, 전쟁에 필요한 연료와 고무를 절약하기 위해 전국의 모든 자동차는 시속 56킬로미터의 '승리' 속도제한을 지켜야 했다.[5]

그뿐만이 아니다. 고등학생과 교사까지 군에 징집되어 자유를 지키기 위해 목숨을 바쳤다. 전쟁이 끝난 뒤 미국은 적국에 투자했고, 지금껏 존재한 어떤 사회보다 많은 부와 번영을 이루었다. 한동안은 전보다 공정하게 부를 분배했다. 사람들은 사는 곳을 옮기고(교외 지역으로 이주), 사는 방식을 바꿨으며(자동차와 TV 구입), 인종 및 성별과 관련된 가장 심각한 불평등에 대해 오랫동안 미뤄온 계산을 시작했다.

### 앞으로의 세계는 우리에게 달려 있다

미군은 아프가니스탄에서 19년간 전투를 벌이면서 2,312명의 병사를 잃었다. 이 분쟁은 전 세계 절반에 걸친 폭력으로 비화되어, 글자 그대로 수십만 명의 민간인 사망자가 발생했다. 그 기간 '우리 군대를 지지한다'라고 쓰인 범퍼 스티커를 붙인, 연비가 1갤런당 14마일(1리터당 약 6킬로미터 - 옮긴이)인 SUV를 수없이 볼 수 있었다. 상점이나 휴대폰을 이용해 초콜릿 혹은 원하는 물건을 구하는 데는 아무 어려움이 없었다. 돈을 많이 벌수록 적용받는 세율은 낮아졌고, 아무도 전쟁 채권을 사거나 징병에 응하라고 강요하지 않았다. 대신 노동계급 청년으로 구성된 모병군에게 전쟁을 맡기고, 적자를 6조 5,000억 달러 늘려 미래 세대가 전쟁 자금을 대도록 했다.[6]

과거에는 애국심이 곧 희생으로 이어졌지만 오늘날에는 흥분제 역할을 할 뿐이다. 팬데믹 기간에 지도자들은 이를 행동으로 보여주었다. 수백만 명이 죽는 건 그저 '조금 안타까운' 일이지만, 주가 하락은 크나큰 비극이다. 기본적인 태도가 이렇다 보니 사람들이 겪는 고통도 정도가 다를 수밖에 없다. 저소득층과 유색인종은 고소득층에 비해 코로나19에 감염될 가능성이 높고, 다른 심각한 질병에 걸릴 위험도 2배나 된다.[7] 부유층의 경우 가족과 보내는 시간, 넷플릭스 시청 시간, 저축액, 주식 포트폴리오 가치가 모두 상승했고 통근 시간과 비용은 이전보다 줄었다.

이 세계가 헝거 게임Hunger Games(판엠이라는 독재국가가 지배하는 암울한 미래 세계를 그린 디스토피아 소설과 영화-옮긴이) 같은 미래로 향할지, 아니면 더 밝은 쪽으로 향할지는 우리가 코로나 이후 어떤 세상을 택하느냐에 달려 있다.

## 차례

## 3장 | 또 다른 시장 교란자들



## 4장 | 위험과 혁신이 기다리는 고등교육

## 5장 | 거대한 가속이 우리에게 남긴 것들

# 1장

# 빠르게 재편되는 비즈니스 판도

"평소 같으면 습득하는 데 10년은 걸렸을 이런 습관이
이제는 우리의 뉴 노멀new normal이 되고 있다."

## 집단 도태 : 강한 자가 훨씬 더 강해지는 세상

팬데믹발 위기에서 가장 놀라운 것 중 하나는 자본시장의 회복력이다. 갑작스럽게 출현한 바이러스가 팬데믹을 야기하면서 다우존스, S&P 500, 나스닥 주요 시장 지표가 잠시 급락하긴 했지만 금세 제자리를 찾았다. 코로나로 2020년 여름까지 18만 명이 넘는 미국인이 사망했고, 실업률이 기록적으로 치솟았으며, 바이러스는 쇠퇴할 기미가 전혀 보이지 않음에도 주가는 하락 폭을 대부분 회복했다.

《블룸버그 비즈니스위크Bloomberg Businessweek》 2020년 6월호 커버스토리에서는 이런 현상을 가리켜 '대규모 단절'이라고 했다.[1] 이 기사에 따르면 '월스트리트 전문가들도 이런 현상에 깜짝 놀랐다'. 이 글을 쓰는 지금은 코로나 바이러스로 매일 1,000명의 미국인이 사망하고 있지만 시장 지표는 계속 상승하고 있다.

하지만 이런 시장 지표는 오해를 불러일으킬 수 있다. 주식시장이 '회복'된 것은 일부 기업, 특히 대형 IT 기업과 글로벌 기업이 큰 이익을 거둔 덕분이다. 대중 장세(일반 투자자들이 주식 매입에 적극적으로 참여해 주식시장이 활기를 띠는 장세 - 옮긴이)에는 이런 영향이 반영되지 않았다. 500대 상장 기업의 주가지수를 따라가는 S&P 500은 2020년 1월 1일부터 7월 31일까지 연간 기준 상승세를 유지했다. 그러나 같은 기간 중간에 있는 기업, 즉 중형주의 주가는 10퍼센트, S&P 600에 속한 소형주 회사 600개의 주가는 약 15퍼센트 하락했다.

팬데믹 국면에서 언론이 거대 IT 기업이나 대형주 지수 같은 화려한 부분에 정신이 팔린 동안 한쪽에선 무자비한 집단 도태가 진행되고 있다. 약자는 그냥 뒤처지는 정도가 아니라 잔인하게 학살당한다. 코로나 이후 파산한 기업의 명단은 길고도 충격적이다. 니먼 마커스Nei-

**S&P 소형주·중형주·대형주 지수의 주가 실적**

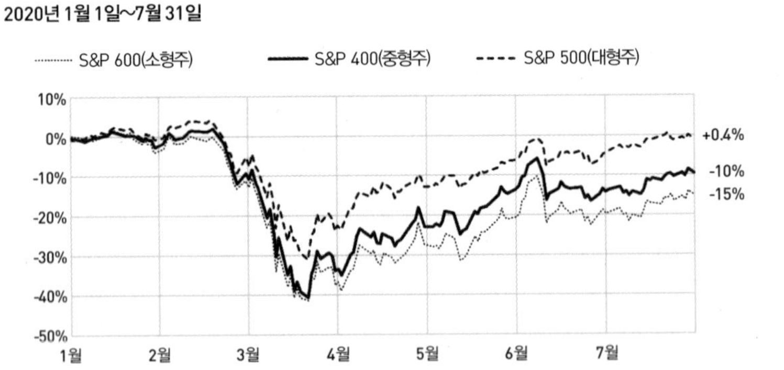


출처 : Analysis Yahoo Finance Data

man Marcus, 제이 크루J. Crew, J. C. 페니J.C. Penney, 브룩스 브러더스Brooks Brothers, 허츠Hertz(달러Dollar와 스리프티Thrifty라는 자동차 렌털 회사를 소유하고 있다), 어드밴티지Advantage, 로드 앤드 테일러Lord&Taylor, 트루 릴리전True Religion, 럭키 브랜드 진Lucky Brand Jeans, 앤 테일러Ann Taylor, 레인 브라이언트Lane Bryant, 멘스 웨어하우스Men's Warehouse, 존 바바토스John Varvatos, 24아워 피트니스24-Hour Fitness, 골드 짐Gold's Gym, GNC, 모델 스포팅 굿즈Modell's Sporting Goods, XFL, 수 라 테이블Sur La Table, 딘 앤드 델루카Dean&DeLuca, 무지Muji, 체서피크 에너지Chesapeake Energy, 다이아몬드 오프쇼어Diamond Offshore, 화이팅 페트롤리엄Whiting Petroleum, 캘리포니아 피자 키친California Pizza Kitchen, 르 팽 코티디앵Le Pain Quotidien 미국 지사, 척 E. 치즈Chuck E. Cheese 등이 파산했다.[2] 예약booking, 엔터테인먼트entertainment, 항공사airlines, 크루즈 및 카지노cruises and casinos, 호텔 및 리조트hotels and resorts를 뜻하는 'BEACH' 종목의 주가는 평균 50~70퍼센트 하락했다.[3]

이 현상은 시장의 리더들이 그간 거둔 뛰어난 성과를 설명하는 데 도움이 된다. 한 기업의 가치는 숫자와 기업 서사를 통해 평가된다. 현재의 기업 규모를 보면 그 회사가 위기에서 어떻게 살아남을지에 대해서는 물론, 코로나 이후의 세계에서 어떻게 번창할지도 알 수 있다. 도태 과정이 끝나고 다시금 단비가 내리면 이전보다 개체 수가 적어진 코끼리들에게 돌아갈 먹이는 더 많아진다. 현금과 부채 담보가 있고 주식 가치가 높은 기업은 곤경에 처한 경쟁사의 자산을 인수하고 시장을 통합할 수 있는 위치에 올라서게 될 것이다.

팬데믹 덕에 혁신과 관련된 논의도 활발해졌다. 혁신적이라고 평가

받는 기업들은 지금으로부터 10년 뒤의 현금 유동성 추정치가 반영된 평가를 받기에 믿을 수 없을 정도로 낮은 이율로 돈을 빌릴 수 있다. 투자자들은 기업의 비전, 그리고 10년 뒤 그 기업이 어떤 위치에 오를 수 있을지에 관심을 집중하는 듯하다. 현재 테슬라의 가치가 토요타, 폭스바겐, 다임러, 혼다를 합친 것보다 높은 것도 그런 이유에서다. 2020년에 테슬라는 약 40만 대의 자동차를 생산하는 데 반해 나머지 4개 회사는 총 2,600만 대를 생산할 것임에도 말이다.

시장은 코로나 이후의 상황에 도박을 거는 중이고, 우리는 대폭 상승과 급격한 하락을 모두 목격하고 있다. 2020년 7월 말 기준으로 테슬라의 주가는 전년 동기 대비 242퍼센트 상승했지만 GM은 31퍼센트 하락했다. 아마존은 67퍼센트 상승했으나 J. C. 페니는 파산했다. 대기업과 중소기업, 혁신 기업과 오래된 기업 사이의 이런 '단절'은 시장과 경제 전반의 격차만큼 중요하다. 오늘의 승자는 내일의 더 큰 승자

**시가총액 변화에 따른 잠재 이익**

2002~2020년
매출액이 가장 많은 2,562개 기업

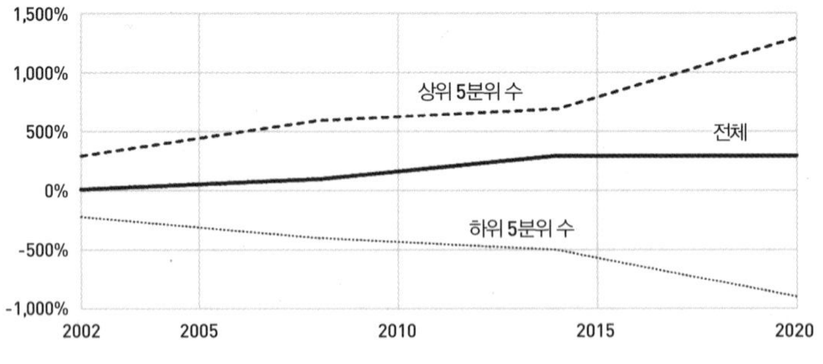


출처 : Mckinsey & Company, Variance

로 평가되고, 오늘의 패자는 운이 다한 것처럼 보이기 때문이다.

자본시장을 예측할 때 중요한 점은 그게 어느 정도 자기실현적 예측이라는 점이다. 아마존이나 테슬라 같은 유망 기업이 승자라고 판단한 시장은 이들의 자본비용(자본을 제공한 투자자들이 요구하는 수익률-옮긴이)을 낮추고, 스톡옵션을 통해 보상 가치를 높였으며, 직접 만들지 못하는 것들도 확보할 수 있는 능력을 강화했다. 게다가 요새는 안전한 투자 대상을 찾는 자본이 매우 많다. 미국 정부는 경제 부양을 위해 2조 2,000억 달러를 쏟아부었고, 그중 상당액은 몇몇 끔찍한 정책 결정 때문에(이에 대해선 뒤에서 자세히 살펴보자) 자본시장으로 곧장 유입되고 있는데, 팬데믹 전부터 사업을 잘 운영해온 회사들은 그 덕에 이 세계적인 위기 속에서도 상당한 이익을 거두었다. 그들은 수입 감소에 따른 충격을 완화하기 위해 자금을 조달하고 경쟁사보다 몸집을 키우면서 팬데믹이 제공한 새로운 기회로 뻗어나가고 있다. 반면 그들보다 약한 경쟁사들은 시장에서 퇴출되고, 채무 등급이 하락함에 따라 채권자들에게 상환을 독촉받을 가능성이 높다. 고객 역시 이들과의 장기적 거래를 꺼릴 것이다.

이런 상황에서 누가 소멸할지, 또 누가 살아남아 번성할지 결정하는 경제 외적인 심판자가 있으니, 바로 정부다. 일례로 항공사들은 팬데믹 상황에서 현재와 같은 형태로는 절대 살아남을 수 없다. 비행기만큼 바이러스 확산에 큰 역할을 하는 것도 없기 때문이다. 코로나 때문에 재택근무 도입이 빨라졌고 항공 산업의 돈줄인 출장을 다닐 수 없게 되었다. 게다가 항공사는 간접 비용이 어마어마하기 때문에 수입이 감소해도 비용을 절감하기가 힘들다. 미국의 대표 기업이라 보기는 어려운 몇몇 소규모 국내 항공사와 버진 애틀랜틱Virgin Atlantic을 비롯한 여러 외국 항공사들은 이미 파산을 선언했다. 하지만 미국의 주요 항공사들이 의회를 완전히 장악하고 있는 만큼, 이 중 도산하는 기업은 한 곳도 없을 것으로 예상된다. 미국 정부는 2020년 4월에 이미 항공업계에 250억 달러를 지원했는데, 지원금은 더 늘어날 듯하다. 실력 좋은 로비스트와 홍보 담당자, 높은 소비자 인지도, 그리고 국가적 자부심과 단단히 연결된 덕에 이 업계는 역사상 가장 강력한 자금원인 미국 정부를 통해 생명줄을 얻게 될 것이다.

## 현금이 최고가 된 시대

지난 10년 동안 시장은 기업 가치를 결정할 때 이윤보다 비전과 성장 가능성을 우선시했다. 무슨 수를 써서든 블리츠스케일blitzscale(기습 공격을 의미하는 독일어 'blitz'와 규모 확장을 뜻하는 영어 'scale up'을 조합한 말. 사업 초기부터 거침없이 규모를 확장하면서 후발 주자와의 격차를 벌리는 전략-옮긴이), 즉 공격적인 사업 확장을 시도했다. 기업에 있어 비용은 투자일 뿐이며 그 투자를 통해 수익을 얻거나 시장을 지배해야 한다. 당연한 것 아닌가? 주식 투자자들은 더 많은 자본을 투자하기 위해 줄을 선다. 부채도 거의 없으면서 무형의 자산을 통해 성공한 경험이 있는 회사라면 현금 유동성이 좋든 나쁘든 전혀 상관하지 않으며, 재무제표는 잘 살펴보지도 않는다.

팬데믹 시대에는 현금이 왕이다. 비용 구조는 새로운 산소 포화도 수준과 같다. 재무제표가 탄탄하다는 말은 힘든 시기를 헤쳐나갈 자본이 있다는 뜻이다. 현금이 있고 부채가 적거나 채무 비용이 낮으며, 고부가가치 자산이 있으면서 고정비용도 낮은 기업은 살아남을 가능성이 높다.

코스트코Costco는 여러 이유로 험난한 소매업계의 상황을 이겨내기에 적합한 위치에 있는데, 은행 계좌에 들어 있는 110억 달러의 현금도 그 이유 중 하나다. 허니웰Honeywell이 보유한 150억 달러의 현금은 이 회사를 젖과 꿀이 흐르는 코로나 이후의 세상으로 인도해줄 것이다. 존슨 앤드 존슨Johnson&Johnson은 거의 200억 달러 가까운 현금을 보유하고 있는데, 그 돈은 아무 데도 가지 않는다. 이 회사들은 모두 그들보다 약한 경쟁사가 문을 닫으면 남겨진 자산과 고객을 원하는 대로 골라잡을 수 있다. 어느 분야에서든 재무제표가 가장 건실한 2~3개 기업에 보다 많은 힘이 집중될 것이다.

최근 몇 년 사이에 기업들이 수익을 이용해 자사주를 매입하는 주식 환매 문제와 관련해 많은 이야기가 있었다. 이 방법을 쓰면 주가가 올라가고 고위 경영진에게 많은 보너스가 돌아가지만 회사의 기본적인 사업 활동에는 아무런 도움도 되지 않는다. 하지만 불경기가 닥치면 경영진은 이 전략을 재고할 가능성이 크다. 자사주를 매입하느라고 쓴 현금을 돌려받고 싶겠지만 이미 때는 늦었다. 주식 환매는 회사의 장기적 미래를 단기 투자 수익과 맞바꾸는 시한폭탄과 같은데, 이제 그 폭탄이 터지고 있다. 이런 회사는 실패하게 놔둬야 한다. 그들이 실패하게 놔두지 않는다는 건 비즈니스 시장이 부채보다 자산을 선호한다는 뜻이다. 채권자가 그런 자산을 소유하고 있기 때문이다.

결국 팬데믹으로 가장 큰 타격을 입는 것은 재무제표가 부실하고 직원 수가 많은 대기업일 것이다. 나는 2020년 3월에 여성 의류 브랜드인 앤 테일러가 파산할 것이라고 예측했는데,[4] 7월이 되자 앤 테일러의 모회사인 아세나Ascena가 파산 신청을 했다. 아세나의 부채 규모는 100억~500억 달러로 추산되는데, 대부분 점포를 임대해준 건물주들에게 갚아야 할 돈이다. 마찬가지로 여성 의류와 액세서리 브랜드 치코스Chico's도 파산할 것으로 보인다. 코로나 사태 이전에도 혁신을 통해 온라인 시장의 젊은 고객을 많이 유치하지 못하는 것은 전통 소매업체에 치명적인 일이었다. 재정 상태가 좋지 않은 중견 기업과 대기업은 가장 큰 피해를 입을 것이다. 식당 소유주도 비슷한 어려움을 겪을 가능성이 크다. 고정비용, 즉 임대료는 많이 나가는데 이를 해결할 방법은 없고, 수익성이 낮은 데다 자금을 조달할 곳도 부족해 궁핍한 시기를 버틸 완충 자본이 없는 탓이다.

### 어려운 때일수록 전략적 스펙트럼이 필요하다

처음 위기를 해결할 때는 회사가 팬데믹의 전략적 스펙트럼에서 어디쯤 위치하는지 알아야 한다. 무리 중 가장 큰 코끼리에게 적합한 조치가 '병약한 가젤(예전에 아마존 창업자 제프 베조스Jeff Bezos가 영세 출판사를 가리켜 한 말이다)'에게도 어울리는 건 아니다. 즉 어떤 분야에서 사업을 하는지가 중요하다. 어떤 쪽은 아주 잘하고 있고(기술), 어떤 쪽은 그럭저럭 괜찮으며(운송·의료), 상황이 아주 힘든 분야도 있다(식당·접객). 각 분야 내에서는 브랜드, 재무제표 등 주요 지표의 상대적 강점에 따라 저마다 다른 전략을 써야 한다.

물론 그러지 못할 기업도 많다. 이 경우 자기만의 고집도 어느 정도는 필요하겠지만, 타격이 심한 분야에 종사하는 탓에 허약한 경쟁사를 신나게 인수할 처지가 아닌 회사들은 새로운 방향을 고민할 필요가 있다. 피벗pivot(기업이 설립 초기에 고수하던 비즈니스 모델이나 경영 전략을 바꿔 새로운 제품, 서비스로 재포지셔닝하는 것-옮긴이) 전략을 쓸 수 있는가? 새로운 비즈니스로 연결될 수 있는 자산이 있는가? 예를 들면 나는 미국에서 가장 큰 전화번호부 회사의 투자자 겸 이사다. 현재 그 회사는 고객 관계 관리CRM(고객 특성에 따라 마케팅 활동을 계획·지원·평가하는 것-옮긴이) 회사로 탈바꿈했다. 이들은 가장 강력한 자산인 수십만 중소기업과의 관계를 이용해서 서비스형 소프트웨어SaaS, Software as a Service 기반의 제품을 공급하기로 했고, 이 방법이 먹힌 것이다.

브랜드가 가장 강력한 자산인데 사업이 구조적으로 쇠퇴하고 있다면, 브랜드가 '사망'하기 전까지 거기서 가능한 한 많은 것을 짜낼 방법을 진지하게 고민해야 한다. 사망이니 뭐니 하면서 마치 사람처럼 표현하긴 했지만, 브랜드는 사람이 아니라 돈을 벌어들여야 하는 자산이다. 그런 브랜드가 황금기에 지니고 있던 가치를 다 짜내지 못한 채 그냥 죽게 내버려두는 건 좋지 않다. 나이 든 브랜드에 보톡스를 주입해 겉모습만이라도 젊게 만들려고 애쓰는 경영자들이 많은데, 이럴 때는 차라리 수익성 높은 호스피스로 보내는 편이 낫다. 거기서 마지막으로 얻은 수익을 이용해 브랜드를 가치 있게 만든 사람들, 즉 직원과 고객이 전환 과정을 수월하게 거치도록 해줘야 한다. 다시 말해 불황에 대비한 자금이 없는 2군 기업이 취할 수 있는 최선의 방법은 직원을 보호하고 고객을 궁지에 빠뜨리지 않으면서 우아하게 퇴장할 방법을 찾는 것이다.

### 속도가 완벽함보다 중요하다

'포스트 코로나'의 미래로 향하는 길이 아무리 좁더라도, 위기 상황에 대응하는 방법과 관련해 가장 중요한 좌우명은 '과잉 수정'이다. 그 모범적인 사례가 1982년에 타이레놀 스캔들이 발생했을 때 존슨 앤드 존슨이 대응한 방식이다. 이 회사가 세계에서 가장 가치 있는 기업 중 하나인 이유는 당시 공장에서 출하된 타이레놀 병 몇 개에 누군가 독극물을 탔을 때(돈을 갈취하기 위해 그랬던 듯하다) 그게 자기들 잘못이 아니라며 변명하지 않고 경찰이 사건을 처리할 수 있도록 협조했기 때문이다. 이 회사는 시중에 나와 있는 타이레놀 3,100만 병을 수거했고 핫라인을 구축해 범죄 정보를 제보하는 사람에게 보상했으며, 소비자가 구입한 약을 교환해주었다. 약에 독극물이 들어간 게 존슨 앤드 존슨의 잘못이었을까? 아니다. 그런데 회사가 과잉 반응을 보였는가? 그렇다. 그런 대응이 대중의 건강을 보장하고 회사의 신뢰를 회복했는가? 당연히 그렇다.

세계보건기구WHO의 보건 비상 프로그램을 책임지고 있는 마이크 라이언Mike Ryan 박사는 모든 응급 상황에 적용되는 교훈을 들려준다.

"필요한 걸 다 갖춘 뒤에야 비로소 조치를 취하려고 한다면 사태를 해결할 수 없을 것이다. 비상 경영 상황에서 완벽함을 추구하는 건 올바른 일이 아니다. 속도가 완벽함보다 중요하다. 그리고 우리 사회의 문제는 다들 자신이 실수할까 봐 두려워한다는 것이다."

취약한 기업들의 생존은 철저한 비용 절감에 달려 있다. 코로나

19에 대응하는 백신이 개발되더라도 '정상'으로 돌아가는 과정은 느리고 예측하기도 힘들다. 거의 모든 기업의 매출이 줄어든 상태에서 자기자본 투입이나 이자율이 낮은 융자, 정부 보조금 등을 이용할 수 없는 기업은 전에 없이 허리띠를 졸라매야 한다. 소매업계에는 '첫 번째 가격 인하가 가장 좋은 가격 인하'라는 오래된 격언이 있다. 한 달 더 기다렸다가 상품 가격을 60퍼센트 낮추는 것보다는 지금 당장 80퍼센트 싸게 파는 편이 낫다. 기다렸다 조치를 취하면 문제만 더 악화될 뿐이다.

다음으로 회사 전체와 팀의 지출을 살펴보자. 비용을 최대한 줄일 방법을 빨리 찾아보자. 자신부터 시작해 사내에서 봉급이 가장 많은 이들의 연봉을 삭감하고, 그것을 순순히 받아들이는 모습을 보면 다른 직원들도 느끼는 바가 있을 것이다. 지분을 나눠주거나 임금 지급을 조금 늦추거나 휴가를 주는 등 현금 지출 없이 직원들에게 보상해줄 방법도 찾아보자. 하지만 한 가지 예외가 있으니, 바로 해고다. 일자리는 지키지 못하더라도 사람은 보호할 수 있다. 감원 문제와 관련해서는 찰스 다윈Charles Darwin처럼 적자생존의 원칙을 지키며 엄격한 태도를 취해야 하지만, 한편으로는 해고 과정이 원만하게 진행되도록 가능한 한 모든 노력을 기울여야 한다.

2020년 6월에 마이크로소프트Microsoft는 4억 5,000만 달러의 손해를 감수하면서 스티브 발머Steve Ballmer 시대의 유산인 오프라인 소매 사업을 접기로 하는 등 향후 비용 절감을 위한 중대한 결단을 내렸다. 죽은 나무는 깨끗이 치워야 한다. '반쯤' 은퇴한 상태인 창업자의 고급 사무실을 치우고, 로비에 비치해둔 불필요한 잡지 구독을 취소하고,

출장과 야식을 줄이는 등의 방법으로 긴축 재정에 돌입해야 할 때다.

비용 절감 외에 처분할 수 없는 자산으로 할 수 있는 일이 또 뭐가 있을까? 2020년 여름에 나는 팬데믹으로 극심한 압박을 받고 있는 고등교육 분야 리더들과 자주 통화했다. 그들은 종신 재직권과 강력한 노조, 시설 설비 때문에 비용을 절감할 방법이 없다고 하소연했다. 그래서 그들이 선택한 방법은 학생을 더 많이 유치해 학생 1인당 소요되는 비용을 줄이는 것이었다. 기술에 적절히 투자하면 물리적 시설을 늘리지 않고도 강좌 규모를 확대할 수 있다.

지난 10년 동안 나는 매년 가을 뉴욕대학교New York University 스턴 경영대학원Stern School of Business에 있는 160명 정원의 강당에서 브랜드 전략을 가르쳤다. 인기 있는 수업이라서 듣고 싶어 하는 학생들이 더 많았지만 그 강의실이 가장 큰 곳이라 더 이상 수강 인원을 늘릴 수 없었다. 하지만 스턴 경영대학원이 온라인 수업을 시작하면서 인원 제한이 없어졌다. 2020년 가을에는 온라인 강의실에 학생 280명이 들어올 것이다. 그러려면 줌 요금을 추가로 지불해야 하고 조교도 몇 명 더 채용해야겠지만, 내 월급엔 변함이 없고 더 큰 강의실을 확보하기 위해 맨해튼의 부동산을 추가로 구입할 필요도 없다.

위기의 와중에 운 좋게도 유리한 자리를 차지하고 있는 회사들도 근육을 유연하게 풀어둬야 한다. 마이크로소프트가 틱톡TikTok 인수에 관심을 보인 것은 최근 10년 사이 가장 활발한 인수 합병 환경의 시작에 불과하다. 현재 빅테크 기업 및 혁신 기업들은 적정한 평가를 받고 있거나 가치가 부풀려진 상태인데, 이 말은 곧 인수 합병이 증가할 것이라는 뜻이다. 자본만 있으면 주식을 넉넉하게 청약할 수 있고, 현금

거래의 경우 새로운 제품 라인을 통해 얻을 수 있는 멀티플multiple(기업의 미래 가치에 대해 투자자가 부여하는 가중치-옮긴이)을 이용해 시장가치를 더 높일 수 있다. 일례로 프리미엄 기능성 스포츠웨어 브랜드인 룰루레몬Lululemon은 홈 트레이닝용 스마트 거울을 만드는 스타트업 미러Mirror를 인수하기 위해 현금 5억 달러를 썼다. 그리고 지난 10년 사이에 집에서 운동하는 사람들이 급증했다는 사실을 알아차린 시장은 이튿날 바로 룰루레몬의 기업 가치를 20억 달러 높게 평가하며 이 회사에 보상을 안겨줬다.

코로나 이후의 세상에서는 모든 비접촉 거래의 중요도가 더 커질 것이다. 효율적인 이메일, 전화, 영상통화, 그리고 모두가 원하는 집에서의 저녁 식사나 느긋하게 긴장을 푸는 시간을 위해 출장이나 업무상 필요한 저녁 식사, 비즈니스 골프 등을 버릴 것이다. 회사가 직원들에게 제공하는 혜택에 대해서도 다시 생각해볼 필요가 있다. 헬스클럽 회원권보다 반려동물용품이 더 환영받을 수도 있고, 어쩌면 유연한 재택근무가 가장 반가운 복지제도일지도 모른다. 직원들 말에 귀를 기울이는 건 효과적인 결정을 내리는 데 도움이 될 뿐만 아니라 위기를 거치면서 떨어진 신뢰를 다시 쌓는 데도 좋다.

팬데믹 시대에는 생존이 중요한 목표임에 분명하다. 이를 위해서는 비즈니스 모델을 수정하는 선에서 끝내는 게 아니라 완전히 재고해야 할 수도 있다. 번화가의 목 좋은 곳에서 식당을 운영하고 있는가? 요새는 안전과 편의를 중시하다 보니 외식 같은 경험의 중요도가 많이 낮아졌다. 뉴욕의 한 레스토랑처럼[5] 생존에 집착하면서도 여전히 호화로운 분위기를 유지하고 테이크아웃과 '배달'도 가능하도록 메뉴와 공간을 재구성할 수 있는가? 웹사이트도 없는 희귀 도서 서점을 운영하고 있는가? 이제는 디지털 의존도를 높여야 할 때다. 예전에 아마존에서 아주 근사하게 포장한 중고 서적을 산 적이 있었는데, 선물 포장도 훌륭했던 데다 그런 책을 구입한 게 너무 좋아서 그 서점을 꼭 찾고 싶었다. 그래서 결국 찾아낸 뒤 그 서점 웹사이트에서 더 많은 책을 주문했다. 디지털 측면에서 보면, 고객의 시간을 절약해주기 위해 하는 모든 일들이 '이 전례 없는 시대'에 대한 화려한 마케팅 언어보다 고객순추천 지수NPS, Net Promoter Score를 더 높여줄 것이다.

어떤 기업이든 지금은 과거에 배운 것을 잊고 코로나 이후에 다가올 세상에 맞춰 새롭게 자리 잡기 위해 힘든 변화를 이루어야 할 때다. 깨끗한 종이를 한 장 꺼내보자. 기존 결정에서 벗어나 시장 진출 방식을 어떻게 바꿀지 정하고, 그에 맞는 인력 규모나 구성을 파악하고, 이상적인 보상 전략을 정하자. 의지할 수 있는 전술서도 없고 보호용 난간도 전보다 훨씬 적어진, 그래서 사방이 안개로 뒤덮인 듯 막막한 위기의 시대에는 중요한 결정을 내리고 큰돈을 투자하고 과감히 베팅해야 한다.

그렇다면 어느 쪽에 내기를 걸어야 할까? 아무래도 팬데믹 때문에 변화가 빨라지는 분야에 가장 큰 기회가 기다리고 있을 것이다.

## 위기에도 살아남는 기업에게 있는 것

현금은 생존을 위해 매우 중요하지만 진짜 제대로 대처하려면 자본을 경량화해서 가변적인 비용 구조를 갖춰야 한다. 우버Uber는 이 새로운 모델의 전형적인 예다. 팬데믹 초기에 핵심 사업이 거의 붕괴되었는데도 우버 주가가 유지된 이유는, 그들이 다른 사람의 자산을 활용했기 때문이다.

우버는 자사 직원이 아닌 사람(어쨌든 법률상으로는)이 운전하는 타인 소유의 차를 임대한다. 이때 우버에 더 이상 수익을 안겨주지 못하는 차는 사라지겠지만, 우버는 전혀 손해를 보지 않는다. 위기가 닥쳐서 수익이 0이 되면 우버는 비용을 60~80퍼센트까지 절감할 수 있다. 우버와 달리 허츠는 차를 소유하고 있다가 파산했다. 보잉Boeing은 100억 달러의 현금을 보유하고 있지만 수익이 80퍼센트 감소해도 절감할 수 있는 비용은 10~20퍼센트에 불과하다. 테슬라는 인력을 일시 해고할 수는 있지만 여전히 수억 달러의 임대 부동산(공장, 매장, 충전소 등)과 공장에 자재를 공급하기 위한 수십억 달러의 구매 계약, 직원을 위한 건강보험료가 기다리고 있다. 그뿐만 아니라 도로를 달리는

**유형자산의 회전율**

2019년 매출 총 이익을 유형자산으로 나눈 값

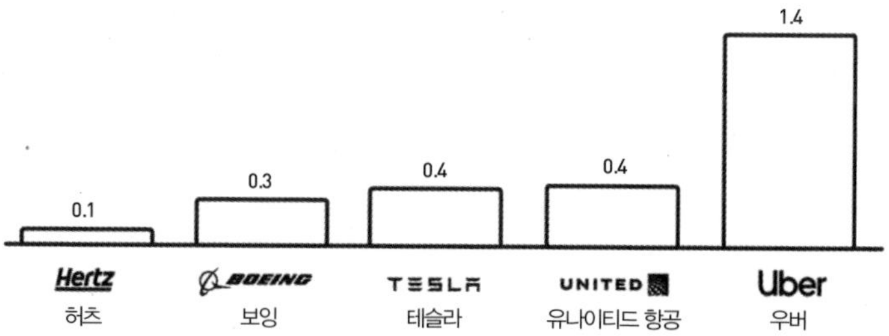


출처 : Analysis of Company Filings

100만 대에 가까운 테슬라 자동차에 보증 서비스까지 제공해야 한다.

우버의 비즈니스 모델은 확실히 착취적이다. 우버의 '운전자 파트너'는 자동차 대금과 보험료를 스스로 부담해야 한다. 이 모델은 유나이티드 항공United Airlines이 승무원들에게 "급여를 받고 싶으면 자기 소유의 보잉 747기를 가져오라"고 말하는 것과 비슷하다. 하지만 어쨌든 우버 입장에서 이 사업 모델은 효과적이다.

에어비앤비Airbnb는 코로나 바이러스가 확산된 이래 지난 몇 달 동안 사실상 사라지다시피 한 업계에 속하면서도 입지를 잘 굳힌 회사다. 이들은 다른 사람의 재산을 수익화하는데, 이는 곧 담보대출금 상환은 에어비앤비에 호스트로 가입한 집주인이 책임진다는 뜻이다. 개인적인 공간을 빌려 쓰는 건 사람들이 전처럼 거리낌 없이 호텔이나 놀이공원, 유람선을 찾기 전부터 매력적으로 보일 가능성이 크다. 그러므로 이들의 사업은 순조롭게 회복될 것이다. 갈수록 많은 실업자가 이 같은 긱 경제gig economy(기업들이 정규직을 채용하지 않고 필요에 따라 임시로 사람을 구해 일을 맡기는 형태의 경제 시스템-옮긴이)에 합류하는 것을 고려하고 있다. 따라서 여분의 방을 빌려주거나 한동안 부모님 집에 가서 지내면서 자신의 아파트 전체를 빌려주는 사람도 늘어날 것이다.

긱 경제는 착취적이지만 바로 그 이유 때문에 매력적이기도 하다. 긱 경제는 필요한 자격증이 없거나 전통적인 업무를 수행할 수 없어서 정보 경제에 발을 들이지 못한 이들을 먹잇감으로 삼는다. 그들은 누군가를 돌봐야 하거나, 건강이 좋지 않거나, 영어를 잘 못할 수도 있다. 우버는 권리를 박탈당한 이들을 먹잇감으로 삼아 유연하고 초기 비용이 거의 들지 않는 최저임금 이하의 업무를 제공한다. 이런 상황이 벌어진 것은 우버 경영진과 이사회의 성격과 규정에 문제가 있어서일까, 아니면 이런 취약한 집단이 수백만 개씩 형성되도록 내버려둔 사회의 탓일까? 대답은 '둘 다'다.

## 우리 앞에 펼쳐진 전혀 다른 '뉴 노멀'

코로나19는 많은 경제 분야를 빠르게 바꿔놓고 있다. 아마존은 점포를 집 앞까지 확장했고, 넷플릭스는 영화관을 거실에 가져다놓았다. 이런 현상은 앞으로 의료를 비롯한 다른 산업 분야에서도 나타날 것이다. 미국에서 코로나 바이러스의 위협에서 살아남은 사람들은 대부분 병원에 가지 않았다. 팬데믹 기간에 심리적 문제를 겪은 이들은 집 밖으로 나가지 않고도 치료사를 만났고 약 처방을 받을 수 있었다. 이는 원래 원격 의료와 처방에 이맛살을 찌푸리던 보험 규칙이 변경된 덕에 가능해진 일이다.

이런 변화는 결코 돌이킬 수 없다. 이번에 뚫린 기회의 구멍을 통해 혁신과 자본이 홍수처럼 쏟아져 들어올 것이다. 휴대폰에 부착된 고화질 카메라도 괜찮은 진단 도구지만, 소비자 친화적인 진단 도구를 집으로 받아 사용한 뒤 반송할 날도 머지않았다. 전문가들은 도시와 나라 전체에 흩어져 있는 환자들을 상담하게 될 것이다. 미국 최대의 독립 원격 의료 서비스인 텔라독 헬스Teladoc Health 네트워크에는 의사 수천 명이 새로 가입했다.[6] 건강 기록의 전산화는 오바마케어Obamacare의 주요 추진 사항이었는데, 전자 기록을 통해 혁신 기회가 무르익은 의료 산업을 널리 확산시킬 수 있다는 점에서 이 프로그램의 가장 지속적이고 중요한 유산이 될 것이다.

식품업계에서도 이런 확산이 전례 없는 속도로 진행되고 있다. 팬데믹 전에는 대부분 자기가 먹을 식재료, 특히 농산물은 직접 보고 고르는 것을 선호했다. 하지만 되도록 집에서 나오지 말라는 권고 덕분에 아보카도 요리는 직접 해 먹지 않아도 괜찮다는 것을 알게 됐다. 2020년 3월 초부터 4월 중순까지 온라인 식료품 판매는 약 90퍼센트, 음식 배달은 50퍼센트 증가했다.[7] 창고부터 견고하게 다져진 고객 관계에 이르기까지, 이런 변화의 영향을 받은 기반 시설은 팬데믹에서 살아남아 식량 공급 시스템을 변화시킬 것이다. 평소 같으면 정착되는 데 10년은 걸렸을 이런 습관이 이제는 우리의 '뉴 노멀new normal'이 되고 있다.

### 재택근무가 불러온 새로운 세상

팬데믹으로 야기된 모든 추세 가운데 가장 눈에 띄고 폭넓은 분야에서 가속화되고 있는 것이 갑작스러운 재택근무일 것이다. 바야흐로 '업무 분산 시대'가 도래한 것인데, 이는 확실히 양날의 검이다. 팬데믹과 관련된 다른 분야와 마찬가지로 재택근무의 혜택을 가장 많이 누리는 이들은 홈 오피스가 마련되어 있고, 육아 도우미도 고용하고 있으며, 봉쇄 기간 중에도 다른 방법으로 돈을 벌 수 있는 부유한 사람들이다. 반면 대부분의 서민은 가게나 창고, 공장, 혹은 다른 일터에 매여 있기 때문에 집에서 일할 수 없다. 또 재택근무가 가능한 사람들도 통근과 사무실 커피에서 자유로워질 수는 있지만 현실적으로 부담이 되는 부분도 있다.

기업을 운영하는 나는 예전부터 재택근무 문화에 회의적이었다. 아이디어는 서로 시시덕거리거나 싸우는 과정에서 나오는데, 그런 것들은 직접 만나서 할 때 효과가 가장 좋다. 이메일보다 전화 통화가 의견 전달에 적합할 때도 있는 것처럼 말이다. 직접 만나서 하는 회의는 줌 통화보다 생산적이고 동료애도 키울 수 있다. 사무실 출근은 각자 책임감을 느끼는 데 좋고, 서로의 모습이 눈에 보이면 신뢰를 쌓는 데도 도움이 된다. 구성원들이 가까운 자리에 있는 것은 모든 조직 문화에서 관계의 핵심이다.

하지만 사무실 출근에는 비용이 많이 든다. 사무실 공간, 통근 비용, 출근할 때 입을 옷을 드라이클리닝하는 비용, 값비싼 샌드위치 등 관련 지출이 늘어나기 때문이다. 반면 온라인에서의 상호작용을 가능하게 하는 기술은 점점 발전하면서 가격이 저렴해지고 있다. '기술은 과연 혁신과 생산성 문화를 저해하지 않으면서 노동력을 분산시킬 수 있는가'라는 문제에 수조 달러가 걸려 있다. 6개월 전만 해도 그럴 수 없다고 생각했는데, 지금은 다르다. 바이러스는 내 경영 이론 같은 건 신경 쓰지 않으니까 말이다.

'재택근무는 사람들을 느슨하게 만든다'는 고정관념이 있지만, 초기 데이터를 보면 적어도 일부 기업에서는 재택근무 덕에 생산성이 향상되었음을 알 수 있다.[8] 2020년 6월 기준으로 기업 리더 중 82퍼센트가 최소 일정 시간 이상 원격 근무를 허용할 계획이고, 47퍼센트는 앞으로 풀타임 원격 근무를 도입할 생각이라고 밝혔다.[9] 물론 재택근무 실험은 아직 초기 단계다. 높은 스트레스, 집중을 방해하는 가족, 즉

홍적으로 만든 기술은 별로 어울리는 짝이 아니다. 다들 줌 사용에 피로감을 느끼는 와중에 팀의 상호작용을 개선할 새로운 기술이 등장하고 있다. 우리는 접촉을 갈망하지만 감시는 싫어한다. 이는 혁신을 위한 엄청난 기회다. 줌은 최초의 가정용 화상회의 전용 시스템인 27인치 모니터와 마이크, 광각 카메라를 출시한다고 발표했다. 사이드킥 Sidekick이라는 스타트업은 동료들끼리 지속적이고 자발적으로 커뮤니케이션하기를 원하는 소규모 팀을 위해, 하루 종일 함께 앉아 있는 듯한 느낌을 주는 상시 접속 태블릿을 제공한다.[10]

나는 대부분의 사람들, 특히 어린 자녀를 둔 부모의 경우 재택근무가 더 힘들고 일과 생활의 균형을 이루기도 어려울 것이라고 생각했다. 하지만 그 이유는 대부분 집에서 자녀들에게 K-12(미국이나 캐나다 등 영미권에서 유치원부터 12학년까지의 교육 기간을 이르는 말-옮긴이) 교육까지 직접 하려 하기 때문이다. 분명히 어려운 일이지만 한동안은 그렇게 해야만 하는 상황이다. 학생들이 100퍼센트 대면 수업으로 돌아갈 수 있다면 통근이 없고 아침에 서두를 필요도 없으며, 준비 시간이 짧고 집 안 곳곳에서 일하는 것이 가능한 재택근무의 장점이 더 두드러질 거라는 희망이 있다.

이것은 고용주 입장에서 새로운 특혜와 새로운 복리후생 방안을 생각해낼 기회이기도 하다. 대도시 회사들은 사무실에 비치해둘 간식을 구입하는 비용으로만 매달 2,000달러씩 쓰기도 한다. 내가 설립한 L2라는 회사의 경우 간식 구입비가 월 2만 달러에 달했다. 하지만 재택근무가 확산된 지금은 사무실에 그런 것들을 갖춰두지 않기 때문에, 내가 새로 시작한 다른 스타트업에선 직원들에게 매달 식료품 구입용

직불 카드를 준다. 자기가 먹을 간식을 직접 사게 하는 것이다.

하루 8~10시간씩 조용히 일할 수 있는 편안한 공간을 확보할 수 없는 사람도 많다. 그렇다면 홈 오피스가 필요한지 확인하고 일부 직원들에겐 좋은 의자를 사줘야 할까? 의자가 있는 사람들에겐 스피커를 사줘야 하나? 모든 직원에게 좋은 마이크를 사주는 게 좋을까, 아니면 사무용품을 살 때 쓸 수 있는 기프트 카드를 주는 게 좋을까? 팀 규모와 예산에 따라 선택 가능한 방안이 달라질 것이다. 중요한 건 상황을 '제대로' 파악하고 필요한 지원을 해주는 것이다. 금요일마다 재택근무를 하는 것은 소수만 누리던 특권이었다. 그러나 포스트 코로나 시대에는 금요일 혹은 월요일·수요일·금요일에 재택근무를 하는 것이 '뉴 노멀'이 될 것이다.

### 재택근무가 만들어낸 새로운 격차

물론 코로나로 이익을 보는 소매업체도 있다. 깨어 있는 시간 중 집에서 보내는 시간이 10~20퍼센트 늘어난다면, 나는 CB2(고급 가구 회사-옮긴이)에서 멋진 소파를 사거나 소노스Sonos(미국의 오디오 제품 제조사-옮긴이)의 스마트 스피커에 투자할 것이다. 미국에선 2020년 3월 한 달 동안에만 주택 개조 및 인테리어 공사가 33퍼센트 증가했다. 많은 지역이 봉쇄되었는데도 말이다. 한동안 집에 갇혀 지내거나 재택근무를 해야 하는 사람들이 이 기간 공사에 착수한 것이다.

재택근무가 일반화되면 여성을 위한 기회가 늘어날 수 있다. 자녀가 없는 30세 미만 여성의 경우엔 동일 연령대 남성과의 임금 격차가 줄었다. 여성은 출산한 뒤 나이가 같은 남성에 비해 수입이 77퍼센트로 감소한다. 자녀가 있는 여성이 남성과 동일한 커리어를 유지할 수 있게 해주려면 일하는 장소와 관련해 더 많은 선택권과 유연성을 보장해야 한다. 재택근무를 하면 다른 팀원들과 일하는 시간대가 달라지므로 육아나 가사를 하거나 이른바 '워라밸work and life balance'에 도움이 되는 취미, 혹은 부업을 할 수도 있다. 또 연간 225시간의 통근 시간이 절약되니 그동안 둘둘 말아뒀던 요가 매트를 펼치거나 차고에 설치해 둔 드럼에 쌓인 먼지를 털 수도 있을 것이다.[11]

하지만 재택근무에 따르는 리스크도 있다. 당신이 속한 IT 기업의 업무를 덴버에 있는 집에서 처리할 수 있다면, 그 일을 아예 인도 벵갈루루 지사의 직원들에게 맡길 가능성이 매우 높다. 또 소파에서 일하는 게 좋기도 하지만 지금은 여전히 여성이 남성보다 많은 집안일과 육아를 담당해야 하는 불평등한 사회다. 따라서 만일 등교가 중단되어 집에서 아이를 돌보거나 홈 스쿨링하는 기간을 연장해야 한다면, 부모 중 직장을 그만둘 가능성이 높은 건 여성일 것이다. 특히 저소득층의 경우엔 더욱 그렇다.

승진은 퇴근 후 함께 술을 마시거나 즉흥적으로 점심을 같이 먹는 등의 직접적, 비공식적 의사소통의 결과인 경우가 많다. 회사 출근은 누가 최우선적 승진 대상인지, 누가 경영진과 가장 친하고 편한 관계인지에 영향을 미친다. 그래서 기업들은 재택근무를 하는 직원들을 회의나 비공식적 의사소통, 승진 결정에 포함시키기 위해 노력해야 하고, 업무 일정이 아닌 실적을 기준으로 판단해야 한다.

하지만 아무리 노력해도 주 5일씩(또는 그 이상) 출근할 수 있는 사람과 육아나 기타 부양 의무(여성이 담당할 가능성이 높다) 때문에, 혹은 면

역력이 약하거나 아주 멀리 떨어진 곳에 사는 탓에 출근할 수 없는 사람 사이에 기회의 차이가 생기는 것을 피하기는 어렵다. 이건 직원들에게도 불공평하지만 고용주 입장에서도 손해다. 사무실 출근에 방해가 되는 요소가 기술과 규율을 강화할 수도 있기 때문이다. 회사를 아홉 번 설립해본 내 경험에 따르면, 직원들 가운데 자녀가 있는 여성 직원은 자녀가 있는 남성 직원보다 눈에 띄게 효율적으로 일하는 경우가 많았다.

5장에서 자세히 논하겠지만, 원격 근무가 소득 불평등을 심화시키는 것은 무시할 수 없는 사실이다. 연봉 10만 달러 이상을 받는 일자리의 60퍼센트는 집에서도 일할 수 있는 것인데 비해 연봉 4만 달러 미만의 일자리 중 재택근무가 가능한 것은 10퍼센트에 불과하다. 이는 팬데믹이 소득수준의 불평등 효과에 크게 기여한다는 증거다(저소득 노동자는 고소득 노동자에 비해 해고 또는 일시 해고될 가능성이 거의 4배나 높다). 코로나 이후 원격 근무의 대안과 함께 유연성이 증가하면서 생기는 이익은 부유한 사람들 쪽으로 흘러갈 것이다.

같은 계급 내에도 역학 관계가 존재하지만 이건 근본적인 불평등보다는 편리함과 관련된 문제다. 재택근무 환경은 사람마다 크게 다를 수 있다. 교외에 큰 집을 가진 상급 관리자들은 전용 사무실과 장비가 있고, 대개 하루 종일 자녀를 돌봐야 하는 문제에서 자유롭거나 이미 자녀들이 다 커서 지속적인 감독이 필요 없다. 반면 하급 직원들은 전용 근무 공간이 없는 비좁은 아파트나 작은 집에서 거주할 가능성이 높다.

그러나 이런 좌절이 기회를 낳기도 한다. 재택근무를 가능하게 해주는 기술을 이용해 위성 사무실이나 임시 사무실에서 일할 수도 있으니 말이다. 위워크WeWork를 좀 비판하긴 했지만[12] 사실 나도 그 기본 개념은 낙관적으로 생각한다. 도시 곳곳에서 혼자 혹은 팀을 이뤄서 일할 수 있는 유연한 공간이 존재한다는 사실은 미래 세계의 상징과도 같다.

집이나 원격 사무실에서 일하는 시간이 훨씬 많아질 경우에 생기는 2차적인 효과는 매력적이다. 사람들이 굳이 도시에서 살 필요가 없다면 전 세계의 도시들은 어떻게 될까? 지켜볼 만한 변화지만 아직은 도시의 사망에 대해 논의할 생각은 없다. 40년 전에도 도시의 종말을 예측하는 게 유행이었으나 도시는 다시 힘차게 살아났다. 이는 사람들이 직업을 위해 도시에 거주해야 했기 때문이 아니라, 또래와 가까이 살면서 문화와 엔터테인먼트를 즐기고 싶어 하는 청년들이 있었기 때문이었다. 실제로 그런 유인 효과가 매우 강하다는 사실이 증명되면서 뉴욕을 비롯한 많은 도시의 가치는 크게 높아졌고, 그 바람에 정작 도시를 구한 젊은이들이 그곳에 거주할 수 없게 되었다. 가장 바람직한 도시의 모습은 중년의 전문직 종사자들은 녹음이 무성하고 학군도 좋은 외곽으로 이사하고, 청년들이 도심으로 돌아오는 것이다.

## '브랜드 시대'에서 '제품 시대'로

내가 처음 세운 회사인 프로핏Prophet은 전 세계를 돌아다니면서 글로벌 500대 기업에 그들이 갖춰야 하는 역량을 가르쳤다. 평균 이상의 수익을 올리는 기업이라면 매력적인 브랜드 정체성을 개발하고, 그것을 종교처럼 신성시하면서 모든 행동과 투자로 뒷받침하며, 언론 노출과 광고의 놀라운 힘을 통해 그 일을 해내야 한다고 말이다.

제2차 세계대전이 끝날 무렵부터 구글이 등장하기 전까지는 주주 가치를 높이기 위한 기본 알고리즘이 단순했다. 평균적인 수준의 양산형 제품을 만들어 무형의 유대감을 주입하고, 하루 평균 5시간씩 미국인의 시간을 빼앗는 싸구려 방송 매체를 통해 그 유대감을 강화하는 방식이었다. 이런 브랜드 시대가 꺼져가는 제조업 부문의 지휘봉을 잡았다. 맥킨지McKinsey, 골드먼삭스Goldman Sachs, 옴니콤Omnicom(미국의 글로벌 미디어·마케팅 홍보 기업-옮긴이) 같은 회사들은 급속히 발전하는 서비스 경제를 위한 노동력과 인프라를 구축했다. 브랜드 시대는 전문가, 마케팅 부서, 최고 마케팅 관리자 등을 만들었고, 홍보를 의뢰하려고 바이어컴Viacom(글로벌 미디어 그룹-옮긴이)과 콘데나스트Condé Nast(글로벌 미디어 그룹-옮긴이) 본사를 찾는 기업이 줄을 이었다. 미국산 자동차, 라이트 비어, 싸구려 음식 등 평범한 상품에 주입된 감정은 이해관계자를 위해 수천억 달러의 가치를 창출하는 알고리즘이었다. '코닥 모멘트Kodak moment(사진으로 남겨 오랫동안 간직하고 싶은 소중한 순간을 뜻함-옮긴이)'와 '세상에 노래를 가르치라'[13]는 광고(1971년 코카콜라 광고-옮긴이)는 무생물인 제품에 대한 감정적인 반응을 바탕으로 말도 안 되게 높은 이윤을 낳았다.

돈 드레이퍼Don Draper(드라마 〈매드맨The Mad Men〉의 등장인물로 광고 회사의 크리에이티브 디렉터-옮긴이)는 사치스러운 삶을 살았다. 광고계에서는 머리를 염색하고 근사한 안경을 쓴 40대 크리에이터를 20세기 후반에 강림한 메시아로 여겼다. 광고 산업은 세탁기와 미니밴 제조업체에 브랜드를 선사했다. 브랜드는 평범한 회사원들에게 남다른 라이프스타일을 제공하는 새로운 마법의 가루였다. 광고 산업 단지의 신도들은 차별성 없는 제품을 만들어내면서도 신성불가침의 이윤을 누릴 수 있었다.

나 역시 이런 내용을 가르치면서 돈을 꽤 벌었다. 그러다 인터넷이 등장했다. 나는 2002년에 프로핏 지분을 팔았다. 그리고 서비스 산업을 증오했다. 서비스 산업에서 성공하려면 아이디어를 전달하고 관계를 발전시키는 능력이 있어야 한다. 그런데 나는 성공은 좋아했지만 동료들을 관리하거나 돈을 벌기 위해 사람들과 친구가 되는 일은 경멸했다. 서비스 산업은 존엄성이 빠진 매춘과도 같다. 여러분이 가족이 아닌 사람들과 저녁 식사를 하면서 많은 시간을 보낸다면, 그건 평범한 일상 속의 무언가를 팔고 있다는 뜻이다.

다행히 거기서 빠져나올 수 있었다. 브랜드 시대가 막을 내리고 있었다. 기회주의가 기회주의를 낳는 현상이 계속 이어졌고 구글과 페이스북, 그리고 부유한 이들을 광고에서 해방시키는 기술이 등장했다. 사람들은 광고 시대의 끝을 기념하고 싶다면 티보Tivo(광고를 건너뛸 수 있게 해주는 TV 프로그램 녹화 장치-옮긴이)보다 더 나쁜 짓을 할 수도 있었다. 20세기가 끝나가던 마지막 몇 달 사이에 때맞춰 출시된 티보는 추가적인 가처분소득이 있는 사람들이 그것을 훨씬 가치 있는 것, 즉 시간과 교환할 수 있게 해줬다. 티보를 소유한 사람은 인내심을 약간 발휘해 사전 계획만 세워두면 다시는 광고를 볼 필요가 없다. 광고는 가난하고 기술적으로 문맹인 사람들만 내는 세금이 되었다.

티보가 광고 없는(적어도 금전적 여유가 있는 이들을 위한) 세상의 예고편을 보여준 것처럼, 지금은 우리가 전에 쓰던 것보다 훨씬 좋은 신제품이 쏟아져 나오고 있다(구글은 신문 광고란을, 카약Kayak은 여행사를, 스포티파이Spotify는 CD를 대체한다). 이런 것들은 10분에 한 번씩 드라마 시청을 방해하지도 않는다.

티보는 브랜드 시대가 제품 시대로 전환되기 시작했음을 알렸고, 실제로 브랜드 시대는 2020년 여름에 종말을 맞았다. 조지 플로이드의 죽음과 그에 따른 항의 시위는 미국인들의 의식의 중심에서 잠시 팬데믹을 대신했고, 브랜드 시대가 역사 속으로 사라지는 걸 분명하게 보여줬다. 미국의 죄악이 그동안 숨어 있던 벽장 뒤쪽에서 빠져나올 때, 브랜드 기업들은 늘 하던 일을 했다. 광고대행사에 의뢰해 소셜 미디어에 사람들을 감동시키는 말과 시선을 사로잡는 이미지, 그리고 검은색 직사각형을 게시한 것이다. '우리도 이 일에 관심이 있다'는 메시지를 주기 위해서 말이다. 하지만 이번에는 그런 행동이 별 반향을 일으키지 못했고, 그들의 브랜드 마법은 흐지부지 끝났다.

기업들이 소셜 미디어에 게시한 내용이 신문과 저녁 뉴스에서 거론되자 활동가와 고객들이 새로운 시대의 도구를 이용해 이 회사들이 세심하게 조작한 브랜드 메시지와 그들의 실제 운영 현실을 비교하기 시작했다. '이거 너 맞지?'라는 말은 트위터Twitter에서 브랜드 마법사를 폭로하는 밈meme(인간의 문화 심리에 영향을 주는 요소-편집자주)이 되었다. 흑인의 권리 향상을 '지지하는' 글을 올렸던 회사들은 그간 보여줬던 행동이 그 말과 일치하지 않는다는 사실이 회사 웹사이트를 통해 밝혀지면서 비난받았다. 미국 프로 풋볼 리그NFL가 시위를 지지한다고 하자, 트위터에는 콜린 캐퍼닉Colin Kaepernick(미국 미식축구 선수로 흑인 차별에 항의하기 위해 경기장에서 미국 국가가 나올 때 한쪽 무릎을 꿇는 무언의 시위를 하다가 NFL에서 퇴출당했음-옮긴이)이 무릎을 꿇은 사진과 함께 '이거 너 맞지?'라는 글이 올라왔다. 또 '목소리를 내는 건 가치 있는 일이다'라는 글을 올린 로레알L'Oréal은 불과 3년 전 인종차별 반대 발언을 했던 모델을 퇴출시킨 사건으로 반격을 당했다.

깨어 있는 척하는 브랜드들의 보여주기식 행동은 강압적이고 공허하게 느껴진다. 제도적인 인종차별은 심각한 문제이고, 인기 프로그램 중간에 인종차별에 반대한다는 30초짜리 광고를 넣어봤자 해당 브랜드가 그 문제를 진지하게 고민한다는 증거가 되지 못한다. 모든 이슈에 대한 광고가 늘 그랬지만, 소셜 미디어와 인터넷을 통해 데이터에 쉽게 접근할 수 있게 되면서 기업들이 가식적으로 행동하기가 훨씬 힘들어졌다.

## 수렁에 빠진 디지털 마케팅 기업들

사회적 대의에 관한 립 서비스를 하는 것은 브랜드 전문가들의 부업이지만, 디지털 도구는 그들의 핵심 사업에 피해를 주고 있다. '브랜드 시대'에는 부유한 여행자가 어떤 도시에 처음 가면 택시 운전사에게 리츠Ritz 호텔에 데려다달라고 했다. 그가 아는 브랜드이기 때문이다. 그러나 '제품 시대'의 부유한 여행자는 비행기에서 내리면서 직접 휴대폰으로 검색해 그 도시의 리츠 호텔이 개축 공사 중임을 알게 되고, 리츠 이용 후기를 쓴 사람들은 거기 가격이 너무 비싸다면서 더 힙한 동네에 있는 새로운 부티크 호텔을 추천해준다.

하지만 브랜드 시대에 과감한 대규모 브랜드 구축 광고를 위한 플랫폼을 제공했던 미디어 회사들과 그걸 만든 창의적인 광고 기획사들은 이런 전환에 실패했다. 번득이는 광고 카피와 재능 있는 배우들이 제품과 감성을 연결하는 30초짜리 스폿 광고를 제작하며 생계를 꾸리던 사람들에게 제품 시대는 원하던 미래가 아니다. 20년 전에 리바이스Levi Strauss&Co.는 외부 고문 3명에게 이사회 참석을 부탁했다. 2명은 광고대행사의 아이콘 격인 리 클라우Lee Clow와 나이절 보글Nigel Bogle이었고, 나머지는 브랜드 전략가였다. 그만큼 크리에이티브와 광고가 회사에 중요했던 것이다. 나는 리바이스 시절 이후로 이사회에 150회 이상 참석했지만 이사가 광고대행사의 의견을 묻는 것을 들은 적이 없다. 그들의 시대는 지나가 버렸다.

불황일 때는 광고비 지출이 줄어드는 법이다. 이런 지출 감소가 처

**페이스북, 구글, 그리고 전통적 광고대행사의 주가 변동**

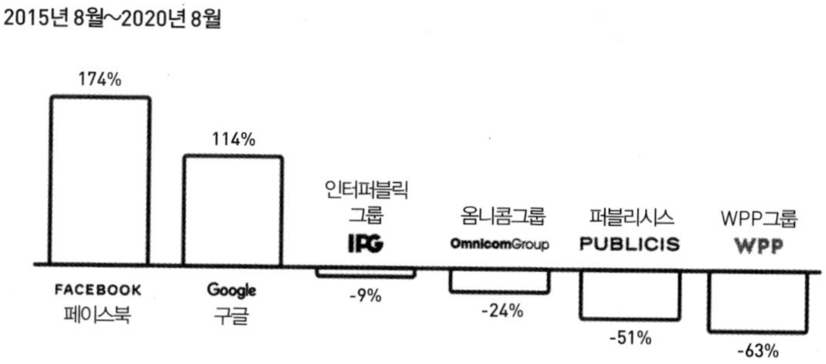


출처 : Analysis of Seeking Alpha Data

음에는 인터넷 기업과 기존 기업 모두에 영향을 미쳤다. 조지 플로이드가 살해당하고 한 달 동안 구글과 페이스북의 검색어와 광고가 20퍼센트나 급감했다. 전통 미디어의 후퇴는 이보다 더 가팔랐는데, 아마 회복하는 과정도 마찬가지로 힘겨울 것이다. 상황이 좋아져서 물이 다시 들어온다고 해도 브랜드 시대의 창단 멤버가 아니라 제품 시대의 광고 매체 쪽으로 흘러갈 것이기 때문이다. 2021년에는 구글과 페이스북의 디지털 광고 시장점유율이 61퍼센트까지 올라갈 것으로 예상된다.[14]

나는 2012년에 포시즌스Four Seasons 호텔과 일한 적이 있다. 훌륭한 회사였고 직원들 역시 모두 괜찮은 캐나다인이었다. 당시 대불황을 겪으면서 고급 호텔 브랜드의 객실당 수익이 25퍼센트 감소했기 때문에 인쇄 광고를 모두 중단해야 했다. 그런데 수요가 다시 늘어나면서 이상한 일이 벌어졌다. 인쇄물 마케팅을 하지 않는데도 별 차이가 나지

**코로나19 전후의 미국 광고 지출 예상**

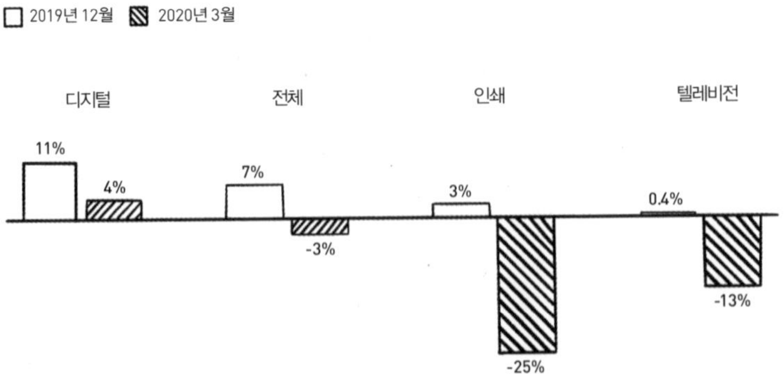


출처 : Magna Global

않았던 것이다. 이런 현상은 도처에서 찾아볼 수 있다. 전 세계의 대형 광고주 수천 곳도 어쩔 수 없이 전파 광고를 중단해야 했던 기간(매출이 30~50퍼센트나 감소했기 때문이었다)에 관성처럼 배어 있던 광고 습관을 버리더니 불필요한 광고를 하지 않게 되었다.

라디오 광고는 2020년에 14퍼센트 감소할 것으로 보인다.[15] 코로나19로 인한 미국 내 사망률은 0.5~1퍼센트로 집계되는데,[16] 미국 언론사들의 사망률은 이보다 10배나 높다. 콘데나스트부터 바이어컴에 이르기까지 많은 회사가 직원을 일시 해고하거나 정리하는 동안 페이스북과 구글은 오히려 고용을 늘렸다. 뉴스 코퍼레이션News Corp., 타임워너Time Warner, 콘데나스트에서 가장 뛰어난 인재가 누구인지 알아보는 방법은 간단하다. 그들은 곧 지금 다니는 회사를 나와 구글에서 일하게 될 테니까 말이다.

더 큰 타격을 받는 것은 페이스북이나 구글이 아니라 디지털 마케팅 회사들이다. 사이트의 디스플레이 광고가 2019년보다 40~70퍼센트 감소한 버즈피드BuzzFeed(미국의 뉴스 및 엔터테인먼트 웹사이트-옮긴이)와 옐프Yelp(각 지역의 식당, 백화점, 병원 등에 대한 추천과 리뷰를 제공하는 검색 사이트-옮긴이)는 현재 중환자실에 있다고 해도 과언이 아니다. 복스Vox(미국의 인터넷 언론사-옮긴이), 허핑턴 포스트The Huffington Post(미국의 자유주의 계열 인터넷 언론사-옮긴이), 바이스Vice(영상 뉴스를 전문으로 하는 글로벌 미디어 기업-옮긴이)도 그 뒤를 따를 예정이다. 물론 그래도 누군가는 이 시기를 헤쳐나갈 것이다. 누군가는.

## 가치와 프라이버시를 교환하는 세상이 온다

여기 기본적인 비즈니스 모델 두 가지가 있다. 첫 번째 비즈니스 모델은 회사가 제품을 팔되 제작비보다 비싼 값에 판다. 애플은 약 400달러 상당의 회로와 유리를 구입해 제품을 만든 다음, 화려한 광고를 통해 소비자에게 사회적 지위와 성적 매력을 약속하면서 아이폰 1대당 1,200달러를 요구한다.

두 번째 모델은 기업이 소비자에게 물건을 나눠주거나 원가 이하로 판매하면서 다른 회사들에게 자사 제품, 즉 소비자 행동 데이터를 이용하는 비용을 청구하는 것이다. 미국 언론사 NBC는 제리 사인펠트 Jerry Seinfeld(미국의 코미디언 겸 영화배우-옮긴이)를 고용해 TV 드라마 각본을 쓰게 하고 LA의 스튜디오를 깨끗한 맨해튼 시내처럼 꾸며 에피소드 수십 편을 촬영한 다음 시청자들에게 무료로 보여준다. 그 대신 8분마다 한 번씩 몇 분짜리 광고를 틀어 재치 있는 농담을 방해하는데, 이 광고는 방송사의 실제 고객인 광고주들에게 요금을 부과한다. 그들이 파는 제품은 물론 시청자들이다.

어떤 회사는 이 두 가지를 결합한다. NFL은 첫 번째 모델, 즉 경기장에서 팬들에게 티켓이나 NFL 로고가 새겨진 옷, 그 밖에 다양한 물건을 판매해 전체 수익의 3분의 1을 얻는다. 그리고 나머지 3분의 2는 500만 달러짜리 슈퍼볼 광고부터 경기장 곳곳에 도배된 회사 로고에 이르기까지 광고주들이 팬에게 접근할 수 있는 권한을 판매해서 벌어들인다.

그런데 세상이 기술 기반 경제 체제로 진입하자 이 두 번째 비즈니스 모델의 수익성은 좋아졌지만 더 큰 골칫거리가 되었다. 과거에는 광고주가 주는 공짜 물건을 얻기 위해 시간과 관심을 약간만 내주면 됐다. 그런데 이런 관계가 온라인으로 옮겨 가자, 공짜 물건을 주는 회사들이 갑자기 소비자와 관련된 모든 데이터를 손에 넣게 되었다. 우리가 읽는 책, 쇼핑한 장소, 대화를 나눈 사람, 먹는 것, 사는 곳 등 모든 데이터를 말이다. 그리고 그들은 우리에게서 더 많은 돈을 끌어내기 위해 그 데이터를 사용한다. **예전에는 가치와 시간을 맞바꿨는데, 이제는 가치와 프라이버시를 교환해야 하는 것이다.**

이렇게 데이터를 모으는 회사들은 데이터를 더 얻고 우리의 시간도 더 많이 빼앗기 위해 점점 교묘한 방법으로 데이터를 이용하고 있다. 과거 NBC는 한 번에 한 프로그램만 방송할 수 있었고, 매주 어떤 프로그램을 섞어서 방송해야 광고주들에게 팔 가장 가치 있는 시청자를 끌어모을지 가늠하기 위해 최선을 다해야 했다. 그러나 페이스북은 광고에 관심을 기울이는 모든 리소스(우리가 '사람'이라 부르는 것)에 맞는 맞춤형 프로그램을 구현해 사람들이 화면을 계속 클릭하게 하며, 이를 통해 페이스북의 광고 시스템을 위한 인벤토리inventory, 즉 광고가 노출되는 특정 영역이 더 많이 생성된다.

업계는 이 현상에 따라 점점 더 분열될 것으로 보인다. 우리는 이미 모바일 세상에서 이를 목격했다. 안드로이드 모바일 운영체제 사용자는 자신의 데이터와 프라이버시를 포기하는 대가로 초기 비용이 저렴하거나 무료인 괜찮은 제품을 손에 넣을 수 있다. 반면에 아이폰 사용자는 훨씬 많은 돈을 내고 고품질의 브랜드 제품을 구입해 자기도 모르는 새에 데이터가 악용되는 일을 줄일 수 있다. 안드로이드 폰은 사용자에게서 하루 1,200개의 데이터 포인트를 수집해 구글의 데이터 마이닝 본부로 보낸다. 아이폰은 하루 200개의 사용자 데이터를 수집하지만 애플은 그 데이터를 이용해 부당 이득을 취하지 않는다는 사실을 강조하기 위해 많은 노력을 기울인다. 팀 쿡Tim Cook 애플 CEO는 2018년에 이렇게 말했다.

"고객을 제품으로 삼아 수익화하면 엄청난 돈을 벌 수 있다. 하지만 우리는 그렇게 하지 않기로 했다."[17]

세계는 안드로이드 폰과 아이폰이라는 두 갈래로 분리되고 있다. 안드로이드 폰 사용자는 프라이버시와 가치를 거래하는 대중이고, 아이폰 사용자는 443달러짜리 센서와 칩셋을 얻기 위해 1,249달러에 세금까지 더 내고(헝가리에서는 월 가계소득보다 많은 돈이다) 프라이버시와 신분 표시라는 사치를 누리는 부유층이다.[18]

또 우리는 유튜브에서 무료로 영상을 즐길 수 있지만 거기에는 여러 가지 콘텐츠가 뒤죽박죽으로 섞여 있다. 시청자의 영상 분류를 도와준다는 알고리즘은 그들의 관심을 계속 유지할 수 있을 만한 콘텐츠를 전부 모아서 보여준다. 그리고 현대판 성자가 아닌 이상 이 과정에서 음모론이나 폭력, 정치적 극단주의 같은 선동적이고 자극적인 내용을 접할 가능성이 크다. 구글은 우리가 본 영상을 추적하고 그 내용을 우리와 관련된 다른 정보(그들은 매우 많은 것을 알고 있다)와 연결한다. 그리고 이렇게 수집한 데이터를 이용해 우리와 우리가 속한 여러 집단에 광고를 판매하려고 한다.

반면 넷플릭스는 iOS 모델처럼 개인 정보를 중시하는 진영에 속해 있다. 넷플릭스 고객은 돈을 내고 훌륭한 콘텐츠를 얻는다. 유튜브 콘텐츠는 품질은 좋지 않지만 무료다. 회사가 개인 정보를 수집하거나 자녀가 백인 국수주의자가 되어도 상관없다면 유튜브를 이용해도 괜찮을 것이다. 두 가지 비즈니스 모델의 양립이 점점 어려워지면 앞으로 이런 차이도 심화될 것이다. NFL은 두 가지 모델 모두를 기반으로 사업을 운영할 수 있다. NFL의 광고 수익 흐름은 티켓과 상품 판매 영역을 약화시키지 않기 때문이다. 그러나 애플 같은 회사는 그렇지 않다. 팀 쿡은 '사생활은 기본적인 인권'이라면서 애플이 사용자들의 데이터를 수집할 일은 없을 것이라고 약속했다.

하지만 생각해봐야 할 것이 있다. 애플은 구글을 iOS의 기본 검색엔진으로 사용하는 대가로 1년에 120억 달러를 받는다. 조만간 애플은 구글과 결별할 것으로 보이는데, 그렇게 되면 연 120억 달러의 수입은 날아가고 검색엔진을 개발하거나 구입하는 데 수십억 달러를 들여야 할 것이다. 애플은 팀 쿡을 거짓말쟁이로 만들 수 없기 때문에 구글처럼 검색을 수익화할 수도 없다. 물론 애플은 구글 없이도 살아남을 수 있다. 회당 제작비가 1,500만 달러나 되는 애플 TV 플러스Apple TV+의 〈더 모닝 쇼The Morning Show〉에서 시트콤 〈머피 브라운Murphy Brown〉의 흔적을 고스란히 느끼게 만든 것처럼, 애플은 구글 엔진의 80퍼센트 수준밖에 안 되는 검색엔진을 사용하라고 억지로 강요할 수도 있을 것이다. 애플에는 다 방법이 있다. 물론 애플은 지도부터 잘 만들고 나서 다른 일에 손을 대야 한다. 아주 좋은 지적이다.

## 레드와 블루 진영으로 나뉜 소셜 미디어

나는 개인 정보 보호에 소홀한 기업을 '레드' 진영, 개인 정보를 철저히 보호하는 기업을 '블루' 진영이라고 표현한다. 지금의 소셜 미디어들은 데이터 접근 방식이나 개인 정보 보호 측면에서 모두 빨간색을 띠고 있다. 무료 서비스는 때로 우리가 알아차리지 못하는 방식으로 데이터를 악용한다. 2020년 6월에 틱톡 앱이 백그라운드에서 실행될 때도 몇 초에 한 번씩 사용자의 클립보드를 스캔한다는 사실이 밝혀졌다.[19] 새로운 iOS 보안 기능을 통해 이 사실이 밝혀지자 틱톡 측은 이를 중단하겠다고 약속했다. 하지만 2020년 여름 전에 틱톡을 사용하기 시작했다면, 그때부터 사용자들이 휴대폰에서 복사하고 클립보드에 붙여 넣은 모든 내용이 현재 중국에 있는 데이터베이스에 저장되어 있을지도 모른다.

페이스북을 사용하는 사람들은 개인 정보가 중국 공산당 클라우드에 업로드되지 않았을 수도 있다. 그러나 지금까지 페이스북이 사용자들의 사생활을 보호한 이력을 바탕으로 생각해보면, 그건 아마 비트코인에 열광하면서 민주주의를 무너뜨리려는 우크라이나의 10대들이 중국인보다 더 비싼 값으로 그 정보를 구매했기 때문일 것이다.

앞으로 하나 혹은 그 이상의 업체가 소셜 미디어계의 iOS가 될 엄청난 기회가 존재한다. 블루 진영으로 넘어가 규모는 작지만 더 가치 있는 잠재 고객을 확보할 절호의 기회를 얻은 쪽은 트위터다. 트위터는 빨간색의 안드로이드 알약을 먹으려고 해봤지만 효과가 없었다. 트위터 경영진은 사람들이 분노를 터뜨리며 서로 싸울 수 있는 장을 만들어 방문자 수를 늘리려고 하다가 결국 손해만 보고 있지만, 사용자들은 트위터를 이용해 본인들의 브랜드와 사업을 키운다. 그러나 트위터는 광고 모델로 쓰기에는 남들과 경쟁할 만한 규모가 안 되고, 이들이 이용하는 광고 도구도 기능이 열악하다. 따라서 이제 트위터도 블루 진영으로 넘어가 가치 있는 사용자를 확보해야 한다.

뉴욕대학교의 용감한(그리고 잘생긴) 어느 마케팅 교수[20]가 몇 달 동안 로비를 벌인 결과 2020년 7월, 드디어 트위터가 구독 모델subscription model로 전환하는 것을 '고려해보겠다'고 발표했다. 주식시장은 그 발표를 반겼다. 그날 실적 발표회에서 광고 매출이 23퍼센트 감소했다는 사실을 인정했는데도 트위터 주가는 10퍼센트 상승한 것이다. 트위터에 풀타임 CEO가 있었다면 아마 한참 전에 구독 모델로 전환했을 것이다.

나는 트위터가 구독 모델을 '고려하면서' 1년이나 시간을 낭비하는 것을 막아줄 수 있다. 구독료는 팔로어 수에 근거해야 한다. 유명 모델인 카일리 제너Kylie Jenner가 홍보 트윗 하나당 43만 달러의 수입을 올린다면 그녀는 이런 수익 흐름을 유지하기 위해 매달 트위터에 1만 달러를 지출할 용의가 있을 것이다. 《뉴욕 타임스》의 유명 기자로 트위터 팔로어가 130만 명인 카라 스위셔Kara Swisher 역시 매달 250달러 정도는 낼 것이다. 팔로어 수가 2,000명 이하인 계정이라면 이용자 수를 유지하기 위해 계속 무료로 서비스를 제공하면 된다.

트위터는 이미 홍보사, 통신사, 기업 설명회 관계사를 대체한 미디어이기 때문에 B2B 시장만 공략해도 엄청난 수익을 거둘 수 있을 것이다. 트위터에서 새로운 제품을 소개하기 위해 월 2,000달러를 내지 않을 회사가 어디 있겠는가? 단기적으로만 외형 매출이 40퍼센트 증가할 것이고, 구독 모델로 전환한다면 향후 24개월 동안 주가가 3배로 뛸 것이라고 본다. 또 수직 구조로 전환하면 구독 모델에 힘을 실을 수 있다. 이와 함께 트위터는 리Lee, 맥클래치McClatchy, 콘데나스트, 허스트Hearst 등 남아 있는 독립 미디어 회사들의 자산을 인수하는 것도 생각해봐야 한다.

구독 모델을 구입하는 사용자에겐 ID도 무료로 부여할 수 있다. 사람들은 자기 이름과 평판이 나란히 붙어 있으면 인터넷에서 끔찍한 일을 덜 저지르는 경향이 있다. 광고를 통해 돈을 버는 플랫폼은 개인 정보를 수집하는 봇이나 러시아 해커가 침입하기 쉽고, 장점은 부족하면서 선동적이기만 한 아이디어를 자꾸 부추긴다. 사람들이 분노하면 트래픽이 늘고 참여율이 높아지므로 닛산Nissan 광고를 더 많이 끌어 올 수 있다. 생각해보라. 넷플릭스나 링크드인 때문에 분노한 적이 있는가? 우리 화를 돋우는 건 주로 트위터나 페이스북이다.

게다가 트위터가 그간 광고 실력이 별로 좋지 않았다는 것도 추가적인 이점이 될 수 있다. 그러니 구독 모델로 전환하더라도 트위터보다 사용자를 수익화하는 비율이 훨씬 높은 페이스북에 비하면 수익 감소 폭이 훨씬 적을 것이다.[21] 또 전환 단계에서도 광고 수익을 대부분 유지하면서 악성 광고를 최대 90퍼센트까지 제거한 뒤, 구독 모델과 광고 모델을 합친 하이브리드 모델에 정착하는 것도 가능하다.

트위터가 이런 사실을 풀타임 CEO가 있는 회사보다 2배 느리게 깨닫는 동안, 마이크로소프트는 자체적인 마이크로블로그microblog(한두 줄 정도의 짧은 글을 올리는 블로그-옮긴이) 플랫폼을 링크드인의 서브 브랜드로 출시했다. 미디어가 니코틴이고 광고는 암을 일으킨다는 주장이 사실인지 의심스럽다면 지난 10년간 가장 성공한 미디어 기업인 구글, 페이스북, 넷플릭스, 링크드인을 비교해보자. 그중 둘은 사회를 갈가리 찢어놓은 반면 다른 둘은 그렇지 않다. 차이점은 뭘까? 페이스북과 구글은 참여 모델engagement model로 위세를 누리고 있고, 넷플릭스와 링크드인은 구독 모델을 기반으로 한다는 것이다(참고로 링크드인이 올리는 수익의 약 20퍼센트는 광고에서 나온다).[22]

링크드인은 트위터의 장점만 모아놓은 듯한 사이트다. 테슬라 광고를 계속 보여주는 봇, 살해나 강간 위협, 백신 접종 거부자 같은 무의미한 내용 없이 새로운 발견과 관계에 대한 이야기만 가득하다. 링크드인은 다들 페이스북과 트위터가 그렇게 되기를 바라는 소셜 미디어 플랫폼인 셈이다.

## 블루 진영에 유리한 검색의 시대

검색 기능 역시 현재는 레드 진영이 독점하고 있지만 이제 블루 진영의 검색 시대가 다가오고 있다. 애플은 전용 iOS 검색 기능을 반드시 만들어야 하므로 곧 덕덕고DuckDuckGo(개인 정보를 저장하지 않고 광고가 없으며 검색 기록을 남기지 않는 검색엔진-옮긴이)를 사거나 독자적인 검색엔진을 개발해 출시할 것이다. 구글 광고 사업 본부장을 역임한 스리다르 라마스와미Sridhar Ramaswamy는 최근 구글의 새로운 경쟁사인 구독 모델을 사용하는 니바Neeva를 설립했다. 이 회사 웹사이트에 있는 첫 번째 링크 중 하나는 사용자들의 권리에 관한 것이다.

"여러분의 정보는 여러분의 것입니다."

지당한 말이다. 기꺼이 돈을 지불할 의향만 있다면 말이다. 니바는 구글이 요구하는 라이선스 비용 때문에 반反구글형 구글이 등장할지도 모른다고 인정했다.

지난 10년간 활약한 기업 가운데 가장 혁신적인 기업으로 쇼피파이Shopify를 꼽을 수 있다. 글로벌 전자상거래 플랫폼 기업인 쇼피파이는 아마존이 자사 웹사이트에 입점해 제품을 판매하는 외부 소매업체 고객을 악용하고 있다는 사실을 밝혀냈다. 쇼피파이의 가치 제안은 간단하면서도 강력하다. "우리는 여러분의 파트너다. 당신은 데이터와 브랜딩, 소비자를 관리하고 통제한다." 브랜드를 구축하는 과정에서 소비자와 수익화 가능한 호의적 관계를 맺을 수도 있다. 하지만 혁신 기업 중에는 악의를 수익화하는 곳도 많다. 아마존도 자신들의 힘을 남용하는 바람에 오타와만 한 규모의 기회가 생겼다(쇼피파이 본사가 캐나다 오타와에 있다.-옮긴이). 쇼피파이는 현재 보잉과 에어버스Airbus를 합친 것만큼의 가치를 지닌 회사다.

갈수록 많은 업계에서 이런 격차가 나타날 것으로 예상된다. 항공사부터 패스트푸드 회사에 이르기까지 저가로 승부하는 기업들은 고객의 개인 정보를 이용하되 비용을 절감해야 할 때는 자사의 광고 자원, 즉 고객들에게 그 비용을 전가할 것이다. 하지만 개인 정보 보호라는 파란 깃발로 몸을 감싸고 고객 데이터를 악용하지 않는 예의를 지킨 프리미엄 기업들은 상당한 이익을 얻게 될 것이다.

2장

# 더욱 강력해진 플랫폼 제국의 미래

"이번에 뚫린 기회의 구멍을 통해

혁신과 자본이 홍수처럼 쏟아져 들어올 것이다."

## 양극화되는 자본 시장

2020년 3월부터 7월까지 전 세계에 50만 명 이상의 코로나19 사망자가 발생했는데, 그중 미국 내 사망자만 15만 명이 넘는다. 바이러스 확산을 억제하기 위한 봉쇄 조치는 효과를 거의 거두지 못한 채 경기 후퇴, 혹은 불황이라는 결과만 남겼다. 유명 기업 수십 개가 파산을 신청했고, 실업률은 이전보다 3배 증가해 2020년 4월에는 사상 최고치를 기록했다.

그런데 같은 기간 동안 주요 기술 기업 9개의 시장가치는 1조 9,000억 달러나 증가했다. 그리고 그 5개월은 그냥 평범한 다섯 달이 아니라 최근 약 100년 동안 세계가 경험한 최악의 다섯 달이었다. 여기서 말하는 9개의 기술 기업은 세계적인 전염병 발생 때문에 이익이 기대되는 제약 회사나 헬스 케어 회사가 아니다. 물론 이들 기업 중 아마존과 넷플릭스를 비롯한 일부는 봉쇄 조치 덕에 구체적인 매출 증가 효과를 거두고 있지만, 그렇다고 해서 경제 둔화나 경제 위축의 잔인한 역풍을 피해 갈 수 있는 것은 아니다. 또 온라인 쇼핑 증가가 페이팔PayPal과 쇼피파이에 이득이 되기는 하나 팬데믹 시기에는 돈과 직업, 낙관적 전망 등 사람들이 쇼핑을 하는 데 필요한 환경이 모두 부족하다. 게다가 기업 폐쇄와 여행 억제가 고급 자동차를 만드는 회사에 무슨 이익을 주겠는가? 결국 9개 기업의 가치가 증가한 것은 중앙은행의 움직임 때문도 아니고 주식시장을 경제 현실과 분리한 새로운 금융화의 결과도 아니다.

우리는 몇몇 글로벌 기업의 지배력이 커지는 모습을 보고 있다. 1장에서는 주식시장이 제한적으로 회복된 것과 어떻게 그런 현상이 주로 대기업에서만 벌어졌는지 설명했다. 하지만 눈에 띄는 건 그것뿐

**시가총액 증가율**

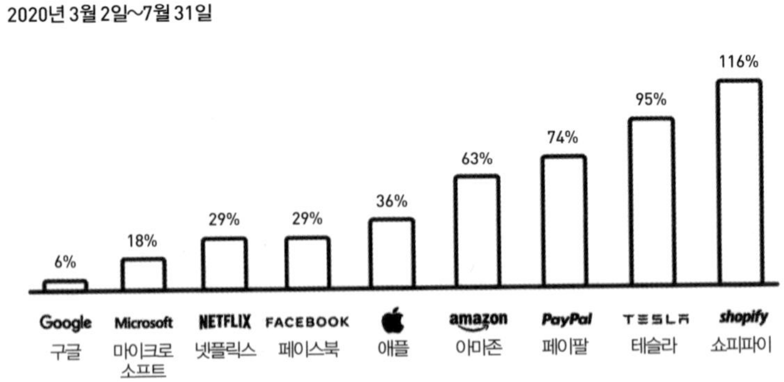


출처 : Analysis of Seeking Alpha Data

만이 아니다. 대기업 중에서도 유독 한 그룹만 눈에 띄는 회복세를 나타내는데 바로 IT 기업, 즉 빅테크 기업들이다.

2020년 중반, 대표적인 기술주를 제외한 다른 주요 지수들이 모두 하락했다. 기술 분야 외에는 미국 자본주의의 사자들도 발톱이 빠진 채로 무력화됐다. 엑슨모빌ExxonMobil, 코카콜라The Coca-Cola Company, JP 모건 체이스JPMorgan Chase&Co., 보잉, 디즈니, 3M의 주가가 연중 30퍼센트 하락하면서 5,000억 달러에 가까운 시가총액이 증발했다.

팬데믹 시대의 IT 분야는 다른 모든 분야를 능가했다. 넷플릭스부터 쇼피파이에 이르는 IT업계의 리더들, 그리고 테슬라처럼 IT업계와 밀접한 관련이 있는 기업들이 이례적으로 선전했다. 그중에서도 가장 성장한 회사들은 내가 마이크로소프트와 함께 '빅 4'라고 칭하는 기업, 즉 아마존, 애플, 페이스북, 구글이다. 이들 5개 기업은 2020년 중반에 주가가 24퍼센트 상승했고 시가총액은 1조 1,000억 달러 이상 증가했

**S&P 500 주가지수 비교**

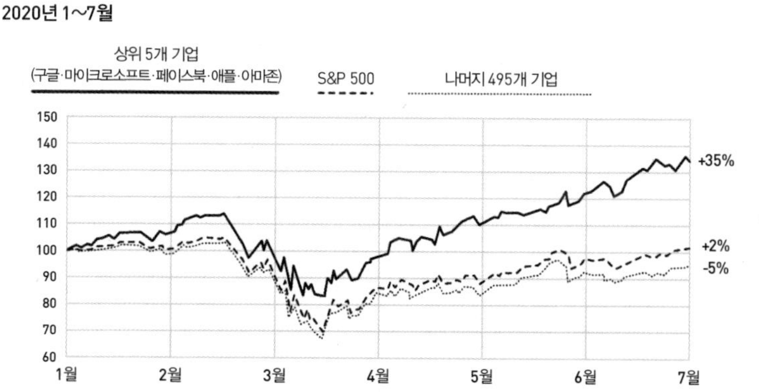


출처 : Factset, Golman Sachs global investment research

다. 8월 중순에는 전년 동기 대비 수익률이 47퍼센트까지 치솟아 2조 3,000억 달러의 이익을 얻었다. 이들의 동반 상승은 전례 없는 사건이다.[1] 이들 5개 기업은 미국 증시에 상장된 기업 전체 시가총액의 21퍼센트를 차지한다.

결론적으로 우리는 거대 IT 기업들의 세상에 살고 있다. 이 기업들이 발휘하는 지배력은 놀라운 일이 아니다. 나는 2017년에 이들과 관련해 『플랫폼 제국의 미래』라는 책을 쓴 적이 있는데, 이들의 역할을 강조한 사람은 내가 처음도 아니고 마지막도 아닐 것이다. 이런 논평에는 '올라가는 건 반드시 내려오기 마련'이라는 경고가 따라붙기도 한다. 이 말은 이 회사들의 빠른 주가 상승에 거품이 끼어 있다는 뜻이고, 상승세가 끝나면 올라간 만큼 빠르게 내려올 것이라고 전망하는 사람도 있다.

하지만 그렇지 않다. 팬데믹은 소수의 기술 기업이 우리 삶과 경제에 미치는 지배력을 강화하는 추세를 10년이나 앞당겼다. 이는 1장에서 다룬 역학 관계 때문이다. 시장은 승자들에게 전에 없이 많은 보상을 안겨주고 있는데, IT업계의 승자들은 다른 참여자보다 유리한 점이 매우 많기 때문에 그들이 받는 보상도 훨씬 크다. 이는 빅 4의 경우에도 대부분 동일하게 적용된다. 마이크로소프트와 넷플릭스가 이끄는 다른 기업들도 빅 4의 이런 장점을 일부 공유하고 있다. 그렇다면 빅테크 기업들이 팬데믹이라는 세계적인 위기를 이용해 어떻게 규모를 더 키우고 강해져 지배력을 발휘할 기회로 삼았는지 알아보자.

## 혁신과 독점, 그리고 모호화

사람들은 내게 어떤 주식을 보유하고 있냐고 자주 묻는다. 답은 간단하다. 나는 규제받지 않는 독점기업에만 투자한다. 사실 그런 기업이 존재하면 안 되겠지만, 미국의 독점금지법은 증기기관 시대에 제정된 뒤로 한 번도 시행된 적이 없다. 빅테크는 존 D. 록펠러와 앤드루 카네기의 21세기 버전이다. 하지만 록펠러와 카네기에게 고삐를 채우기 위해 독과점을 규제하고 기업 연합을 해체한 루스벨트Theodore Roosevelt 대통령 같은 사람이 지금은 없다. 적어도 당분간은 그럴 것이다. 아, 마르그레테 베스타게르Margrethe Vestager(유럽연합의 경쟁 담당 집행위원으로 구글, 애플 등이 반독점법을 위반했다며 엄청난 액수의 과징금을 부과함-옮긴이)가 있긴 하다.

그렇다면 빅 4는 어떻게 이런 일을 해냈을까? 그들이 사용한 알고리즘으로 '혁신, 모호화, 착취'를 들 수 있다. 기술 독점은 혁신을 기반으로 한다. 아마존은 물건을 싸게 팔고 빨리 가져다주는 비법을 1,000가지나 알아냈다. 애플은 남들보다 훨씬 좋은 휴대폰을 만든 다음, 이후 10년 동안 경쟁사들에 노골적으로 돈을 뜯어내기 위한 고소를 진행하면서 시간을 보냈다. 구글은 링크를 활용하는 것이 검색의 열쇠라는 사실을 깨달았고, 페이스북은 소셜 미디어를 소셜 네트워크로 만들었다. 이 회사들은 저 멀리서 반짝이는 빛을 발견하고는 누구보다 먼저 그쪽으로 돌진했다.

그러나 일단 탁 트인 경기장에 들어서자, 그들은 자신의 우위를 지키는 쪽으로 관심을 돌렸다. 시장을 방어하는 것은 새로운 시장을 만드는 것보다 훨씬 쉽다. 그들은 어떤 방법을 썼을까? 바로 '모호화'다. 유행어가 난무하는 기발한 홍보 동영상으로 자신들의 독점적 지위를 은폐하고, 천재적인 젊은 창업자를 칭찬하고, K 스트리트K Street(정치권과 행정부 로비를 전문으로 하는 법률 회사들이 위치한 워싱턴 D.C의 거리 이름-옮긴이) 로비 활동과 홍보를 위한 잡담에 수백만 달러를 쏟아부었다.

그뿐만이 아니다. 경제 전문 매체 CNBC를 자기편으로 만들었고 법무부의 견제를 짜증 나는 어린 동생을 다루듯 넘겨버렸다. 이런 행동들은 모두 자신들이 갈피를 못 잡고 헤매던 스타트업 시절은 이미 오래전에 끝났고, 지금은 현금이 간헐천처럼 뿜어져 나오는 중요한 사업을 벌이고 있으며, 진지하게 경쟁할 상대도 없다는 사실을 숨기기 위한 것이다. 예전에는 어떤 회사가 업계를 장악하면 그걸 독점이라 불렀고 독점금지법 경찰이 출동해서 파티를 해산시켰지만, 오늘날의 빅테크 독점기업들은 독점을 막는 시스템을 무너뜨렸다.

시장 지배력에 대한 일반적인 한계를 벗어났기 때문에 이들은 특권적 지위를 이용해 성과를 누릴 수 있다. 빅테크 사업의 핵심부에는 플라이휠flywheel이 있다. 물리학에서 플라이휠은 운동에너지를 운동량에 저장한 다음, 그 에너지로 옆에 있는 엔진을 돌리는 회전식 디스크를 말한다. 비즈니스에서 플라이휠은 회전하는 동안 투입물이나 비용을 늘리지 않아도 생산량이나 수익을 늘려준다. 비즈니스에서 최고의 플라이휠이라 할 수 있는 아마존 프라임Amazon Prime은 다양한 상품을 원하는 소비자를 끌어들이고 있다. 가입자는 아마존 프라임 비디오 같은 서비스 혜택도 누리기 때문에 프라임 이용 시간과 플랫폼에 머무는 시간이 늘어난다. 월마트Walmart가 자체적인 경쟁 서비스인 월마트 플러스Walmart+를 시작한 건 놀라운 일이 아니다. 물론 '왜 그렇게 오래 걸렸을까' 하는 궁금증이 생기긴 하지만 말이다.

빅테크 독점기업들이 시장을 독차지하고 플라이휠을 돌리자 네트워크 효과, 저렴한 자본, 그리고 혁신가를 우상화하는 것이 가능해졌다. 무책임한 법무부와 연방거래위원회Federal Trade Commission 덕에 수익성이 매우 높은 사업(전화, 디지털 마케팅, 고객 보상 프로그램, 클라우드 등)을 통해 놀라운 가치, 즉 '반反물질'을 만들어낼 수 있는 독점 시대가 도래한 것이다. 덕분에 업계 전체는 이 반물질을 차별화하고 보호하기 위한 미끼 상품이 되었다. 역사상 가장 빠르게 성장한 소프트웨어 회사인 넷스케이프Netscape는 마이크로소프트가 인터넷 익스플로러Internet Explorer를 자사의 오피스 프로그램에 끼워 팔기 시작하면서부터 반물질에서 '기능'으로 바뀌었다.

물론 플라이휠이 있는 회사는 빅 4뿐만이 아니다. 2016년에 월마트가 젯닷컴Jet.com이라는 회사를 33억 달러에 인수한 것을 두고 나는 '형편없는 거래'라고 말했다. 그때 했던 말을 그대로 옮기면 이렇다. "중년의 위기에 처한 월마트가 33억 달러를 주고 모발 이식을 했다." 젯이라는 기업 자체에 대한 내 생각은 옳았다. 월마트가 2020년 5월에 젯 사업을 중단하겠다고 발표했기 때문이다.

하지만 월마트의 기업 인수 전략에 있어서는 내 생각이 틀렸다. 젯닷컴 덕분에 월마트의 온라인 판매 비중이 획기적으로 증가했던 것이다. 시장이 오프라인 거래보다 온라인 거래를 훨씬 높게 평가하는 이유는 거기에 성장과 데이터, 미래가 있기 때문이다. 월마트는 젯닷컴을 인수한 덕에 온라인 매출이 6퍼센트에서 16퍼센트로 늘어났다. 젯닷컴만 따로 놓고 본다면 약 30억 달러의 가치까지는 없을 듯하지만, 월마트에게는 그만한 가치가 있었다. 그리고 시장의 지혜가 이를 입증했다. 인수 당시 월마트는 전자상거래 성장세가 둔화되고 있었는데, 인수 이후 젯닷컴 설립자이자 CEO 마크 로어Marc Lore에게 전자상거래 운영 전반을 맡기자 온라인 매출이 176퍼센트나 증가했다.[2] 더불어 월마트 주가도 2배 가까이 올랐다.

## 사방으로 확장하는 빅 4와 플랫폼 기업들

예전에는 'IT업계'라고 하면 컴퓨터 하드웨어와 소프트웨어를 만드는 회사로 구성된 협소한 분야를 뜻했고, '다른' 업계에 속한 기업들은 자사 비즈니스를 위해 이런 회사를 사들였다. 심지어 닷컴 시대에도 그런 기업을 시장 교란자로 여기긴 했지만, '다른' 업계에서 활약하는 새로운 플레이어라고만 여겼다. 펫츠닷컴Pets.com은 반려동물 가게인데 온라인으로 영업을 하는 것뿐이고, 브로드캐스트닷컴Broadcast.com은 인터넷으로 방송하는 라디오 방송국이며, 이트레이드E-Trade는 증권사인데 온라인으로 증권 거래를 하는 곳이라는 식으로 말이다.

아마존 역시 서점인데 온라인 서점일 뿐이었다. 하지만 실상은 그들 생각과 완전히 달랐다. 아마존은 과거에도, 지금도, 그리고 앞으로도 IT 기업이다. 제프 베조스는 IT 기업이 다른 회사를 위한 기술 인프라를 만드는 일만 하지 않을 것이라는 사실을 처음부터 알고 있었다. IT 기업들이 직접 다른 사업에 뛰어들기 시작한 것이다.

2000년대에 우리는 베조스의 비전이 실현되는 모습을 목격했다. 아마존은 책부터 일반 잡화, 영화와 TV 프로그램, 식료품, 가전제품, 클라우드 컴퓨팅 서비스에 이르기까지 영역을 넓혀나갔다. 구글도 마찬가지로 영화를 배급하고 홈 오토메이션 장비와 휴대폰, 건강관리 제품을 만든다. 애플은 휴대폰으로 큰 성공을 거두자 회사 이름에서 아예 '컴퓨터'를 빼버렸고, 지금은 TV 프로그램을 제작하고 있다.

외부에서 보면 에어비앤비, 우버, 컴퍼스Compass, 레모네이드Lemonade 같은 회사는 각각 임대 중개, 승차 공유, 부동산 중개, 보험 판매를 하는 기업처럼 보인다. 하지만 사실 이들은 모두 IT 기업이고, 그들이 기술을 도입해 IT로 변신시킨 아날로그 산업 분야만 다를 뿐이다. 그들은 어떻게 이런 일을 할 수 있을까? 온라인 관계, 알고리즘, 데이터 같은 향상된 IT 기술이 어떤 사업이든 더 원활히 운영할 수 있게 해주기 때문이다. 어떤 분야든지 처음부터 온라인상에서 데이터 주도적으로 사업을 진행하면 제품을 더 저렴한 비용으로 많이 만들어 판매하고 큰 이윤을 남길 수 있다. 이런 사실을 일찍 깨닫고 자본화한 빅 4는 이제 '규모'라는 강력한 이점을 갖게 되었다. 이들은 낮은 자본비용, 독점력, 대량생산을 통해 모든 사업을 IT 쪽으로 이동시키고 있다.

몇 가지 예를 살펴보자. 가장 먼저 들여다볼 것은 배송 산업이다. 아마존은 자체 배송 사업을 한다. 과거에는 '산업(배송)'이었던 것이 '기능(아마존 프라임)'으로 바뀔 것이다. 베조스와 몇십억 달러의 자금, 그리고 엔지니어 팀이 페덱스FedEx와 치열한 경쟁을 벌인다. 그래도 어쩌면 공정한 싸움이 될 수도 있었겠지만 베조스는 전혀 공정하게 싸우지 않았다. 그는 미국 가정의 82퍼센트가 이용하는 온라인 소매점을 운영하면서 중고 서점인 벅스포북스Bucks4Books부터 구찌Gucci에 이르기까지, 그야말로 모든 업종에 대한 온라인 상거래를 제공해 분당 1,700만 달러의 매출을 올린다.[3] 그러면서도 페덱스의 시장 지배력이 너무 강력하다고 지적한다.

아마존은 페덱스와의 경쟁에서 더 유리한 위치에 서 있다. 정시 배송률이 높고, 가격(아마존에서 판매하는 타사 상품 배송비)이 저렴하며, 더 많은 시장의 더 많은 제품을 당일에 배송해 선도 분야를 늘리기 위해 적극적으로 투자한다. 페덱스 주주들은 M. 나이트 샤말란M. Night Shyamalan 감독의 으스스한 영화 같은 악몽을 꾸다가 깨어났다. 그들 눈에 죽은 사람이 보이는 건 아니지만, 대신 그들은 웃는 입술 모양의 화살이 옆면에 그려진 메르세데스-벤츠 스프린터 승합차, 즉 아마존 배송 차량에 시달린다. 어딜 가나 보이기 때문이다. 이 승합차들은 어쩌면 페덱스 트럭 기병대와 맞서 싸우는 독일제 장갑차일지도 모른다. 페덱스

**미국 가정을 대상으로 한 설문 조사**

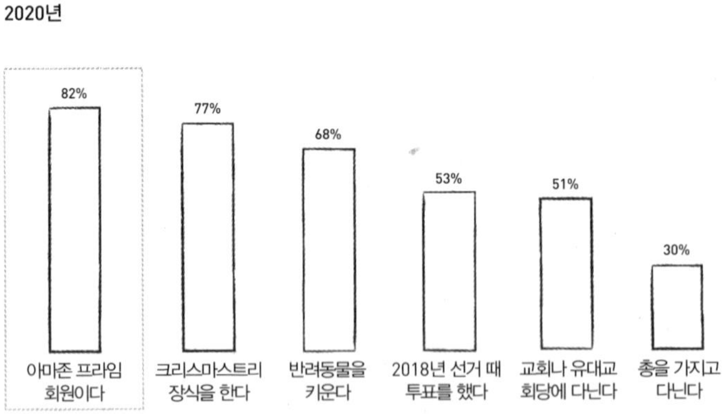


출처: Consumer Intelligence Research Partners, Christmas Tree Association, U. S. Election Project, Census Bureau, Pew Research

내부에서는 용감하게 맞서 싸우자고 독려하는 함성과 몇몇 영웅적인 행동, 그리고 몰락의 악취가 점점 두드러질 것이다.

다음으로 살펴볼 분야는 웨어러블 기기다. 현재 웨어러블업계는 애플이 지배하고 있다. 사실 시계는 수백 년 전부터 존재했다. 다만 웨어러블이라는 '명칭'이 있다는 것을 아무도 몰랐을 뿐이다. 애플의 지배력은 어느 정도일까? 5년 전 이 분야에 처음 발을 들인 애플은 현재 시계업계에서 규모가 가장 큰 기업이 되었는데, 그 규모가 다른 회사의 4배에 이른다. 애플의 서비스와 웨어러블 사업 확대는 팀 쿡의 경영 감각을 말해준다. 애플은 현재 매출의 거의 절반을 아이폰이 아닌 다른 제품에서 얻고 있다. 애플워치, 에어팟, 비츠Beats 등이 포진한 웨어러블 사업 하나만으로도 2019년에 200억 달러 이상의 매출을 올려 맥도날드보다 규모가 커졌다.[4] 기업 분할을 한다면(이것도 연방거래위원회나 법무부가 움직여줄 때나 가능한 말이지만) 전 세계에서 가치가 가장 높은 20대 기업 중 하나가 될 것이다.

수익 비교

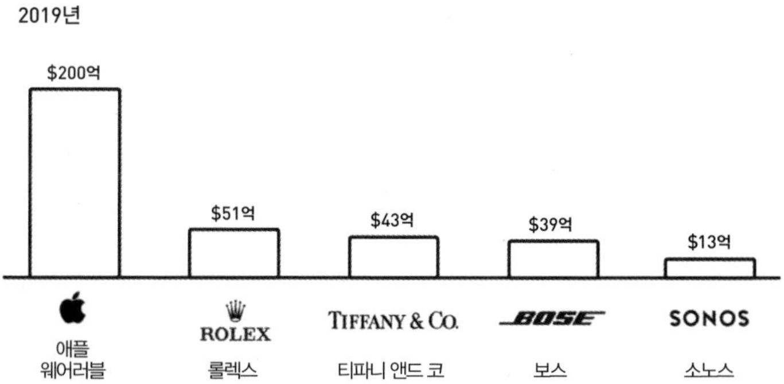


출처 : Companyu Filings, iMore

하지만 팀 쿡처럼 똑똑하고 조너선 아이브Jonathan Ive(애플의 전 최고 디자인책임자-옮긴이)처럼 유리 직사각형 디자인에 능숙한(그는 자신의 핵심 역량을 마음껏 활용했다) 사람이 있었기에 애플이 2019년에 200억 달러어치의 시계와 헤드폰을 팔 수 있었던 거라고 생각한다면, 당신은 내 이야기를 제대로 귀담아듣지 않은 것이다. 여기서 중요한 것은 플라이휠이다. 롤렉스Rolex는 근사한 시계를 만들지만 주머니에는 그것과 연결할 롤렉스 휴대폰이 없다. 보스Bose는 굉장한 헤드폰을 만들지만 소비자가 세상에서 가장 힙한 사람들 사이에 섞여 제품을 사용해볼 수 있는 500개의 매장이 없다. 시계는 어느새 기술 산업의 일원이 된 것이다.

### 빅 4, 할리우드에 진출하다

한 가지 예를 더 들어보자. 이번에는 스트리밍 미디어다. 워너 브러더스Warner Brothers의 공동 설립자인 잭 워너Jack Warner는 1930년대에 할리우드에 약 12,560㎡(3,800여 평) 규모의 조지 왕조 스타일 저택을 지었다. 전형적인 스튜디오 거물의 사유지인 그곳은 할리우드 황금시대의 명사들이 종종 모이는 곳이었는데, 지금은 제프 베조스가 소유하고 있다.

IT 기술이 소매업체에 가져온 결과는 이제 미디어 분야에서도 적용되고 있다. 수천억 달러의 가치, 그리고 전 세계 어느 업계보다 문화적 영향력이 큰 이 거대 산업도 점차 기능화되어 배터리와 화장지를 팔기 위한 액세서리가 되고 있다. 비디오 스트리밍은 플라이휠에 가속도를 더한다. 영화와 엔터테인먼트는 강렬한 감정을 불러일으킨다. 전자상거래나 인터넷 기업에 대한 소비자의 정서적 연결 정도는 마이너스거나 0이지만, 주문형 비디오 스트리밍 기업은 점수가 높다. 아마존 프라임을 통해 영국의 코미디 드라마 〈플리백Fleabag〉을 즐겨 본 사람은 다음에 토스터를 살 때 타깃Target이나 윌리엄스-소노마Williams-Sonoma 같은 소매업체가 아니라 아마존에서 구입할 가능성이 높다.

컴캐스트Comcast, AT&T, 버라이즌Verizon, 폭스Fox, 소니Sony 같은 대형 엔터테인먼트 미디어 회사들은 자신의 가치를 아마존과 애플에 빼앗기고 있다. 거대 IT 기업에 미디어는 핵심 사업이 아니라 플라이휠의 일부이자 하나의 기능에 불과하다. 월마트와 마찬가지로 디즈니는 이 분야에서 키친타월이나 에어팟 공급업체에 대항할 수 있는 자산과 리더십, 주주 기반을 보유한 유일한 현역 기업이다.

2019년 1월부터 2020년 2월까지, 13개월 사이에 애플과 아마존은 디즈니, AT&T/타임워너, 폭스, 넷플릭스, 컴캐스트, 바이어컴, MGM, 디스커버리Discovery, 라이언스게이트Lionsgate 등을 자신들의 시가총액에 편입시켰다. 가치 전환은 이미 시작된 것이다.

넷플릭스는 이런 분열의 칼날 위에서 균형을 잡고 있다. 2019년 말까지만 해도 넷플릭스는 최고의 콘텐츠, 최고의 기술, 구독자에 대한 엄청난 선점 우위, 명예의 전당 관리 등을 통해 스트리밍업계의 선두주자 자리를 지키고 있었다.[5] 물론 지금도 매우 강력한 회사다. 아마 넷플릭스는 강력한 비전을 무기로 내세우며 신규 고객 유치 및 인프라 투자에 필요한 백지수표를 달라고 시장을 설득해서 아마존이 이룬 성과를 똑같이 달성한 유일한 기업일 것이다.

게다가 팬데믹으로 이익도 얻었다. 넷플릭스는 2020년 1월 이후

애플·아마존과 미디어 회사의 시가총액 변화

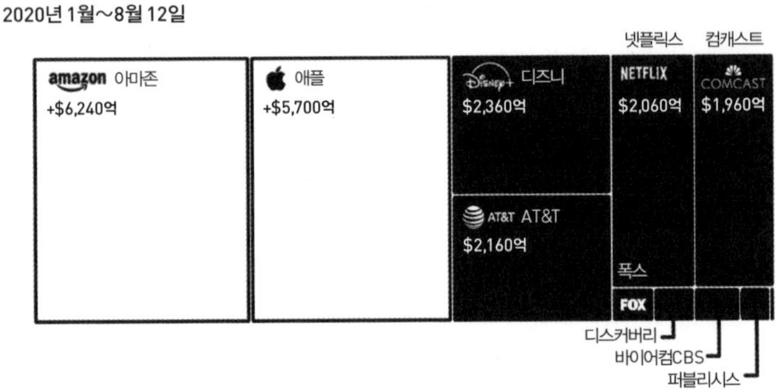


출처: Analysis of Seeking Alpha Data

주가가 50퍼센트 상승했고, 2020년 상반기에 가입자가 110퍼센트 증가해 2019년 같은 기간보다 2배 성장했다.[6] 넷플릭스가 콘텐츠 예산을 지금 같은 비율로 계속 늘려간다면, 2025년에는 미국 정부가 저소득층 식비 지원 제도인 푸드 스탬프 사업에 쓰는 것보다 더 많은 돈을 〈기묘한 이야기Stranger Things〉나 〈너의 모든 것You〉, 〈더 크라운The Crown〉 같은 오리지널 콘텐츠에 쏟아부을 것이다. 그러니 자본주의가 작동하지 않는다고 누가 감히 말할 수 있겠는가?

하지만 그런 숫자에도 눈 하나 깜짝하지 않을 사람이 있다. 바로 잭워너의 저택에서 성장호르몬을 맞고 있는 제프 베조스다. 그는 플라이휠을 가지고 있으며 팀 쿡도 마찬가지다. 넷플릭스 회장 리드 헤이스팅스Reed Hastings는 CEO로서 그들과 동등한 존재일 수는 있지만 그들과 같은 전략적 이점은 없다. 이런 점에서 넷플릭스도 덩치를 키워야 할 것 같다. 이를 위한 첫 번째 방법은 왕좌를 노리는 또 다른 경쟁자이자 막대한 자산과 치명적인 약점을 지닌 스포티파이를 인수하는 것이다. 두 회사가 힘을 합쳐 소노스를 낚아채면 음악과 동영상을 손에 넣을 수 있고, 이용자들의 가정에 물리적으로 존재하면서 알렉사Alexa와 시리Siri를 물리칠 수도 있다. 그렇게 된다면 넷플릭스가 더욱 빛을 발하게 될 것이다.

안타깝게도 비디오 스트리밍 분야에 새롭게 등장한 퀴비Quibi(틱톡과 비슷한 숏폼 온라인 동영상 서비스-옮긴이)와 피콕Peacock(NBC 유니버설의 스트리밍 서비스-옮긴이)은 파티에 지각한 상태다. 피콕은 서비스와 가격을 여러 층으로 나눈 상품을 다루는 탓에 가치 제안 방식이 복잡한 데다, 여기서 제공하는 NBC의 많은 프로그램은 다른 플랫폼에서도 볼 수 있다. 퀴비의 경우 뛰어난 사업가 2명이 그렇게 끔찍하게 실패하는 모습을 보는 것은 슬픈 일이다. 《와이어드Wired》의 표현대로, 퀴비를 비웃는 게 퀴비를 보는 것보다 훨씬 재미있다.[7] 이 회사들은 플라이휠도 없고 이용자들이 구독 기간을 연장할 만큼 매력적인 가치를 제공하지도 못한다.

미디어는 독자적인 사업이 아니라 고객을 확보하는 수단이 되었다. 그러므로 미디어업계에 나타난 균열을 신속하게 처리할 수 있는 완벽한 수단을 가진 회사가 승리를 거두게 될 것이다. 빅 4는 이미 사람들의 팔에 정맥주사를 꽂아놓은 상태인데, 거기에 비디오를 하나 더 추가한다고 해서 안 될 이유가 뭐가 있겠는가? 흥미로운 사실은, 베조스가 소유한 LA 대저택의 원래 소유주인 워너가 1948년에 사법부의 독점 금지 처분을 받았다는 것이다.

빅테크가 기성 기업을 심각하게 위협하고 있는지 확인하는 한 가지 방법은, 그 기업들이 자기가 위대한 존재가 될 수 있었던 이유를 잊어버리고 바보 같은 행동을 시작하지는 않는지 살펴보는 것이다. HBO 맥스HBO Max의 경우처럼 말이다. TV는 우리 시대의 본질을 규정하는 예술 형태다. 영화는 지루하고 결말을 예측할 수 있다. 또 다른 슈퍼히어로 영화의 속편을 원하는 사람이 어디 있겠는가? 영화적 창의성의 정점은 TV이고 HBO는 수십 년 동안 TV 분야에서 정상을 지켰다. 〈섹스 앤 더 시티Sex and the City〉, 〈왕좌의 게임Game of Thrones〉, 〈소프라노스The Sopranos〉, 〈더 와이어The Wire〉, 〈식스 피트 언더Six Feet Under〉 등을 내놓은 HBO는 독보적이고 창조적 천재를 상징하는 브랜드가 되었다. HBO의 경우 콘텐츠에 지출한 액수 7,500만 달러당 에미Emmy상을 하나씩 받은 데 비해 아마존은 4억 달러당 하나를 받았다. 애플의 〈더 모닝 쇼〉 회당 제작비는 1,500만 달러로[8] HBO가 〈왕좌의 게임〉에 들이는 회당 제작비보다 비싸다.[9] 당신은 어느 쪽을 보고 싶은가?

AT&T의 CEO 존 스탠키John Stankey는 HBO를 인수해서 무엇을 하려는 걸까? 이건 마치 파리의 보석 같은 존재인 오르세 미술관에 들어가 "여길 확장해보자"라고 말한 것이나 다름없다. HBO는 콘텐츠업계 최고의 명품 브랜드였고 비디오 스트리밍업계의 버킨 백이었다. 그런데 지금은 월 15달러를 받는 값비싼 잡동사니가 되어버렸다. 이는 디즈니 플러스Disney+의 2배, 애플 TV 플러스의 3배에 달하는 요금이다. 〈빅뱅 이론The Big Bang Theory〉이 포함되어 있는 번들 하나에 15달러를 내고 싶은 사람은 없을 것이다. 게다가 로쿠Roku(OTT 서비스와 TV 채널을 통합 제공하는 스트리밍 플랫폼-옮긴이)와 아마존 파이어 TVAmazon Fire TV에서는 HBO 맥스를 이용할 수 없다. 이는 HBO 경영진이 가장 인기 있는 스트리밍 장비 회사와 유통 계약을 체결하지 못했기 때문인데,

로쿠와 아마존 파이어 TV의 이용자를 합치면 전체 스트리밍 비디오 시청자의 70퍼센트나 된다.[10]

이런 HBO의 실수를 통해 기회를 잡은 쪽은 누구일까? 바로 애플이다. 애플은 애플 TV 플러스가 직접 제작하는 버티컬 콘텐츠vertical contents(특정한 전문 분야의 콘텐츠-옮긴이)에 60억 달러를 투자해 HBO가 차지하고 있던 고급스러움을 빼앗았다. **고급스러움은 장인 정신과 희소성에서 비롯된다.** 애플 TV 플러스가 추구하는 것은 자신들의 채널에서 방영된 것이 아니라 아직 방영되지 않은 것들이다. 특히 애플이 직접 제작한 오리지널 콘텐츠여야만 한다. 물론 〈더 모닝 쇼〉는 HBO의 〈섹스 앤 더 시티〉만큼 큰 성공을 거두지 못했지만, 그렇다고 〈알리스Arliss(HBO가 1995년에 제작한 시트콤-옮긴이)〉처럼 화제성이 떨어지지도 않았다. HBO는 〈섹스 앤 더 시티〉와 〈소프라노스〉를 TV계의 챔피언으로 만들기까지 몇 년 동안 오리지널 콘텐츠를 늘려갔다. 애플이 콘텐츠에 투자한 60억 달러가 모두 어디로 갔는지 궁금하다면 기억하자. 최초의 아이폰에는 앱이 하나도 없었다는 사실을 말이다.

## 거대해진 덩치, 더욱 커지는 문제

코로나19에서 시작한 팬데믹 쇼크는 빅테크 기업의 잘못된 행동에 대한 사람들의 관심을 크게 분산하는 효과적인 무기다. 팬데믹과 함께 국가의 무능이 낱낱이 드러나자 어떤 언론 보도도 12시간 이상 사람들의 관심을 끌지 못하게 되었고, 다른 일들은 전부 중요하지 않은 소식이 되어버렸다. 그러나 우리가 주의를 기울이든 말든, 견제되지 않은 성장과 시장 지배력은 많은 문제를 야기한다. 경쟁을 겪지 않는 기업들은 혁신에 신경 쓰지 않게 되며, 이들은 자사의 지위를 이용해 더 많은 이윤과 점유율을 확보하지만 실질적으로 창출되는 가치는 줄어든다. 그리고 이들은 현재의 위치를 지키기 위해 다른 혁신 기업들을 일찌감치 처리해버린다.

1980~1990년대 당시 권력의 정점에 올랐던 마이크로소프트는 외부 혁신을 억압하는 것으로 악명이 높았다. 이 회사의 첫 번째 방어선은 'FUD', 즉 경쟁 제품에 대한 공포fear와 불확실성uncertainty, 그리고 의구심doubt을 널리 퍼뜨리는 것이었다. 마이크로소프트의 제품을 이용해 철저한 테스트를 거치지 않았다거나 경쟁 업체의 자본 상황이 좋지 않다거나 등등 적극적인 영업 사원이 떠올릴 수 있는 말은 뭐든지 다 퍼뜨렸다. 마이크로소프트는 또 '베이퍼웨어vaporware', 즉 경쟁사와 겨룰 수 있는 제품이나 기능을 만들었다고 발표만 해놓고 실제 제품은 출시하지 않는 방식을 좋아했다. 심지어 마이크로소프트는 사용자가 경쟁사 소프트웨어를 설치할 때 사용자의 컴퓨터에 가짜 오류 메시지가 뜨게 만들기도 했다.[11]

오늘날에는 빅테크 기업의 영향력이 우리 삶과 사회에 더 깊이 파고들었기 때문에 위험성도 더 크다. 1990년대에는 빌 게이츠Bill Gates가 경쟁사의 스프레드시트 프로그램이 인기를 얻는 걸 막을 수 있었지만, 오늘날에는 마크 저커버그Mark Zuckerberg가 대통령 선거 결과에 영향을 미칠 수 있다. 페이스북은 마이크로소프트처럼 미국 기업들의 기술 예산만 약탈하는 게 아니라 우리의 사생활과 정서적 행복, 그리고 민주주의의 건전성까지 훼손시키고 있다.

따라서 1990년대의 마이크로소프트보다 더 큰 규모와 영향력을 자랑하는 이 회사들이 생활과 통합되어 미치는 영향력은 우리에게 충분한 위험 요소가 될 수 있다. 코로나 바이러스 확산으로 인한 봉쇄 초기에 식료품 가게 선반이 텅 비기 시작하고 아마존 배송이 급증하자, 우리는 망하게 놔두기에는 너무 큰 새로운 기업 집단이 존재한다는 사실을 깨달았다. '무너지게 놔둘 수 없을 만큼 거대해진' 기업들은 큰 위험을 감수하는 게 올바른 전략이라는 사실을 알게 되었다. 유리한 부분은 민영화되고 불리한 부분은 사회화되면서 자신들은 결국 구제받을 수 있기 때문이다.

반대 의견을 퍼뜨리고 과격화하는 데 있어 빅테크가 맡은 역할에 대해서는 매우 많은 증거가 존재한다. 사람보다 이익을 우선시하는 새롭고 끔찍한 사례도 꾸준히 겉으로 드러났다. 내가 이 책을 완성하기 며칠 전, 버즈피드는 페이스북에 접수된 불만 사항에 대해 보도했다. 위스콘신주 커노샤에서 비무장 상태의 흑인 남성이 경찰의 총격을 받아 중태에 빠진 사건을 계기로 인종차별에 대한 시민들의 항의 시위가 거세지자, 그에 맞서기 위해 '무기를 들자'면서 페이스북에서 사람들을 선동한 민병대에 대한 불만이 455건 접수되었다는 내용이었다. 하지만 이런 수많은 경고(페이스북이 그날 접수한 불만의 66퍼센트가 이와 관련된 것이었다)와 네 차례의 개별적인 모더레이터moderator(페이스북, 유튜브 같은 플랫폼에서 혐오 표현, 음란물, 테러 위험 게시물 등을 찾아내서 차단하거나 삭제하는 사람-옮긴이) 논평이 있었음에도, 페이스북은 해당 민병대의 명백한 폭력 선동 행위를 사이트에 그대로 남겨두었다.[12]

그 후 커노사에서 시위대 2명이 무장한 민병대원의 총에 맞아 사망하자 범인을 찬양하는 밈과 게시물이 페이스북 전체에 확산되었고, 범인을 위한 모금 행사 내용은 1만 7,000회 이상 공유되었다.[13] 이는 페이스북이 유대인 대학살을 부정하는 콘텐츠를 '적극적으로 홍보'한다는 보도가 나오고 일주일 뒤,[14] 그리고 '열차 납치, 유괴, 경찰 추격, 살인 같은 폭력적이고 범죄적인 사건'과 관련이 있는 큐어넌QAnon(극우 음모론을 신봉하는 집단-옮긴이)을 지지하는 수천 개의 페이지와 그룹이 사이트에서 활동할 수 있도록 허용했다는 것을 페이스북이 인정한 뒤에 벌어진 일이다.[15]

빅테크 기업들은 자사의 제품 설계와 정책 결정이 미치는 영향을 고려하는 경우가 거의 없는 듯하다. 설령 고려하더라도 사적인 이익을 위해 공공 재산을 일부러 희생시킨다. 이는 빅테크 기업의 엄청난 규모 때문에 케임브리지 애널리티카Cambridge Analytica(정치 자문 회사로 페이스북 가입자 수백만 명의 프로필을 무단으로 수집해 정치적 선전 목적으로 이용했다.-옮긴이) 사건이나 젊은이들을 과격하게 만드는 유튜브 콘텐츠 같은 외부 효과(어떤 행위로 인해 발생하는 의도치 않은 비용이나 편익-옮긴이)가 발생했다는 것을 인정하지 않으려는 제도적 코드다. 이 기업들은 "이런 일이 발생할 가능성을 예상하지 못했는가?"라고 묻는 사람, 혹은 "어떻게 하면 일간 활성 사용자 수를 1,000만 명에서 2억 명으로 늘릴 수 있을까?"라는 심오한 질문에 대한 대답을 구하는 것을 방해하는 사람은 '직장 부적응자의 섬'으로 보내버린다. 이들 입장에서는 미국의 자동차 산업보다 가치가 커지고, 이 시대의 스티브 잡스Steve Jobs가 되어 스탠퍼드대학교 경영대학원에서 강연해달라는 초청을 받고, 부와 혁신자를 숭배하는 사회에서 따뜻한 관심을 받고 싶다는 유혹을 뿌리치기 어렵다.

## 빅 4와 맞선다는 것

이런 성장을 저지하는 것은 힘든 일이다. 한 기업이 이 정도로 강력해지면 개인은 물론이고 다른 기업들도 할 수 있는 일이 거의 없기 때문이다. 사실 이건 정부의 역할이다. 하지만 빅테크는 여론을 등에 업고 로비스트를 수백 명씩 고용하며 규제 당국이 따라갈 수 없을 만큼 빠르게 움직인다. 석탄 시대에 제정된 법률은 디지털화된 독점 앞에서 힘을 쓰지 못한다. 전통적인 독점 금지 원칙은 가격을 기준으로 소비자가 입는 피해에만 초점을 맞춘다. 가격이 낮으면 괜찮고 높으면 나쁘다는 식으로 말이다.

따라서 이런 규제 방식은 소비자에게 요금을 부과하지 않는 구글과 페이스북, 가격이 매우 낮긴 하지만 타사의 경쟁을 제한해서 가격이 아닌 다른 방법으로 소비자에게 피해를 주는 아마존, 그리고 애플 TV 플러스를 운영하는 애플 같은 회사들에는 적절하지 않다. 또 현재의 독점 금지 체계는 이 기업들이 수십억 달러의 저비용 자본을 유치할 수 있는 특유의 입지를 이용해 시장을 통합하고 경쟁자들을 앞지르는 상황에도 제대로 대처하지 못한다.

콘텐츠 규제 전통도 인쇄 매체와 방송 통신 시대에 개발된 것이다. 수정 헌법 제1조에 명시된 '표현의 자유 보호'는 미국 민주주의의 초석이지만 절대적인 것은 아니다. 비방, 폭력 주장, 기밀 침해, 정부 기밀 유지 등은 항상 제한되어왔으며 상업적인 발언도 제약을 받는다. 하지만 그런 식으로 선을 긋는 방식은 책을 인쇄해서 한 번에 한 권씩 판매하고 언론 매체는 대중 전파를 타고 흐르던 시절에 만든 것이다. 지금은 누구나 수백만 명의 청중에게 다가갈 수 있다. 궤변에 능한 이들은 특정한 방식으로 편향되고 표적화된, 설득에 매우 취약한 집단을 상대로 수백만 개의 맞춤형 메시지를 전달할 수 있다.

흔히 말하듯 '표현의 자유'는 '파급력의 자유'가 아니다. 매우 정교한 맞춤 타깃custom audience 알고리즘이 허위 광고 혹은 오해의 소지가 있는 광고를 공개적으로 비평할 수 있는 대중이 아닌, 쉽게 영향받는 특정 유권자층에게만 보여준다면 민주적인 절차가 많은 피해를 입게 된다. 최근 등장한 딥페이크deep-fake 기술을 활용해 진짜처럼 만든 가짜 동영상으로 누군가가 어떤 말이나 행동을 한 것처럼 보이도록 만들 수 있을 것이다. 또 가짜 뉴스를 생성하는 도구들은 사회를 더욱 극명하게 갈라놓을 것이다.

앞길이 험난하긴 하지만 대중과 언론도 이런 위협을 의식하기 시작했다. 2020년 여름에는 하원의 반독점 소위원회가 빅 4 CEO들에게 청문회에 나와 증언하도록 요구해 화제가 되었다. 나를 비롯한 많은 이들은 이것이 공허한 제스처가 되리라고 예상했지만 소위원회는 청문회를 철저히 준비했고, 구성원 대다수가 빅테크의 고삐를 죄는 일에 매우 진지하게 임했다. 데이비드 시실린David Cicilline 위원장은 개회사에서 빅테크의 데이터와 파급력에 초점을 맞춘 '디지털 반독점 비전'을 제시했다. 소위원회는 더 많은 정보를 얻으려는 대신 자신들이 내놓을 입법안과 독점 금지 조치를 예고하고 시험했다.

청문회에서 공격을 주도한 건 프라밀라 자야팔Pramila Jayapal 의원이었다. 기업들의 내부 문건과 소위원회 조사 증언, 그리고 의로운 열정으로 무장한 자야팔은 사정없이 공격을 퍼부었다. 이런 청문회에서는 정치인들이 압도당하기도 하지만, 자야팔은 오히려 기업들 편에 서서 자기 회사의 반경쟁적 관행에 대해 증언할 수도 있을 정도로 관련 정보에 정통한 사람임을 입증했다(다행히 그녀는 오래전부터 국가에 봉사하기로 결심했다). 자야팔은 자신의 지역구 주민이기도 한 제프 베조스에게 첫 번째 질문을 던졌다. 그녀는 베조스를 몰아붙여 아마존이 다른 판매자의 데이터를 남용했을 가능성이 있다는 사실을 인정하게 했다. 세계 최고의 부자를 물리친 그녀는 이어서 세 번째 부자인 마크 저커버그에게 총구를 겨눴고, 페이스북이 경쟁 제품을 노골적으로 복제한 사실이 드러난 그의 메일 내용을 바탕으로 질문 공세를 퍼부어 그를 피투성이로 만들었다.

뉴스를 통해 연방거래위원회가 구글에 반독점 조치를 취할 가능성이 높다는 사실이 널리 보도되었다. 또 의회가 확대된 반독점 규제 조치를 통과시킬 의지가 있다면, 다른 거대 IT 기업에 대해서도 많은 반독점 조치가 뒤따를 수 있는 상황이었다. 물론 그렇다고 해서 거대 IT 기업의 해산을 마치 그들이 잘못한 일에 대한 처벌로 여기거나, IT 기업 경영진을 나쁜 사람들이라고 생각해선 안 된다. 경영진은 주가를 높이기 위해 그들이 할 수 있는 일을 한다. 그게 그들의 역할이다. 회사 덩치가 커지면 경쟁을 억누르면서 자사의 힘을 이용하는 것이 주주를 위한 단기 이익을 확보할 수 있는 좋은 방법이기 때문이다.

경쟁은 올바른 행동을 요구하는 경제 체제를 성장시킬 수 있는 최고의 방법이다. 그렇게 되면 다른 기업에 선택권이 많이 주어지는데, 다만 그들도 올바르게 행동해야만 한다. 독점금지법은 정부가 거대 IT 기업의 위험한 힘에 대처하기 위한 도구 중 하나일 뿐이다. 이 법은 경쟁을 장려하기 때문에 가장 포괄적인 법이 될 수 있는 잠재력이 있다.

그러나 거대 IT 기업들이 개인 정보를 남용하고 거짓 정보나 분열을 초래하는 글을 계속 홍보하는 것을 통제하려면 다른 규제 체제가 필요할 수 있다. 규제 계획은 의도치 않은 결과를 초래할 수 있기 때문에 보기보다 까다롭다. 엄격한 오염방지법과 노동법을 시행하면 기업은 환경이나 노동에 대한 규제가 적은 해외로 생산 기지를 옮길 수 있다. 수십 년간 산불과 성공적으로 싸운 경험이 쌓여 훨씬 파괴적인 불을 촉발하는 연료가 축적된 셈이다. 가장 큰 리스크는 대기업의 고삐를 죄려고 만든 규제 제도가 결국 대기업에 이익을 안겨주는 것이다. 대기업은 규제 준수를 위한 팀과 시스템을 구축할 수 있는 자원을 보유한 유일한 존재이기 때문이다.

페이스북 게시물, 트윗, 구글 검색 결과 등 기술 콘텐츠에 관한 현재의 규제 체제는 대부분 통신품위법 230조(섹션 230)를 따른다. 이 법은 사용자가 플랫폼에 게시한 콘텐츠에 대해 온라인 플랫폼이 법적책임을 질 필요가 없도록 보호해준다. 이런 보호는 인터넷이 통신 매체로 성장하는 데 필수다. 문제는 보호 범위가 위험한 콘텐츠까지 확장되는 것이다. 근래 들어 통신품위법 230조를 개정해야 한다는 목소리가 높아지긴 했지만, 최선의 방안을 제시하는 비전이 등장할 기미는 전혀 보이지 않는다.

법의 보호 대상을 축소하려는 의회의 최근 움직임은 부당한 규제 변화의 위험성을 보여준다. 의회는 크레이그리스트Craigslist(물건 판매나 구인·구직 등의 정보가 올라오는 미국 최대의 온라인 광고 사이트-옮긴이)나 백페이지닷컴Backpage.com 같은 사이트에서 성인 서비스 광고가 붐을 일으키는 것은 우려했다. 이런 광고 중 상당수가 사실상 성매매를 판매하는 광고이기 때문이다. 그래서 2018년에 의회는 성매매와 연관성이 있다고 의심되는 콘텐츠에 대해서는 통신품위법 230조의 보호 기능을 제한하는 'FOSTA-SESTA'라는 법안을 통과시켰다. 이 법안이 논의되는 동안 IT업계에선 이 조치가 '성매매를 다시 음지화해 근절하기 어렵게 만들고, 합법적이며 가치 있는 상거래와 온라인 커뮤니케이션을 억압하게 될 것'이라고 반대하는 목소리가 높았다. 주요 IT 기업들도 처음에는 이 법안에 반대했지만 초안이 자기들 마음에 드는 방향으로 수정되자 태도를 바꿨다. 페이스북은 법안을 강력하게 지지했고, 덕분에 법안은 결국 의회에서 통과되었다.

하지만 이 법은 거의 실패했다. 예상했던 것처럼 성노동자들이 다시 거리로 나가거나 음지로 숨는 바람에 성매매가 더 위험하고 불안정해졌다는 분석이 나왔다. 여기에 새로운 법이 성매매를 억제했다는 증거도 별로 없다. 연방 정부는 새 법안이 통과되기도 전에 성매매를 금지하는 현행법을 이용해 백페이지닷컴을 폐쇄했다. 이 법에서 가장 눈에 띄는 결점은 이것이 경쟁에 미치는 영향이다. 법이 제정된 후 수많은 소규모 데이트 사이트들이 불법행위에 대한 책임을 지는 것이 두려워 문을 닫았다. 그리고 법이 통과된 직후, 페이스북은 자체적인 데이트 플랫폼을 개설했다.

모든 거대 IT 기업들은 향후 5년 내 자사 주가가 2배로 오를 가능성이 충분하다는 것을 투자자들에게 암묵적으로든 명시적으로든 확신시켜야 한다. 그렇지 않으면 투자자들은 줌이나 레모네이드 같은 다른 '시장 교란' 업체의 주식을 살 테니 말이다. 시가총액이 증가함에 따라 빅테크 기업들의 식욕을 채우는 일도 점점 힘들어지는데, 이는 영화 〈뱀파이어와의 인터뷰Interview with the Vampire〉에서 뱀파이어인 주인공이 쥐로는 피에 대한 갈증을 해소할 수 없어 어쩔 수 없이 인간을 먹어야 했던 상황과 비슷하다. 구글과 페이스북은 라디오와 인쇄 산업의 남은 수익을 다 가져가고서도 여전히 허기를 느끼며, 투자자들의 기대에 따라 24~36개월 안에 더 많은 매출을 올려야 한다. 이를 충족하려면 빅 4는 앞으로 5년 동안 수익을 거의 1조 달러 가까이 늘려야 하는데, 그러려면 새로운 시장에 진입해 서로 경쟁을 벌여야 하는 것이다. 도시에서는 토끼 고기를 배불리 먹을 수 없으니 사냥을 나가야 한다. 그런데 어디에서 그런 사냥감을 찾을 수 있을까?

**미국에서 가장 많은 매출을 올린 6개 분야**

출처 : Ibis World

## 아마존이 미래를 예측하는 법

아마존의 핵심 역량은 비전과 스토리텔링이다. 제프 베조스는 그런 일을 상상도 할 수 없을 때부터 모든 물건을 인터넷에서 판매하겠다는 비전을 그렸다. 베조스와 그의 팀은 투자자들에게 단기 혹은 중기 수익은 기대하지 말라고 설득하는 놀라운 위업을 이루기도 했다. 대부분의 기업은 분기별 수익 결산을 통해 3개월마다 한 번씩 이익을 재평가하지만, 베조스는 투자자들을 파블로프의 개처럼 길들여 비전과 성장에 대한 기대로 수익을 대체했다.

이런 결정을 내릴 때 중심적인 역할을 한 아마존의 최고재무관리자 조이 코비Joy Covey는 미래를 예측하는 가장 좋은 방법이 '미래를 만드는 것'임을 깨달았다. 그리고 미래를 만드는 가장 좋은 방법은 저금리 자본에 접근해 다른 이들은 시도하지 못할 엄청난 투자를 통해 미래를 앞당기는 것이고, 그 결과 만들어진 해자를 이용해 더 저렴한 비용으로 자본에 접근하는 것이다. 대다수의 기업이 비용을 최대한 줄여 경쟁 우위를 추구하는 데 비해, 아마존은 막대한 투자를 바탕으로 지속 가능한 우위를 추구해온 것이다.

팬데믹발 봉쇄 조치로 상점이 문을 닫고 사람들은 집에서 나가지 않게 되면서 확실한 수혜를 얻은 쪽은 소매점에서 파는 물건을 집까지 갖다주는 사업을 하는 회사다. 그리고 언론의 주목을 덜 받긴 했지만, 400억 달러 규모의 아마존 웹서비스AWS, Amazon Web Service 사업부가 있는 아마존은 온라인에서 보내는 시간이 늘어난 사람들 덕분에 큰 이익을 얻었다. 연방 정부가 국민들에게 1,200달러씩 지급한 경기 부양 보조금은 사실상 '아마존 주주 지원법'이라고 불렸어야 했다. 정부가 모든 경쟁사의 문을 닫고 사람들이 집 밖으로 나오지 못하도록 막은 다음 소비자에게 수조 달러의 현금을 나눠주다니, 아무리 상상력이 풍부한 아마존 주주라도 이런 시나리오는 꿈도 못 꿨을 것이다.

그러니 팬데믹이 끝날 때쯤이면 아마존은 경쟁자들이 절대 따라잡지 못할 엄청난 추진력을 얻게 되지 않겠는가? 다른 투자자들은 왜 아마존 주식을 사지 않았는지 후회할 테고 말이다. 사업적 측면에서 팬데믹을 간단하게 요약하면 다음과 같다.

- 집에 틀어박혀 지낸다.
- 넷플릭스를 본다.
- 배우자를 증오한다.
- 자녀가 지긋지긋해지기 시작한다.
- 베조스는 이혼 합의금으로 전 아내에게 준 돈을 30일 안에 벌 수 있다.

베조스는 겨우 한 달 만에 재산이 350억 달러 정도 늘었다. 2018년에 IT업계와 언론은 애플과 아마존 중 어느 쪽이 미국 상장 기업 최초로 시가총액 1조 달러를 돌파할지를 놓고 잔뜩 흥분했다. 2020년 8월, 그 경주에서 간발의 차로 이긴 애플이 시가총액 2조 달러를 돌파했다. 하지만 어느 쪽이 최초로 3조 달러에 진입할지에 대해선 의심의 여지가 없다. 다른 기업들은 전부 패배를 인정하고 투자자와 정부, 소비자 모두 아마존에 올인할 것이다. 아마존은 2023년 말경에 최초로 시가총액 3조 달러를 달성하는 기업이 될 것으로 보인다.

아마존 프라임과 AWS, 마켓플레이스Marketplace(제3의 업체나 판매자가 아마존 웹사이트를 통해 상품을 판매하게 해주는 서비스-옮긴이)를 소유한 아마존은 비즈니스 역사상 가장 큰 플라이휠을 가지고 있다. 아마존은 이것으로 무엇을 하려고 할까? 아마존이 취할 수 있는 어마어마한 조치 중 하나는 지출 라인을 수익 라인으로 바꾸는 것이다. 이는 베조스가 부리는 최고의 묘기이며 이 회사가 하는 대부분의 일처럼 거대한 사업 규모와 초저리 자본이 결합한 덕분에 가능한 일이다.

아마존은 '꼭 필요하지만 핵심적인 요소는 아닌' 비즈니스에 능하다. 온라인 상점인 아마존에는 뛰어난 웹 백 엔드web back end, 즉 훌륭한 데이터 센터가 꼭 필요하다. 하지만 이것을 운영하는 것은 아마존의 핵심 사업이 아니다. 이런 경우 대부분의 회사는 데이터 센터 운영 업무를 다른 업체에 맡기고 대가를 지불한다. 이렇듯 핵심 역량에만 집중하고 그 외의 일은 모두 아웃소싱하라는 게 비즈니스 전문가들이 수십 년 동안 설교한 내용이기도 하다. 그런데 아마존은 이를 뒤집었다. 방대한 규모의 데이터 센터와 무제한에 가까운 투자 능력을 이용해 자기들이 직접 세계 최고의 데이터 센터를 관리하는 역량을 키운 것이다. 이것이 아마존이 추구하는 첫 번째 단계다.

두 번째 단계에 돌입한 아마존은 그 역량을 다른 기업에 서비스 형태로 팔기 시작했다. 그렇게 해서 세계에서 가장 큰 클라우드 서비스 제공업체인 AWS가 탄생했다. AWS와 다른 업체들은 규모 차이가 상당하다. 소매업이 아니라 기술과 소프트웨어에 뿌리를 둔 마이크로소프트와 구글이 클라우드 서비스 시장을 장악하고 있지만, AWS는 이

**아마존이 비용을 수익 창출로 바꾼 부문**

(단위 : 백만)

| 2005년 비용 부문 | | | 2020년 수익 창출 부문 |
|---|---|---|---|
| 순매출액 | $ 8,490 | | |
| 제품 원가 | 6,212 | → | 아마존 베이식 아마존 퍼블리싱 아마존 스튜디오 |
| 운송 비용 | 239 | | |
| 총 이윤 | $ 2,039 | | |
| 운영비 | | | |
| 주문 처리 | $ 522 | → | 아마존 풀필먼트 |
| 기술·콘텐츠 | 406 | → | 아마존 웹서비스 |
| 마케팅 | 192 | → | 아마존 마켓플레이스 아마존 애드버타이징 |
| 지불 처리 | 207 | → | 아마존 페이 |
| 일반 관리비 | 146 | → | 아마존 비즈니스 |
| 운영 수익 | $ 566 | | |

출처 : Social Capital

두 회사를 합친 것보다 많은 업무를 처리한다.

아마존은 창고와 유통 분야에서도 똑같은 작업을 진행했다. 우선 48시간 안에 수백만 개의 제품을 납품할 수 있는 능력을 키운 뒤, 아마존 마켓플레이스를 통해 다른 소매업체에 이 서비스를 제공한 것이다. 현재 아마존 매출의 20퍼센트 이상이 마켓플레이스에서 나온다. 또 과거에는 결제 관련 비용이 아마존 전체 비용의 2퍼센트를 차지했는데, 이 부분에 대해서도 개발을 거듭해 아마존 페이먼트Amazon Payments라는 자회사를 설립했다.

## 아마존, 팬데믹으로 다시 한번 기회를 잡다

2020년 2분기에 아마존은 미국 교육부 연간 예산(680억 달러)보다 많은 890억 달러의 수익을 올렸다. 이는 전 세계에서 말라리아를 종식하기에 충분한 금액이다. 그렇다면 아마존의 다음 행보는 어떻게 알아낼 수 있을까? 간단하다. 아마존이 비용을 가장 많이 지출하는 분야가 어디인지 보면 된다. 비용을 미래의 독립형 사업에 대한 투자로 보는 비전이 시가총액 3조 달러짜리 기업의 탄생을 약속하는 것이다.

2017년 7월, '만약 내일 베조스가 당일 배송 서비스가 아마존에 좋은 기회가 될 것 같다고 말한다면 DHL과 페덱스, UPS의 시가총액 중 1,500억 달러가 아마존으로 새어 나가기 시작할 것'이라는 예측이 나왔다.[16] 그리고 실제로 그런 일이 벌어졌다. 2018년 2월에 아마존이 당일 배송 서비스를 시작한 후로 S&P 지수는 24퍼센트 상승했지만 페덱스의 시가총액은 250억 달러(39퍼센트)나 감소했다. 반면 같은 기간 아마존의 시가총액은 2,400억 달러(33퍼센트) 증가했다. 아마존은 2년 만에 미국 전자상거래 배송 시장의 거의 20퍼센트를 차지할 수 있었다. 2014년 이후 미국에서 전자상거래가 84퍼센트 증가하자 배송업계에는 큰 기회가 생겼다. 하지만 페덱스와 UPS, 미국 정부의 돈이 아마존으로 넘어갔다. 아마존은 경쟁이 적고 이윤이 높은 사업AMG, Amazon Media Group(아마존의 광고 상품을 판매하는 내부 비즈니스 팀 - 옮긴이)을 차별화하기 위해 경쟁이 심한 저이윤 사업인 AWS에 진출했다.

아마존은 팬데믹으로 주어진 기회를 놓치지 않았다. 2020년 5월에 열린 실적 발표회 초반에 베조스는 주주들에게 '자리에 앉고 싶어질 수도 있다'고 경고했다. 그는 이런 일, 그러니까 주주들에게 이익을 공유하는 대신 재투자하는 일을 여러 번 해온 바 있다. 넷플릭스를 제외하면 이렇게 많은 활주로를 얻은 기업도 없는데, 베조스는 그 누구도 따라잡을 수 없는 높이까지 비행기를 띄우기 위해 이 활주로를 구석구

석 이용했다. 음속보다 2배나 빠른 스프루스 구스Spruce Goose(제2차 세계 대전 때 제작된 초대형 수송기 겸 비행정-옮긴이)를 상상해보라.

실적 발표회에서 베조스는 투자자들이 기대했던 40억 달러의 이익을 재투자할 것이라고 밝혔다. 새로운 투자의 테마는 코로나19 바이러스였다. 베조스는 가정에서의 코로나 검사, 혈장 기증, 개인 보호 장비, 거리 두기, 추가적인 보상, 새로운 세상에 적응하기 위한 프로토콜 같은 비전을 구체적으로 설명했다.[17] 아마존은 최초로 '백신 처리된' 공급망을 개발 중이다. 위대한 전략은 시장 상황과 회사 자산 사이의 간극을 좁힌다. 간단히 말해 이 전략은 다음의 질문에 대한 아마존의 대답이다.

### 아마존이 꿈꾸는 가장 가까운 미래

아마존은 프라임 회원들에게 규모와 효율성을 갖춘 검사 기회를 제공해 이를 통해 미국이 마치 한국처럼 팬데믹 국면에서 경쟁력을 갖춘 주체가 된 듯한 기분을 느끼게 해줄 것으로 보인다. 테스트를 거쳐 안전하게 처리된 공급망은 더욱 강력하고 안전한 주문 처리 체계를 만들어 이해관계자들이 실제로 느낄 수 있는 중요한 가치를 제공할 것이다. 공급망의 안전을 보장하기 위해 수십억 달러를 지출하기로 한 베조스의 결정은 미친 사람, 혹은 천재의 눈에만 명확하게 보이는 비전에서 비롯된 것이다.

아마존이 큰 보상을 얻을 수 있는 분야가 바로 헬스 케어다. 이 분야로의 진출을 서두르게 된 것은 역시 팬데믹 때문이다. 아마존의 핵심 기술 중 하나는 방대한 데이터를 수집하고 그것을 이용해 기업이 높은 수익을 올리는 분야를 찾아낸 뒤, 별로 매력적이지 않은 부분은 남에게 맡기는 것이다. 아마존이 헬스 케어를 활용할 수 있는 분야가 몇 군데 있는데, 첫 번째는 보험일 가능성이 높다. 2020년 7월 온라인 보험사 레모네이드가 뉴욕 거래소에 상장되자마자 주가가 2배 넘게 오른 것만 봐도 알 수 있듯, 보험업계에도 시장을 교란할 기회가 존재한다. 소비자들은 대체로 보험회사를 싫어하고 불신하는데, 그럴 만한 이유가 있다. 보험업계는 비효율적인 규제와 고착된 관계를 통해 보호받는 비대화된 산업이다. 비즈니스계의 정점에 오른 포식자에겐 뚱뚱하고 느린 먹잇감인 셈이다.

아마존은 자사의 최우수 고객들이 무얼 먹는지, 운동기구나 비디오 게임을 구입하는지, 아이는 있는지, 사귀는 사람이 있는지 등 이미 많은 정보를 알고 있다. 아마존과 홀푸드Whole Foods에서 구입하는 물건, 아마존 카드, 그리고 '아마존 페이먼트로 결제하는' 상점을 통해 이 회사는 그 어떤 보험 계리사보다 많은 개인 데이터를 보유하고 있는 것이다. 최근 긱 경제 체제에서 일하거나 장기간 프리랜서로 활동하는 사람이 늘어나면서 자신의 건강보험을 직접 책임지는 이들도 많아졌다. 당신이 여기에 해당되는 사람이라면 어느 날 알렉사가 "건강보험료를 25퍼센트 절약하고 싶으세요?"라 물어도 놀라지 말길 바란다. 어쩌면 베조스가 기업 CFO들에게 전화를 걸어 그 회사 직원 모두의 건강보험료에 대해 똑같은 제안을 할 수도 있다.

이러한 움직임은 시작에 불과하다. 아마존은 헬스 케어 분야의 재정 부담을 해결하기에 좋은 위치에 있으며 재정 외의 문제인 시간이나 노력, 불안감을 줄이는 데는 더 유리하다. 아들의 몸에 생긴 발진을 보고 알렉사에 피부과 전문의와 연결해달라고 하면, 의사는 아이의 팔을 잡고 인공지능형 카메라에 비춰보라고 할 것이다. 피부과 의사는 아마존 직원이 아닐 가능성이 높다. 아마존이 그 부분까지 사업 규모를 확장할 수는 없기 때문이다. 대신 의사는 매출의 일정 비율을 '프라임 헬스Prime Health'에 지불할 테고, 아마존은 세상에서 가장 강력하고 융통성 있는 원격 헬스 케어 플랫폼을 보유하게 될 것이다.

전 세계에서 두 번째로 사용 횟수가 많은 검색엔진인 아마존에는 수많은 전문가와 리뷰가 대기하고 있다. 그러니 프라임 헬스 회원들은 지금 당장 저렴한 비용으로 적합한 의사를 찾을 수 있다. 또 이 플랫폼은 소매 플랫폼과 완벽하게 통합되어 있으므로 헬스 케어 전반에 접근할 수 있다. 사람들은 그냥 로그인만 하면 된다. 대신 프라임 헬스에 소속된 피부과 의사가 아이의 의료 기록에 즉시 접근할 수 있는데, 이는 아마존이 자본을 투자해 HIPAA(미국의 의료 정보 보호법-옮긴이) 규정을 준수하는 시스템을 구축했기 때문이다.

아마존은 2020년 8월에 피트니스 웨어러블 장비인 헤일로Halo를 출시했는데, 프라임 헬스는 이를 이용해서 만든 아이 몸의 3D 스캔 자료와 최근의 활력 징후 측정값도 가지고 있을 것이다.[18] 의사가 아마존 소유의 약국인 필팩PillPack으로 처방전을 보내면 약국에서는 아마존의 물류 배송 시스템인 아마존 풀필먼트Amazon Fulfillment를 통해 집으로 약품을 보내주는데, 대도시의 경우 1시간 안에 받아볼 수 있다. 스테로이드 크림이 들어 있는 상자 안에는 의사가 혈액 검사를 원할 경우에 대비한 가정용 검사 키트와 소변 검사 통, DNA 검사용 면봉, 또는 아마존이 수십억 달러를 투자해서 개발한 다른 100여 가지 진단 장비가

들어 있을 것이다. 아마존이 헬스 케어 서비스를 제공하겠다고 발표하면 이 화력을 뒷받침해줄 저렴한 자본이 바로 등장할 테고, 아마존의 시가총액은 그날 당장 1,000억 달러 이상 증가할 수 있다.

물론 이런 시나리오가 적어도 미래학자나 SF 소설가의 머릿속에선 전혀 새로운 것이 아니겠지만, 현실에서는 자본 비용, 규제, 견고한 특수 이익 같은 움직일 수 없는 장벽이 버티고 있었다. 그런데 팬데믹이 단 몇 주 만에 이 모든 걸 뒤엎어버렸다. 2020년 봄에 미국 전역의 의사들은 온라인상으로 환자를 진료하고 메디케어Medicare(미국에서 시행되고 있는 노인 의료보험 제도)와 민간 보험회사의 환급을 받았다. 이는 불과 얼마 전까지만 해도 부담스러운 특별 허가 요건이 있어야만 가능했던 일이다. 의사들은 온라인 진료를 할 경우 환자의 진료 예약 취소가 줄고 업무 효율이 높아지는 등 환자에게 돌아가는 혜택이 많다는 사실을 직접 확인할 수 있었다. 중요한 것은 거대 IT 기업들이 언제든 이 분야에 자본을 투자할 수 있다는 사실이다.

## 역사상 수익성이 가장 높은 회사, 애플의 야망

애플은 '저가 제품을 최고가로 판매한다'는 비즈니스계의 역설을 실현해 2014년에 역사상 가장 수익성 높은 회사가 되었다. 이율이 낮고 매력도 별로 없는 IT 분야에 있던 애플은 토요타처럼 많은 물량을 판매하면서 페라리처럼 불합리하게 높은 이익을 올리는 명품 분야로 도약했다. 이 회사는 지금까지 생산된 모든 제품 가운데 수익성이 가장 높은 아이폰을 소유하고 있는 데다, 면적당 매출액이 역대 최고인 애플 스토어에서 이 제품을 판매한다.

하지만 팬데믹이 몇 년 전에 발생했다면, 애플이 빅 4 기업 중 하나로서 갖는 위상이 심각하게 위협받았을 것이다. 애플은 물리적인 제품을 만들어 판매한다는 점에서 이 그룹 내에서 항상 독보적인 존재였다. 고용이 둔화되고 경제 전망에 대한 우려가 커지면 사람들은 물건을 살 때 전보다 철저한 검토를 거치기 마련이다. 그러나 소비자에게 1년에 한 번, 혹은 제품 사용을 중단하거나 취소하기 전까지 사용료를 내라고 요구하는 회사들은 상대적으로 이런 검토에서 자유로운 편이다. 이들은 대개 여러 제품을 묶어서 판매하기 때문에 소비자 입장에서는 선택 폭이 좁은 데다, 일단 구독을 결심하고 나면 탈출 비용도 크다. 또 소비자에게 일부일처제 같은 구독을 요구하려면, 소비자가 구독 여부를 '결정'하게 하는 것이 아니라 여러 옵션 중 하나로 구독을 '선택'하게 해야 한다. 반복적으로 매출을 올리는 매력적인 구독 서비스로 자리 잡으려면 처음부터 엄청나게 근사한 가치를 제안해야 한다. 이런 서비스를 만들기 위해선 많은 비용과 노력이 필요하지만, 일단 만들어놓으면 오래 지속된다.

큰 수의 법칙(우연한 사건이나 특정한 결과 발생을 정확하게 예측하기는 어렵지만, 반복되는 횟수가 많아지거나 표본이 커질수록 일정한 수준으로 수렴되므로 비교적 정확한 예측이 가능해짐을 의미하는 수학적 확률의 법칙-옮긴이)과 맞닥뜨린 애플은 반복적 매출 상품인 아이클라우드, 애플 뮤직, 애플 TV 플러스, 아케이드Arcade(애플의 게임 구독 시스템-옮긴이) 등에 집중 투자했다. 2019년 4분기 애플의 서비스 매출 증가율은 전년도 같은 기간의 23퍼센트보다 조금 높아진 25퍼센트를 기록했다.

결국 애플은 소프트웨어 기업으로 배역이 바뀌었고 실적은 아주 미미하게 증가하는 데 그쳤지만, 단 12개월 만에 기업 가치 평가와 PER(주가 수익 비율)은 2배로 늘었다. 애플의 서비스 부문은 《포천Fortune》 500대 기업 중 258번째 자리에 오르면서 베드 배스 앤드 비욘드Bed Bath&Beyond(미국 최대의 주방용품 및 욕실용품업체)를 제쳤다.[19] 그리고 하드웨어 부문에서는 아이폰 업그레이드 프로그램을 통해 자사 주력 제품인 아이폰의 일회성 판매를 월간 서비스로 전환하고 있다. 팀 쿡은 이 모델이 '불균형적으로 높은 성장세를 보일 것'이라고 말했다.[20]

전 세계가 뒤늦게 경기 둔화를 겪을 가능성도 있다. 모든 회사의 경영진은 현재의 성공을 이끌어낸 안전지대의 한계를 살펴보면서, 매출이 20퍼센트 줄더라도 가치를 2배로 높일 수 있는 사업을 구상해야 한다. 매출이 고정되거나 감소하는 상황에서 이해관계자들의 가치를 극적으로 높일 수 있는 유일한 방법은 런들rundle(내가 '반복적인 매출 번들'을 가리킬 때 쓰는 말이다)뿐이다. 이것은 팬데믹 전에도 전략적으로 필요한 조치였지만 지금은 더더욱 중요해졌다. 이런 매출은 팬데믹 같은 단기적인 혼란에 크게 영향받지 않으며, 핵심적인 하드웨어 사업의 취약한 영역을 보호할 수 있다.

팀 쿡과 애플은 최근 몇 년 사이에 다른 IT 대기업과 자신들을 차별화하는 데 성공했다. 이는 iOS를 사용하는 비즈니스 모델 덕분이다. 또 쿡은 2018년에 했던 매우 충격적인 인터뷰를 통해 격차를 더 넓히는 데 성공했다. 페이스북의 개인 정보 보호 스캔들이 연속적으로 발생한 후, 내가 운영하는 팟캐스트 피벗Pivot의 공동 진행자 카라 스위셔가 쿡에게 "당신이 마크 저커버그라면 어떻게 하겠느냐"고 물었다. 그러자 그는 자신은 그런 상황에 처하지 않을 것이라며 반발했다. 그는 애플이 고객을 데이터 마이닝의 제물로 삼지 않기로 결정한 사실을 언급했다. "우리에게 사생활은 곧 인권입니다."

쿡이 이 분야에서 높은 지위를 차지할 수 있는 건 애플의 비즈니스 모델과 이 회사가 지금도 엄청난 브랜드 역량을 발휘하고 있다는 사실 때문이다. 애플은 자체 매장과 언드earned 미디어, 즉 입소문이나 사용자 후기, 댓글 등을 확보했기 때문에 더 이상 언론 매체가 필요 없다. 그러나 세계 최강의 이 소비자 브랜드는 앞으로도 다채널 마케팅을 진행할 테고, 방송과 매체를 공략하면 비용이 절감된다는 걸 알고 있으니 소비자와 꾸준히 무형의 유대 관계를 구축해나갈 것이다.

### 애플의 지닌 효과적인 런들

애플은 이제 어디로 향할까? 아마도 팬데믹 기간 자사의 원동력이 된 반복 매출에 전념할 것으로 보인다. 반복 매출보다 더 좋은 건 플라이휠을 만들 수 있는 반복 매출 번들뿐이다. 그러니 이미 플라이휠이 있는 회사라면 더 말할 것도 없다.

PT 전용 스마트 실내 자전거인 펠로톤Peloton을 타는 사용자들의 충성도는 대단하다. 엄청난 인기를 끌고 있는 펠로톤 공식 페이스북 페이지에는 33만 명이 넘는 회원이 가입되어 있다. 이들은 시간당 23개의 게시물을 올리면서 매우 적극적으로 교류한다. 더 리그The League(엘리트 계층을 대상으로 하는 배타적인 데이트 앱-옮긴이)가 아이비리그 출신의 사교계 인사들을 서로 소개해주고, 제이데이트JDate가 유대인 독신자들을 연결하고, 라야Raya(처음에는 데이트 앱으로 시작했으나 엔터테인먼트 업계 종사자들을 위한 전문 네트워킹 기능이 추가됨 - 옮긴이)가 모델과 사교계 엘리트를 이어주듯, 펠로톤은 운동을 좋아하는 독신자들을 연결해 그들이 자전거도 더 열심히 타고 원하는 상대도 고를 수 있게 해준다.

나는 펠로톤 주가가 아직 저점에 있다고 생각한다. 펠로톤만큼 애플의 인수가 확실하고 당연시되는 회사는 별로 없기 때문이다. 애플은 '피트니스계의 애플'이라고 불리는 펠로톤의 모든 사외 주식에 대해 50퍼센트의 프리미엄을 지불하고 2퍼센트 미만의 희석률로 회사를 인수할 수 있다. 펠로톤을 인수하면 세계에서 가장 가치 있는 회사 중 하나인 애플은 역사상 수익성이 가장 큰 제품인 아이폰보다 이율이 높은 웨어러블(크고 무겁긴 하지만) 제품을 추가로 확보하게 될 것이다. 이 합병을 통해 애플은 2조 달러 규모의 기업에 영향을 미칠 수 있는 두 가지 분야 중 하나인 헬스 케어(다른 하나는 교육이다) 분야에서의 체급이 올라갈 것으로 보인다.

2018년에 애플은 애플 TV 플러스가 계획한 비디오 스트리밍 서비스를 제공하기 위해 오리지널 콘텐츠 제작에 10억 달러를 지출할 것으로 추정되었다. 하지만 2019년 8월, 애플은 60억 달러를 투자할 예정이라고 발표했다. 캘리포니아주가 캘리포니아주립대학 23개 캠퍼스에 할당한 것과 똑같은 액수의 자본을 한 기술 하드웨어 회사가 콘텐츠에 투입한 것이다.[21] 이 말을 듣고 마치 디스토피아에 사는 듯한 기분을 느꼈다면 아마 그 직감이 맞을 것이다.

팀 쿡이 할리우드에 새롭게 애정을 쏟고 있는 덕분에 애플 TV 플러스는 월 4.99달러로 오리지널 콘텐츠만 제공해 해당 업계에서 차별화하는 데 성공했다. 이 회사는 당신이 한 달에 지불하는 돈 1달러당 연간 10억 달러를 콘텐츠 제작에 지출한다. 넷플릭스와 거의 동일한 액수다. 상품의 질은 HBO와 견줄 수 없지만, 이 회사에서 일하는 세계 최고의 브랜드 구축 전문가들은 〈빅뱅 이론〉을 중간에 슬쩍 끼워 넣어서 오리지널 콘텐츠를 어수선하게 만드는 짓 같은 것은 하지 않는다. 애플은 앞으로도 계속 브랜드 관리의 기준이 될 것이다.

결과적으로 애플도 아마존 프라임 같은 번들을 제공할 수 있는 위치에 있다. 기능이 좋은 휴대폰과 미디어(TV, 게임, 앱)를 무제한으로 이용할 수 있는 상품은 월 50달러, 그보다 좋은 휴대폰에 애플워치까지 포함하면 월 100달러, 거기에 디자인 및 UX/UI 온라인 강좌와 아이펠로톤(iPeloton) 이용까지 추가하면 월 150달러를 내는 식이다. 물론 사상 최초로 시가총액 3조 달러 기업이 되는 것은 어쨌든 아마존이겠지만, 애플이 본격적으로 번들 체제에 돌입한다면 아마존에 크게 뒤처지진 않을 것으로 본다.

## 구글과 페이스북, 두 번째 전성기를 맞이하다

거대 IT 기업 4개 가운데 2개는 광고 비즈니스를 운영 중인데, 전통적으로 광고는 경기 침체기에 가장 영향을 많이 받는 분야다. 하지만 이번에는 좀 다르다. 광고비 지출은 급감하고 있지만 시기를 고려하면 구글과 페이스북의 이익은 반등할 테니 말이다. 이들 두 회사는 경제가 위축되어도 살아남을 수 있다. 오히려 이들의 전통적인 미디어 경쟁자 가운데 상당수는 복점 경쟁에서 길을 잘못 들어 이미 20년 전부터 궁지에 몰렸기 때문에 생존을 기대하기 어렵다. 코로나19에 걸린 사람들의 사망률은 0.5~1퍼센트 정도지만, 팬데믹으로 인한 전통 매체의 사망률은 10~20퍼센트에 이를 것이다. 이는 취약한 재정 상태와 인내심을 잃은 투자자들 때문이다. 대부분의 업계에서 일어날 것이라 예상한 도태가 실제로 진행되고 있으며, 사람들이 집에 갇혀 지내는 바람에 페이스북과 구글 광고주들의 인벤토리가 증가하고 있다. 그렇다. 당신이 바로 그들의 '인벤토리'다.

전통 미디어는 현재 다른 도전에도 직면했다. 팬데믹이 그들의 진짜 모습을 부각했기 때문이다. 페이스북과 구글은 광고주들에게 더 효과적인 플랫폼일 뿐이지만, 규모가 가장 큰 광고주들까지 전통 미디어에 대한 지출을 줄이기 시작하고 있다. 따라서 두 기업의 실체가 점점 더 명확하게 드러날 것이며, 앞으로 전통 미디어를 그리워하는 이는 별로 없을 것이다. 그 어떤 플랫폼도 페이스북과 구글처럼 대규모 사

**디지털 광고 지출 비율**

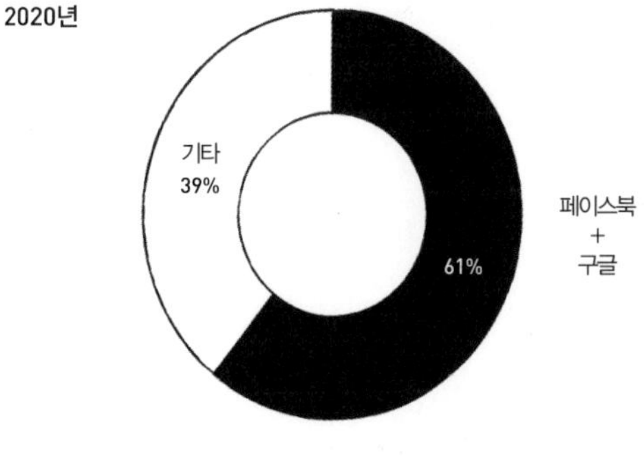


출처 : Emarketer 2019

용자를 그룹별로 세분화하지 못한다. 이들은 역사상 가장 효과적인 광고 수단이다. 800만 광고주 입장에서 볼 때 페이스북은 비즈니스 역사상 가장 탄력적이고 자기 회복력이 뛰어난 고객층을 보유하고 있다.

브랜드 시대를 졸업하고 제품 시대로 넘어가고 있는 현 상황에서는 전통적인 미디어 광고가 가장 잘하는 일, 즉 대중 브랜드 구축의 중요성이 갈수록 줄어들기 때문에 광고주들도 전통 미디어를 그리워하지 않는다. 이들은 브랜드 자산이 서서히 잠식되는 데다 지출을 몇 달간 줄여봤자 상황이 전혀 달라지지 않는 이중고에 시달리고 있다. 그렇게 되면 여전히 브랜드 자산을 신봉하는 마케팅 전문가들도 전통 미디어에 대한 지출을 팬데믹 이전 수준으로 되돌리자고 주장하기가 훨씬 어려워질 것이다.

## 역사상 가장 탄탄한 고객 기반을 갖춘 페이스북

페이스북과 구글이 팬데믹으로 얻은 또 하나의 이익은 사람들의 관심이 다른 데로 쏠렸다는 것이다. 팬데믹이 발생하기 전에는 이 두 회사가 나쁜 사안으로 뉴스에 오르내리는 일이 잦았다. 유튜브의 ISIS 대원 모집 광고나 소아성애자 영상부터 페이스북의 러시아 공작원과 데이터 절도에 이르기까지 앞으로 규제해야 할 사건이 갈수록 늘어나고 있었다. 그러던 중 팬데믹이 발생했다. 코로나 검사, 마스크, 감염률이 연일 뉴스를 장악하고 정계를 지배하는 동안 구글과 페이스북은 대중의 감시에서 벗어나고 있다. 그러나 비즈니스 모델은 그대로이기 때문에 이들은 팬데믹이 촉발한 음모론 콘텐츠를 통해 계속 이익을 얻고 있다. 두 회사 모두 코로나에 관련된 잘못된 정보를 제한하려고 노력했지만, 끝없이 이어지는 피드에 힘을 실어주는 분노와 소외감은 수그러들지 않고 있다.

2020년 여름에 선의의 광고주들이 페이스북에 대항하려는 미약한 시도를 해봤지만, 예상대로 제대로 시작도 해보기 전에 끝나버렸다. 7월에 약 1,000명의 광고주는 혐오 발언과 거짓 정보를 계속 홍보하는 페이스북에 항의하기 위해 민권 단체들이 조직한 캠페인에 동참해 페이스북 광고 지출을 공개적으로 줄였다. 또 월마트와 프록터 앤드 갬블Procter&Gamble 같은 몇몇 주요 광고주도 공식적인 발표는 하지 않았지만 7월에 페이스북 광고 지출을 줄이거나 없앴다.

이 회사들의 광고 지출액 차이는 측정 가능한 수준이었지만 그들의 노력은 아무 성과 없이 끝났다. 페이스북의 광고 수익은 2020년 7월 셋째 주까지 전년 대비 10퍼센트 증가했기 때문이다. 페이스북 광고 거부 캠페인이 7월 30일에 있을 페이스북의 수익 결산에 악영향을 미칠 것이란 주장에 대해, 마크 저커버그는 "우리 사업이 몇몇 대형 광고주에게 의존한다고 잘못 생각하는 사람들이 있는 것 같다"라며 비웃었다. 실제로 페이스북의 광고 사업부는 700만 명이 넘는 고객을 보유하고 있으며, 상위 100개 고객이 차지하는 매출은 전체의 16퍼센트에 불과하다.[22]

반면 이 광고 거부 운동은 광고주들에게 역효과를 미칠 수도 있다. 페이스북 광고를 통해 얻을 수 있는 사업 기회를 잃었을 뿐만 아니라, 그들의 공백을 위조범과 사기꾼들이 채웠기 때문이다. 페이스북 광고는 경매 방식으로 운영하기 때문에 광고 경쟁률이 낮아지면 광고 가격이 하락한다. 페이스북 광고 거부 운동에 참여한 한 고급 신발 회사와 관련해 애널리스트인 맷 스톨러Matt Stoller가 보고한 내용에 따르면, 이들은 평소 자사 광고가 걸리던 곳에 자사 구두를 본떠 만든 가짜 구두 판매 광고가 뜨는 것을 보게 되었다.[23] 800만 광고주와 그중 일부가 광고비를 줄일 경우 그 즉시 다른 이에게 기회가 생기는 광고 모델을 보유한 페이스북은 비즈니스 역사상 가장 탄탄한 고객 기반(심지어 자기 회복력까지 갖춘)을 보유하고 있다.

빅 4는 업계에서 덩치가 가장 크기 때문에 어떤 위기에서도 살아남을 수 있고, 가물었던 하늘에서 다시 비가 내리면 더 번성할 수 있는 위치에 있다. 사람들을 집 안 화면 앞에 머물러 있게 하고 상위 고소득층에 많은 소득을 안겨준 코로나 바이러스는 모바일을 판매하거나 모바일을 통하는 일을 서비스하는 회사에게는 전혀 위기로 작용하지 않았다. 빅 4는 이미 우위를 확보했고, 팬데믹은 다른 많은 분야에서 그렇듯 그 추세를 가속화하고 있을 뿐이다.

3장

# 또 다른 시장 교란자들

"팬데믹은 가격 인상이 곧 주된 혁신이었던
이런 부분들의 약점을 낱낱이 드러냈다."

## 빠르게 나타난 교란의 징조들

빅 4에 도전하는 것은 더욱 어려워졌다. 이들은 광속으로 도약해 독점·복점 권력을 누리며 유통 헤게모니를 장악하고 저렴한 자본을 바탕으로 자신들의 입지를 더욱 강화하고 있기 때문이다. 하지만 여기저기서 딕을 쭉 내밀고 있는 다른 거대 산업도 많다. 다시 한번 강조하지만 팬데믹은 이런 기회를 가속화해 신생 기업들의 턱을 더 크게, 주먹을 더 날렵하게 만든다.

산업을 교란하는 기회는 교란성 지수라는 몇 가지 요인과 상관관계가 있다. 가장 중요한 신호는 가치 상승이나 혁신이 수반되지 않는 급격한 가격 상승이다. 이를 가리켜 '불로 마진'이라고도 하는데, 그 전형적인 예가 내가 종사하고 있는 고등교육계다. 대학교에서 강의를 진행하는 모습을 생각해보자. 여러분이 열아홉 살이든 아흔 살이든 상관없이 똑같은 광경을 떠올릴 것이다. 강당, 앞쪽에 서 있는 나이 든 사람, 자리에 앉아 있는 젊은이들, 강의, 노트, 조교 같은 것들 말이다. 대학의 강의 환경은 40년, 아니 심지어 80년 동안 거의 아무것도 변하지 않았다. 하지만 한 가지 극적인 변화를 겪은 게 있으니 바로 가격이다. 대학 등록금은 지난 40년 사이에 1,400퍼센트나 인상됐다.[1] 이는 시장 교란을 나타내는 위험 신호다.

시장 교란 시기가 무르익은 또 다른 분야는 의료 서비스 사업이다. 고급 시술, 약물 치료, 장비 같은 특정 분야의 의료 서비스는 그동안 품질이 많이 향상된 게 사실이다. 하지만 기대 수명이나 유아 사망률 같은 것은 극적으로 개선되지 않았다. 또 대부분의 사람들은 소비자 경험이 향상됐다고 느끼지 않는다. 그런데도 의료 서비스 비용은 폭발적으로 증가했다. 가족 보장을 위한 평균 보험료는 지난 5년 동안 22퍼센트, 10년 동안 54퍼센트 증가했는데, 이는 임금이나 인플레이션 증가율보다 훨씬 높은 수치다.[2]

또 다른 교란 요인은 제품 품질이나 유통, 지원에는 신경 쓰지 않고 브랜드 자산에만 의존하는 것이다. 브랜드 시대가 제품 시대로 전환되면 20세기에 시장을 지배했던 기업들이 한때 가지고 있던 경쟁 우위가 잠식될 것이다. 대부분의 회사가 기본적으로 똑같이 대량생산된 평범한 제품을 판매하지만, 장시간에 걸쳐 브랜드 구축에 투자한 회사들은 고급스러운 이미지를 갖게 되었다. 그리고 디지털 기술은 혁신의 물결을 일으켜 거의 모든 소비자 범주를 차별화했다. 신생 업체들은 더 나은 소재와 성분을 사용하고 새로운 플랫폼과 유통 방식, 커뮤니

**시가총액 비교**

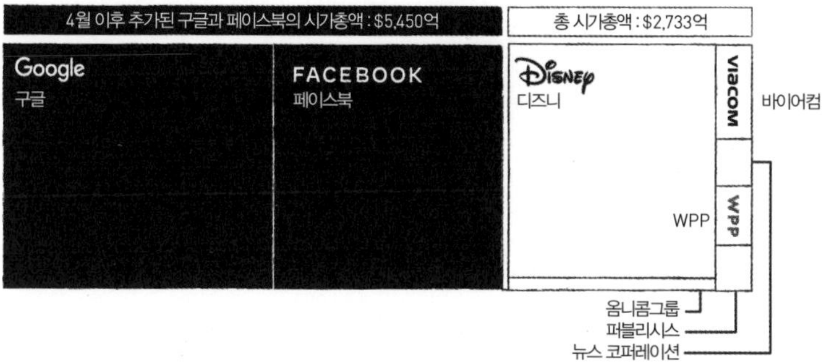


**출처 : Analysis of Seeking Alpha Data**

티에 숙달된 데 반해, 과거에 시장을 호령했던 커뮤니케이션 지주 회사들은 이런 업체들을 무시한 채 브랜드 구축을 소홀히 하는 부적절한 모습을 보인다.

게다가 그간 쌓이고 쌓인 소비자의 불만 때문에 상황이 더 빠르게 전개된다. 많은 기업과 업계는 소비자와 적대적인 관계를 키워왔다. 특히 보험사들이 그렇다. 보험사의 비즈니스 모델은 소비자에게 무한정 요금을 부과하면서 이익은 제공하지 않는 쪽으로 진행하도록 되어 있기 때문이다. 인재가 몰려들고 고귀한 사명을 띠고 있는 의료계 역시 씁쓸한 뒷맛으로 고통받고 있다. 우리의 의료 경험이 보험사나 규제의 영향을 받는 탓에 환자의 요구와 진료 사이에 장애물이 생기기 때문이다. 의료계는 보험금 지급자와 의사 및 병원을 중심으로 운영된다. 그에 반해 원 메디컬One Medical이나 줌 플러스 케어Zoom+ Care, 온라인 약국인 캡슐Capsule 같은 혁신적인 건강 클리닉은 소비자나 환자에 초점을 맞춘다.

기존 업체들이 품질과 가치를 높이기 위한 기술 변화를 받아들이지 못하면 핵심 사업이 위태로워질 수 있고, 그 결과 업계가 교란을 받아들일 기회가 무르익는다. 제품에 실질적인 가치를 더해주지 않는 기능을 추가하는 것, 비용 절감 효과나 편의를 제공하지 않는 회원제 클럽, 온라인 예약이 현장에서 표를 사는 것보다 번거로운 영화관, 교육 자원이 아니라 고급 숙박 시설에 투자하는 대학 같은 이른바 '가짜 혁신'은 해당 업계가 취약해졌음을 보여주는 신호다. 이는 환자(기업)에게 수술이 필요하다는 걸 알면서도 비용과 고통을 감수하고 싶지 않은 경영진이 쓰는 민간요법이기도 하다.

팬데믹은 가격 인상이 곧 주된 혁신이었던 이런 부문들의 약점을 낱낱이 드러냈다. 미국 의료 시스템의 약점은 국가적 비극이나 마찬가지다. 이 시스템의 수많은 단점 중에서도 특히 응급실 서비스 같은 주요 시설에 대한 의존은 원격 의료와 원격 보건에 대한 혁신의 해일을 불러일으킬 수 있다.

기업들은 생존을 위해 놀라운 민첩성을 발휘해 사업을 다양한 방향으로 확장하거나 축소했다. 예전에는 테이크아웃 비중이 적었던 식당이 지금은 테이크아웃에 주력해 메뉴와 매장 배치, 영업시간 등을 조정한다. 또 많은 지역에서 사람들의 필요를 채워주고 고객 관계를 관리하던 심리스Seamless나 포스트메이트Postmates 같은 배달 대행 서비스가 이제는 식당까지 장악하고 있다.

당신의 회사가 홈디포Home Depot처럼 클릭 앤드 컬렉트click and collect(온라인에서 주문하고 오프라인 매장에 가서 직접 상품을 수령하는 것-옮긴이) 시스템에 익숙하다면, 이번 팬데믹은 회사의 종말을 알리는 운석이라기보다 과속 방지턱에 가깝다. 당신이 운영하는 매장이 백화점 체인인 T. J. 맥스T. J. Maxx나 마셜Marshalls처럼 전자상거래에 적합하지 않다면 10년 후에는 상당한 어려움을 겪게 될 것이다. 그때 세상은 소비자와 직접 거래하는 것을 용납하지 않을 테니 말이다.

## 창업자들이 권력을 지니는 시대

요즘의 기술 스타트업은 자본화가 잘되어 있고 전문 인력이 운영하며 충분한 자본을 이용할 수 있다. 또 시장이 어느 정도 수용적이면 수 개월 안에 해당 분야에서 상당한 영향력을 발휘할 수도 있는데, 과거에는 이런 영향력을 키우기까지 몇 년 혹은 몇십 년 걸렸다. 아주 최근까지만 해도 스타트업은 대부분 카리스마 있는 설립자가 이끌었고, 강력한 비전을 갖고 있었지만 운영 문제 때문에 그늘이 드리우곤 했다.

자본을 대는 쪽과 경영진 사이에는 항상 긴장감이 감돈다. 하지만 이젠 회사 설립자에 대한 숭배도 정점에 이른 듯하고, 팬데믹 때문에 이런 전환 속도가 더 빨라지고 있다. 1990년대에 샌드힐 로드Sand Hill Road(수많은 벤처캐피털이 몰려 있는 팔로알토의 거리로 '서부의 월스트리트'라고도 불림 - 옮긴이)에서는 기술 스타트업의 창업자 겸 CEO를 필요악으로 여겼다. 원대한 비전을 품은 이 엉뚱하고 괴팍한 백인 청년들은 결국 회사를 확장하기 위해 데려온 나이 들고 노련한 경영자에게 밀려나게 된다.

이런 스타트업의 힘은 모두 샌드힐 로드에서 일하던 약간 나이 많고 훨씬 덜 괴팍한 백인 남자들의 자본에서 나왔다. 그리고 벤처캐피털이 유동성을 확보하기 전에 창업자가 회사를 매각하는 것은 금지되어 있었다. 창업자는 회사가 다른 데 인수되거나 기업공개(IPO)를 하기 전까지는 자신의 지분을 매각할 수 없었다. 나는 예전에 레드 엔벨로프Red Envelope라는 회사를 설립했을 때 이 규정을 어기고 당시 갖고 있던 주식 100만 달러어치를 외부 투자자에게 팔았다. 그리고 24개월도 안 되어 회사 사정이 안 좋아지는 바람에, 그 100만 달러를 재투자하지 않으면 당시 주 투자자였던 세쿼이아 캐피털Sequoia Capital이라는 벤처캐피털에 쫓겨날 상황에 처했다.

하지만 1990년대 후반과 2000년대 초반이 되자 창업자들 손에 권력이 돌아왔다. 기업가들은 회사 내에서 마치 비법 소스 같은 대접을 받았다. 왜일까? 바로 빌 게이츠와 스티브 잡스Steve Jobs 때문이다. 빌 게이츠는 창업자가 자기 회사 가치를 1,000억 달러까지 늘릴 수 있다는 걸 처음으로 증명했다. 그리고 14년 만에 마이크로소프트를 6,000억 달러짜리 기업으로 키워냈다.

잡스는 애플을 설립한 지 5년 만에 6억 달러 가치를 지닌 회사로 성장시켰다. 하지만 당시는 회사 설립자에게 힘이 없던 시절이었기에 그는 괴팍하고 고집스럽고 변덕이 심하다는 이유로 1985년에 회사에서 쫓겨났다. 검은 터틀넥을 입고 사람들에게 열정을 찾으라고 말하는 CEO의 모습만큼 정보화 시대로의 변신을 확실하게 보여주는 것도 드물다. 잡스는 사실 천재였고, 그의 뒤를 이어 애플의 경영을 맡은 희끗희끗한 머리의 스컬리Scully, 스핀들러Spindler, 에밀리오Emilio 등은 회사를 성장시키지 못했다. 잡스가 돌아온 뒤 20년이 지난 지금, 애플의 가치는 200배나 증가했다.

창업자들은 더욱 단호해졌고, 계속되는 기술 붐 덕에 제품의 수요와 공급도 그들에게 유리한 방향으로 전환되었다. 1985년 실리콘밸리에는 세상을 바꿀 아이디어를 가진 천재가 가득했으나 자본을 구하는 데 어려움이 있었다. 2005년에는 진정한 천재는 많이 양성되지 못했지만, 대신 이용 가능한 자본이 기하급수적으로 증가했다. 성공한 창업자에게 자금을 지원하려고 경쟁하던 벤처캐피털들은 구주 매각, 차등 의결권을 비롯해 창업자에게 우호적인 조건이 포함된 계약 내용 협의서를 작성했다.

상황은 계속 불균형해져갔다. 나스닥 지수는 10년 만에 4배로 올랐고, 다들 호황을 바랐지만 인재 풀이 보조를 맞추지 못했다. 시장은 공백을 몹시 싫어했고, 그래서 가짜 예언자들이 빈자리를 채우기 시작했다. 순진한 양 떼를 구슬려 자기가 경제를 구원할 새로운 예수 그리스

**미국의 벤처캐피털 자금**

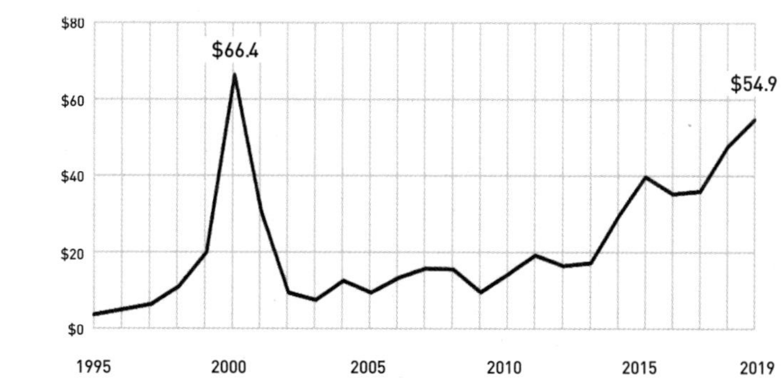


출처 : Statista

도, 즉 차세대 잡스라고 여기게 만드는 이들이었다.

창업자를 숭배하는 분위기를 고조시키는 요인이 두 가지 더 있다. 엄청난 자본 덕에 기업들이 자본 위주의 성장 전략을 추구할 수 있게 되었다. 즉 손해를 보면서까지 제품을 많이 판매해 시장점유율을 높이고 저렴한 자본을 바탕으로 성장을 추구해 회사의 가치 평가액을 높이고 난 뒤, 그걸 바탕으로 다시 후속 투자를 유치해서 자본을 늘리는 것이다. 이렇게 민간 자본을 확보한 기업들은 상장하기 전에(즉 공개 시장의 감시를 받기 전에) 계속 적자만 기록하는 회전목마에 더 오래 머무를 수 있다. 1996년부터 2016년까지 미국의 신규 상장사 수는 88퍼센트 감소했다. 또 기업이 상장하기까지 걸리는 평균 기간도 20년 전에는 3년이었지만 지금은 그보다 훨씬 긴 8년이다. 이 두 가지 역학 관계가 서로에게 힘을 주자 '선견지명이 있는' 창업자들은 축제를 벌였다. 그리고 새로운 유형의 스타트업인 '유니콘'이 출현했다.

## '이번에는 다르다'는 믿음

'유니콘'은 기업 가치가 10억 달러인 신생 기업이 드물었던 2013년에 벤처 투자가 에일린 리Aileen Lee가 이런 기업을 지칭하기 위해 만든 용어다.[3] 리는 그런 기업을 39개 찾아냈고, 1년에 새로운 유니콘이 4개 정도 생긴다고 봤다. 현재 유니콘 기업이 400개 정도 있는 것으로 추정되는데, 2019년 한 해에만 42개가 생겼다.

모든 유니콘이 과대 선전을 하는 건 아니지만, 몇몇은 '될 때까지 그런 척하면 실제로 그렇게 될 것'이라는 생각에 빠져 계속 '척'만 하고 있다. 범죄(피 한 방울로 240여 가지 질병을 진단할 수 있다고 선전한 실리콘밸리의 벤처기업 테라노스Theranos를 가리킨다. 창업자인 엘리자베스 홈스는 현재 사기 혐의로 재판을 받고 있다.-옮긴이)부터 합의된 환각(위워크), 그리고 단순히 과대평가된 기업(매트리스 제조 회사 캐스퍼Casper를 가리킨다.-옮긴이)에 이르기까지, 이들은 모두 아첨을 잘하는 업계 미디어와 FOMO(Fear of Missing Out의 약자로 좋은 기회를 놓쳐서 혼자만 뒤처지는 것을 불안해하는 심리-옮긴이) 증후군을 겪는 투자자들, 그리고 여러 번의 평가를 통해 기업 가치가 올라가면 자기 지분을 자기보다 더 심한 바보에게 팔 수 있을 거라는 냉소적인 믿음에 의지한다.

물론 항상 이번엔 다르다고들 말할 것이다. 내가 펫츠닷컴과 어번페치Urban Fetch(인터넷에서 식료품과 생필품 등을 판매하고 당일 배송해주는 업체-옮긴이)를 좋아하는 것처럼 사람들은 위워크와 우버를 좋아한다. 27킬로그램짜리 개 사료 한 봉지와 벤 앤드 제리스Ben&Jerry's 아이스크림 한 통을 할인된 가격으로 사서 이튿날 혹은 1시간 뒤에 배달받는 것은 주주를 제외한 모든 이들의 입장에서 볼 때 정말 멋진 일이다. 기업의 가치는 성장과 이윤을 통해 형성된다. 1990년대에 그랬던 것처럼 오늘날의 유니콘들도 기업 가치를 높이기 위해 막대한 자본을 투입하지만, 성장과 이윤을 위한 가치 제안은 내놓지 못하고 있다.

이런 신생 기업들은 팬데믹 때문에 매우 특수한 위치에 놓이게 되었다. 지금처럼 자본이 풍부하고 자리를 잘 잡은 탄탄한 신생 기업이 많은 적이 없었는데, 모든 상황을 가속화하고 있는 팬데믹이 사방에서 시장을 교란할 기회까지 만들어내고 있는 것이다. 다만 이번에는 과거와 다른 점이 하나 있다. 대부분의 유니콘은 어떤 형태로든 살아남긴 하겠지만, 기업의 가치 평가가 전과는 다른 방식으로 이루어지기 때문에 새롭게 인정받는 가치보다 파괴되는 가치가 더 많을 수도 있다는 것이다.

## 소프트뱅크의 1,000억 달러짜리 뷔페

저렴한 자본 공급자 중에서도 첫손에 꼽히는 회사가 소프트뱅크Softbank다. 이 회사가 운용 중인 1,000억 달러 규모의 비전 펀드Vision Fund는 여러 계층에서 시장을 교란하고 있다. 전 세계 경영대학원에서 앞으로 수십 년 동안 가르치게 될 연구 사례인 비전 1의 참사는 소프트뱅크가 자초한 것이다. 그들의 전략은 자본을 전략으로 삼는 것이었다. 구체적으로 말하자면, 많은 자본을 이용해 거래를 계속 성사시키고 투자받는 기업은 그걸 발판 삼아 엄청나게 빠른 속도로 도약해서 경쟁 업체를 따돌리는 것이다. 소프트뱅크가 기업가들에게 홍보한 내용은 단순하면서도 설득력이 있다.

"당신들은 큰 그림을 그리지 못하고 있다. 우리는 당신들이 조달하려는 자금의 3배를 투자하고 싶다. 만약 우리와 거래하지 않는다면 성장호르몬 역할을 할 이 엄청난 자본을 당신들의 가장 큰 경쟁사에 투입할 것이다."

자본은 사모펀드의 무기다. 그리고 막대한 현금을 보유한 이 훌륭하고 검증된 자산을 손에 넣을 수 있는 기업은 몇 안 된다. 그러나 혼란과 교란의 기회가 무르익어가는 시장, 그리고 너무 멍청해서 자신이 실패하리라는 것을 깨닫지 못하는 미친 천재 창업자는 모험과 성장을 위한 역할을 한다. 어떤 아이디어에 수십억 달러를 투자할 때 기업의 능력만 우선시하면(이는 투자할 자본이 1,000억 달러일 때도 마찬가지지만) 수익률이 낮아진다. 이는 소프트뱅크의 투자 포트폴리오 전반에서 명확하게 드러나는 사실이다.

나의 뉴욕대학교 동료인 판카즈 게마와트Pankaj Ghemawat 교수는 비즈니스와 무역에선 이제 거리가 아무 변수가 되지 못한다는 주장에도 여전히 이 두 가지가 지리학의 작용으로 일어난다는 사실을 보여주는 놀라운 연구 결과를 발표했다. 소매점의 수익은 본사와의 근접성과 상관관계가 있다. 세쿼이아 캐피털은 내가 두 번째로 설립한 회사의 투자자였는데, 세쿼이아 이사의 말에 따르면 그 회사의 기본적인 투자 원칙 중 하나는 '파트너가 직접 차를 몰고 갈 수 없을 만큼 먼 회사에는 투자하지 않는 것'이라고 한다. 참고로, 더 많은 자금을 조달하는 대규모 벤처캐피털은 전 세계에 투자를 하지만 현지에 사무소를 개설하는 경우가 많다.

손정의와 애덤 노이만Adam Neumann(위워크 공동 창업자-옮긴이)은 자기들이 사업을 벌이는 13개 표준 시간대의 중간 지점에서 만나기로 했다(내 생각에는 하와이인 듯하다). 1980년대에 일본인들이 미국 영화 스튜디오와 골프장을 인수했을 때와 마찬가지로, 소프트뱅크도 처음에 들고 온 것보다 적은 액수의 엔화를 쥐고 떠날 것이다.

나는 제너럴 캐털리스트General Catalyst, 매버론Maveron, 세쿼이아 캐피털, 웨스턴 프레시디오Weston Presidio, JP 모건JP Morgan, 골드먼삭스 등에

손정의와의 거리와 투자 수익률의 상관관계

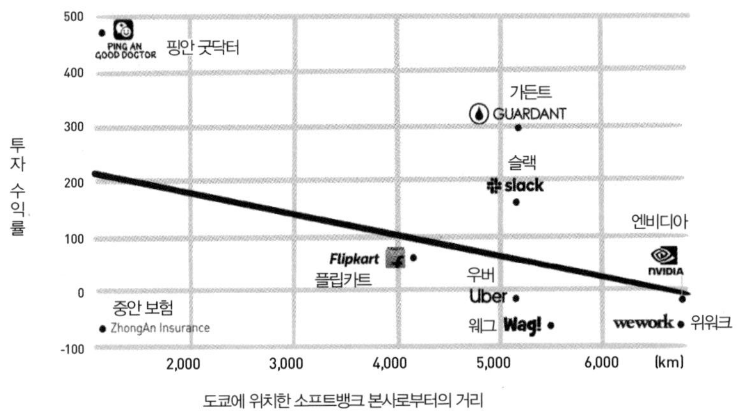


출처 : Section 4

서 투자금을 조달한 적이 있는데, 이들 모두 벤처 투자와 관련해 공통적으로 말하는 게 있었다. 바로 후속 투자 라운드를 주도하기를 싫어한다는 것이다. 훌륭한 투자자들은 '자기가 앞장서고 싶다'는, 즉 투자 라운드를 여러 번 주도하고 싶다는 유혹을 뿌리치고 제3자가 적정 거리에서 회사 가치를 검증하도록 한다. 소프트뱅크는 2016년부터 여러 차례 진행된 위워크 투자 라운드에서 유일한 리드 투자자였다.

아이러니하게도 벤처캐피털 측에 발생하는 실질적인 피해는 비전 1 보통주를 소유하고 있는 소프트뱅크 직원들이 입게 될 것이다. 사우디아라비아 공공 투자 기금과 무바달라Mubadala 투자회사는 매년 7퍼센트의 수익을 배당받는 우선주(이익 배당 시 우선순위가 있는)를 보유하고 있어 포트폴리오 내에서 성공한 몇몇 기업의 수익을 빼돌린다. 현재 비전 1은 폐렴에 걸렸고, 비전 1의 보통주 소유자들은 인공호흡기

**리드 투자자 vs ROI**

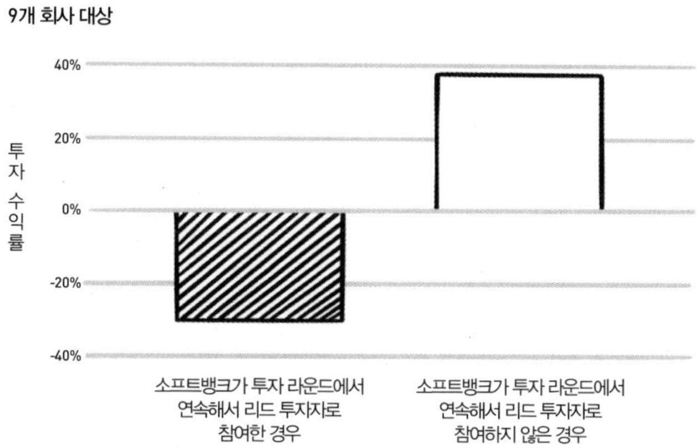


출처 : Section 4

를 달고 있는 상황이다.

자본이 넉넉해도 그것을 투자할 괜찮은 회사가 없을 수도 있다. 좋은 투자처, 즉 수십억 달러 규모의 지속 가능한 기업으로 성장할 수 있는 잠재력을 가진 신생 기업은 언제나 부족하다. 신기술을 이용해 문제를 해결하거나 우리 삶을 향상시킬 수 있는 독특한 비전을 지닌 뛰어난 기업가의 연금술이 자본을 두둑하게 보유한 행복한 기성 기업과 결합한다는 것은 정말 유니콘 사냥처럼 꿈같은 이야기다. 하지만 자본은 움직이는 재산이며, 쉬지 않고 움직이는 상어처럼 자본도 끊임없이 움직이지 않으면 죽는다. 그래서 좋은 기업이 모두 숲속에 숨어버린 것처럼 보일 때는, 곰처럼 생긴 게 사실은 유니콘일 거라고 억지로 믿어버리기도 한다.

## 무늬만 화려한 요가배블의 등장

지나치게 많은 자본과 부족한 재능은 카리스마 있는 창업자의 등장을 알리는 신호탄이다. 모든 게 동등한 상황에서는 카리스마 있는 창업자가 곧 자산이 된다. 그런 창업자는 자본을 유치할 뿐만 아니라 훌륭한 직원들을 끌어모으고 제품을 판매하며 회사가 위기에 처했을 때 보호 효과도 발휘한다. 그러나 자본이 넘쳐날 때는 그 누구도 재무제표를 진지하게 분석하거나 신생 기업 CEO가 얼마나 부지런히 아이디어를 내놓는지에 관심을 기울이지 않는다. 차라리 영생하는 방법을 알고 있다거나 이스라엘과 팔레스타인의 갈등을 해결할 계획이 있다고 주장하는 장발의 남자에게 수억 달러를 투자하는 편이 더 쉬울지도 모른다. 그는 '비전이 있는 선지자'이고 벤처캐피털은 '투자받는 회사가 아니라 거기서 일하는 사람들을 지원하는 것뿐'이라고 변명하면 되니까 말이다.

카리스마 있는 창업자는 요가배블yogababble이라는 독특한 언어를 쓴다. 이는 주식 상장 전에 공식적으로 공개하는 기업 정보에 종종 등장하는, 추상적이거나 영적인 느낌을 주는 표현을 가리키는 말이다. 이런 회사들은 필요한 자산 공개 목록만 제시하는 게 아니라 기업 커뮤니케이션 책임자의 힘을 빌려 쓸데없는 요가배블을 증폭시킨다. 이는 일반 기업에는 고통스러운 일이지만(링크드인에 따르면 아마존에서 제프 베조스를 위해 일하는 기업 커뮤니케이션 담당자 수는 969명으로, 《워싱턴 포스트Washington Post》에서 베조스를 위해 일하는 저널리스트 798명보다 많다고 한다) 카리스마 있는 창업자나 자본을 중심으로 성장하는 기업에는 핵심적인 역량이 되었다.

기업이 실행 가능한 비즈니스 모델을 찾을 때는 진실(숫자, 비즈니스 모델, EBITDA(법인세·이자·감가상각비 차감 전 영업이익으로, 기업이 영업 활동을 통해 벌어들이는 현금 창출 능력을 보여주는 수익성 지표 - 옮긴이))을 가려줄 도구가 필요하기 때문에 요가배블에 전적으로 의지하고 싶은 유혹에 더 흔들린다. 내가 방송 출연을 위해 방송국에 가면, 메이크업 아티스트가 호스 달린 플라스틱 병에 이상한 파운데이션 액을 넣고 주변 사람들에게 다 뒤로 물러서라고 한 뒤, 체르노빌 4호기의 폭발을 막기 위한 마지막 방어선이라도 되는 양 그걸 내 얼굴과 머리에 마구 뿌려댄다. 그러고 나면 나도 꽤 멋있어 보인다. 적어도 한동안은 말이다. 하지만 요가배블과 마찬가지로 이렇게 결점을 가려주는 도구는 곧 사라진다.

IPO 투자 설명서에 나와 있는 요가배블을 번역해보면 기본적으로 '다음과 같은 이유 때문에 이 회사는 견실한 업체입니다'가 아니라 '우리는 매력적인 사람들입니다'라는 주장만 늘어놓는다. 최근에 여러 기술 기업의 투자 설명서에 사용한 언어를 살펴보면서 그들의 헛소리 수준, 그러니까 재무제표의 본질에서 벗어나 신비로운 영역으로 도망치려는 의지가 얼마나 강한지 질적으로 평가해봤다. 이들은 불빛을 어둑하게 가리고 사람들의 넋을 빼놓으려고 한다. 그래서 불빛이 환하게 밝아지면 어떻게 되는지, 즉 이들 회사가 IPO 후 1년이 지난 시점에 어떤 성과를 거뒀는지 살펴봤다. 나는 이 두 가지 요소가 반비례한다고 믿으며, 이는 기업의 주식 성과에 대한 미래 지향적인 지표가 될 수 있다.

**1단계부터 10단계까지의 요가배블 척도**

· 1단계 : 나는 개를 좋아하는 마케팅 교수다.

· 5단계 : 나는 커다란 개다.

· 10단계 : 나는 자아실현의 비밀을 알아낸 영적인 개다.

**줌**

· 사명 : 끊김 없는 비디오 커뮤니케이션

→ 이것은 회사의 특징을 정확하게 표현한 말이다. 줌은 비디오 커뮤니케이션 회사다. 또 NPS 점수가 62점으로, 6점인 웹엑스 Webex(온라인 회의나 화상 통화용 앱을 제공하는 회사-옮긴이)보다 훨씬 높은 것에서 알 수 있듯 끊김이 적다.

· 헛소리 등급 : 1단계

· IPO 6개월 뒤의 주식 수익률 : +122퍼센트

**스포티파이**

· 사명 : 창조적인 예술가 100만 명에게는 자신의 예술로 살아갈 기회를, 수십억 명의 팬에게는 이런 크리에이터들의 작품을 즐기며 영감을 얻을 기회를 제공해 인간이 지닌 창의성의 잠재력을 드러낸다.

→ 괜찮은 편이다. 하지만 가수 셀린 디온이 인간의 창의성을 어떻게 드러내는지, 스포티파이를 통해서는 전혀 알 수 없다.

· 헛소리 등급 : 5단계

· IPO 1년 뒤의 주식 수익률 : +9퍼센트

**펠로톤**

· 사명 : 가장 기본적인 수준에서, 펠로톤은 행복을 판매한다.

→ 아니다. 당신들은 배우 척 노리스Chuck Norris나 모델 크리스티 브링클리Christie Brinkley, 사업가 토니 리틀Tony Little처럼 그저 운동기구를 파는 것뿐이다.

· 헛소리 등급 : 9·10단계

· IPO 하루 뒤의 주식 수익률 : -11퍼센트(펠로톤의 주가는 IPO 후 6개월 동안 거의 변동이 없었으나 팬데믹 기간에 사람들이 집에서 운동을 하면서 폭발적으로 상승했다)

자만심과 성공, 기독교적 콤플렉스가 뒤섞인 사람들은 자신의 사업 활동에 본인의 천재성에 걸맞은 비전이 따라야 한다고 믿기 때문에 이런 요가배블을 만들어낸다. 그게 아니라면 성장을 이룸과 동시에 지출보다 수익이 많은 기업을 만든다는 것은 정말 어려운 일이기 때문에 투자자들의 주의를 딴 데로 돌리기 위해서일 수도 있다. 그런데 이사회와 CEO, 은행가가 이런 악의적인 헛소리 때문에 발생한 손해를 개인 투자자들에게 돌릴 경우, 단순히 주의를 딴 데로 돌리려던 행동은 불법행위가 되어버린다.

내가 새로 설립한 섹션 4라는 회사의 사명은 '중산층 복원'이다. 이 말을 들은 동료들은 다들 어이없다는 표정을 지었다. 사실 섹션 4에는 '후방 주의(컴퓨터나 휴대폰으로 뭔가를 볼 때 혹시 뒤에 있는 사람 눈에 띌까 봐 조심스럽게 봐야 하는 이미지나 동영상-옮긴이)'를 요하는 '비즈니스 미디어'라든가 'MBA 스트리밍' 같은 비전도 있는데, 어떤 게 좋을지 계속 고심 중이다. 결국 이사회 앞에서는 '우수한 인재가 대학 등록금의 10퍼센트 정도만 내고 경영대학원의 고급 마케팅 과정과 전략 선택 강의를 들을 수 있는 서비스를 제공할 예정'이라고 말했다. 섹션 4는 거기서부터 사업을 시작할 생각이다. 사실 전 세계 모든 사람들을 만족시킬 수는 없다.

## 실패한 도전자들은 무엇을 놓쳤나

2020년 4분기에 접어들면서 벤처캐피털은 기록적인 자금을 모았고, 2020년 상반기에 잠시(찰나의 시간 동안) 중단됐던 유니콘 기업의 평가 가치는 더 높이 뛰어오르고 있다. 자금 조달 기능이 위기를 넘기고 살아남아 전보다 더 빠르게 진행되고 있긴 하지만, 코로나 바이러스로 인한 여러 상황은 기업 가치 평가에 지속적으로 영향을 미칠 것이다. 혁신자로 빛을 발하고 있는 기업들이 받은 높은 가치 평가가 주식시장에 상장된 뒤에도 계속 유지되는 것은 불가능할 것이다.

물론 내 예측이 모두 맞는 것은 아니다. 나는 2019년 3월에 SXSW(미국 텍사스주 오스틴에서 매년 봄에 개최되는 종합적인 음악 비즈니스 축제-옮긴이)에 모인 많은 청중 앞에서 당시 300달러였던 테슬라 주가가 앞으로 100달러 이하로 떨어질 것이라고 말했다. 하지만 2020년 초에 430달러로 시작한 테슬라 주가는 8월에 주당 2,000달러를 돌파했다. 어떤 경우든 시장은 최근에 IPO를 진행한 기업들을 계속 과대평가하겠지만, 내가 볼 때 그 기업들 중 상당수는 도저히 이해할 수 없을 정도로 높은 평가를 받고 있다.

현재의 가치가 2억 달러에 불과해도 전망이 탄탄하다면 좋은 기업으로 평가받을 수 있고, 11억 달러의 가치 평가를 받은 기업이라도 실제 시장에선 곤란한 상황에 처할 수 있다. 2020년 2월에 상장된 캐스퍼는 한창 성장 중인 수면 경제sleep economy 분야에서 활약하는 브랜드다. 기존 매트리스 매장은 쿠엔틴 타란티노 감독의 영화에 등장하는 장면을 연상시킨다. 엽총을 든 남자가 침입해 인질을 잡을 것 같은 분위기란 뜻이다. 어떤 기업이 성공하는 데 있어 중요한 요인 중 하나는 그 기업 자체의 능력보다 기성 기업의 무능함이다. 그리고 수면 경제 분야에선 수백 명이 동일한 비전을 품고 이제 막 잠에서 깨어난 듯하다. 캐스퍼 외에도 현재 온라인 매트리스 소매업체가 175개나 되는 걸 보면 말이다(이 상황을 한번 머릿속으로 그려보라).

캐스퍼의 주가는 실속 없는 이 회사의 경제 상황을 여실히 보여준다. 비상장 주식 거래소에서나 거래되어야 할 기업이 말도 안 되는 거짓말을 하면서(기술과 별 상관도 없는 이 회사 투자 설명서에 '기술'이라는 단어가 100번도 넘게 나온다) 설립자와 벤처캐피털, 은행가가 자기 지분을 팔고 손을 털 때까지 시장의 불신을 잠재워달라고 투자자들에게 요청하는 것이다. 여기서도 요가배블이 주역을 맡아 이렇게 외친다. "우리는 수면 경제를 총체적으로 이해한 상태에서 제품을 공급하는 최초의 회사다."

하지만 재정 상태를 살펴보면 전체적인 비전도 보이지 않고 별로 안정적이지도 않다. 캐스퍼는 매트리스 1개당 1,362달러의 매출을 올린다. 그러나 매트리스 제작에 761달러, 영업과 마케팅에 480달러, 그리고 기타 관리비로 자그마치 470달러라는 엄청난 비용을 지출하고 있다. 매트리스 하나당 349달러를 손해 보고 있는 것이다. 이런데도 캐스퍼가 10억 달러짜리 유니콘이라는 생각이 드는가? 2019년에 이 회사의 가치를 11억 달러까지 올려놓은 벤처 투자자들은 아마 그랬던 모양이다.

나는 캐스퍼는 상장해선 안 될 기업이며 만약 상장한다면 첫해에 주가가 30퍼센트 이상 하락할 것이라고 분석했다. 실제로 2017년에 이 회사 경영진에게 회사를 팔라고 조언하기도 했다. 소매업체인 타깃(캐스퍼의 투자자 중 하나다)이나 젯닷컴을 매입한 월마트같이 젊은 기업

**매트리스 1개당 캐스퍼가 얻는 수익과 손실**

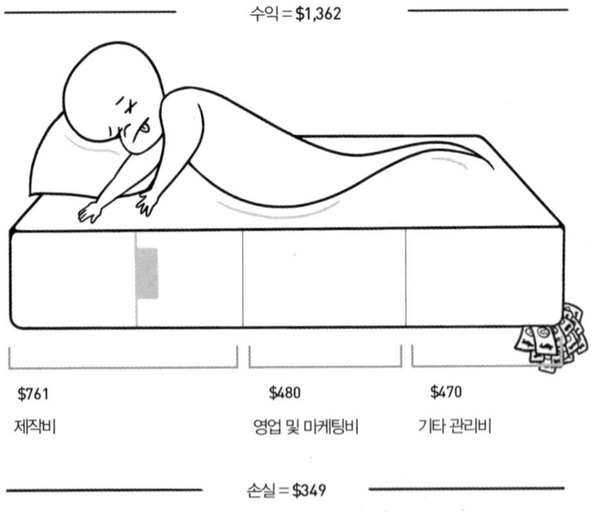


출처 : 해당 기업 데이터 분석

처럼 보이고 싶어 하는 중견 소매업체에 넘기는 게 좋겠다고 충고한 것이다. 이런 기업 인수가 이루어지면 인수한 측은 수면 경제 분야에서 추진력을 얻어 소비자에게 전문적인 산업 지식을 직접 전할 수 있고, 캐스퍼는 꼭 필요한 확장을 이룰 좋은 기회를 얻게 될 것이다. 과연 그들이 내 말을 들었을까? 물론 듣지 않았다. 캐스퍼는 2020년 2월에 주식을 공개했는데, 비공개 상태일 때 가장 마지막으로 조달한 자금인 11억 달러보다 낮은 가치 평가를 받으면서 간신히 거래를 시작했고, 거래 첫 주에 주가가 30퍼센트 하락했다.

공정하게 말하자면, 캐스퍼는 기회를 노렸고(다른 175개의 온라인 매트리스 소매업체도 마찬가지였다) 기술력과 서사(이게 이 회사 매력의 대부분을 차지했다)를 결합해 그 기회를 추구했다. 하지만 진정한 차별화를 이루는 데 실패한 채 브랜드 시대로 역행했고, 차별화되지 않은 제품을 자신들의 야심과 연결해 포장하느라 힘만 뺐다.

그렇다면 꿈 많은 창업자와 괜찮은 평판 이상의 가치를 제공할 수 있는 예비 혁신 기업이 보기에 오늘날의 창업 환경은 어떤 모습일까? 자본은 여전히 많이 남아 있지만, 스타트업 상태에서 벗어나지 못한 채 계속 그 자리에 머무는 기업이 많다.

사모 투자자(전통적인 벤처 투자자뿐 아니라 관리하는 자산이 늘면서 그에 따라 위험을 감수하려는 욕구가 높아진 기관 투자자까지)는 갈수록 규모가 큰 자금 조달 라운드에 참여하면서 공개 시장을 자금 조달의 장이 아니라 투자금 회수의 장으로 이용하고 있다. 풍부한 자본 덕에 전에는 공개 시장에서만 가능했던 대규모 자금 조달이 유통 시장에서도 가능해졌고, 강력한 유통 시장 덕에 주주들은 유동성을 확보할 수 있다. 최근

들어 유니콘 기업이 많아진 주된 이유는 기업들이 주식을 오랫동안 비공개 상태로 유지하기 때문이다. 그러면 간접비와 규정 준수 비용이 절감되고 시장의 감시도 덜 받는다. 그리고 회사는 비상장 주식시장에서 지원한 투자자들에게도 더 많은 이익을 안겨줄 수 있다.

또 다른 변화는 빅 4 같은 거대 IT 기업에 인수되는 새로운 형태의 고수익 출구가 생길 가능성이 커졌다는 것이다. 10~20년 전만 해도 기업 인수를 통한 투자금 회수는 벤처를 지원하는 기업에 '위로상' 같은 느낌이었다. 창업자들은 확실히 돈을 벌겠지만 진정한 이익과 명성은 기업공개를 통해서만 얻을 수 있었다. 하지만 이제는 공개 시장에서 자금을 조달할 수 있는 것처럼 대규모 인수를 통해서도 투자금 회수가 가능해졌다.

애플의 재무제표를 보면 이 회사는 유니콘 200개와 맞먹는 현금 2,000억 달러를 보유하고 있다. 구글은 1,200억 달러를 가지고 있다. 하지만 단순히 빅 4가 IPO 평가액만큼 가격을 지불하고 회사를 인수할 수 있다는 게 문제가 아니다. 이들의 시장 지배력(그리고 새로운 시장에 공격적으로 진입할 수 있는 능력)은 인수 제안을 거절하기 어렵게 만든다. 2020년 7월에 열린 의회의 독점 금지 청문회에선 마크 저커버그가 인스타그램Instagram에 거절할 수 없는 제안("우리와 합치거나 망하거나")을 했다는 사실이 밝혀졌다. 창업자와 투자자는 일반적으로 인수 과정에서 이익을 얻는다. 2020년 상반기에 투자금을 회수한 12개의 유니콘은 최종적인 비공개 평가 금액 대비 91퍼센트의 프리미엄을 받았다.[4]

요즘은 기업 생태계가 건실하지 않고 시장 통합 때문에 신생 기업이 요람에서 벗어나기가 갈수록 어려워지기 때문에 경제성장이나 일자리 증가에 도움을 주지 못한다. 시장 평가는 10년 뒤 그 기업이 거둘 것으로 예상되는 성과를 바탕으로 이루어진다. 따라서 팬데믹이 몇 년 안에 최고의 IPO 등급을 탄생시킬 수도 있다.

하지만 이런 상황이 부정적인 방향으로 작용할 수도 있다. 어려움을 겪는 기업은 시장에서 심폐 소생술을 거부당하고 남아 있는 현금 유동성으로만 평가받는다. 시장 교란자들에게 미래를 앞당길 기회를 주는 저렴한 자본 덕분에 이 구역에 등장한 신생 기업은 새로운 투자와 고용을 바탕으로 성장할 수 있지만, 기존 기업은 이들과 맞서기 위해 어떻게든 비용을 줄여야 하는(해고, 설비투자 감소 등) 상황이다. 게다가 기성 기업이 투자자가 기대하는 수익을 유지하기 위해 방어적으로 움직이다 보면 결국 더 큰 위기에 빠지게 된다. 따라서 기성 기업은 갈수록 약해지고, 해당 분야의 원로 기업이 약해지면 시장점유율을 빼앗기 쉬워지므로 시장 교란자들은 더 큰 추진력을 얻게 된다.

## 성공하는 시장 교란자의 DNA

그렇다면 시장을 뒤흔들고 새로운 승자가 되는 비결은 무엇일까? 첫째, 어떤 업계에 진출하느냐가 중요하다. 적절한 혁신이 이루어지지 않은 상태에서 물가 상승률보다 빠르게 가격이 오른 업계에서는 교란이 발생할 가능성이 크다. 단 몇 년 사이에 이해관계자들에게 돌아가는 가치가 수천억 달러씩 증가한 기업의 핵심 속성을 들여다보면 시장 교란자의 DNA를 찾아낼 수 있다.

내가 『플랫폼 제국의 미래』를 집필할 때 개발해서 계속 발전시키고 있는 T 알고리즘은 이런 핵심 특성 가운데 몇 가지를 정의한다. T는 '조trillion, 兆'의 약자로, 이런 특성은 기업이 1조 달러의 가치를 인정받을 기회를 제공한다. T 알고리즘은 다음과 같은 여덟 가지 요소로 구성되어 있다.

- 인간의 본능에 호소
- 능력 위주의 승진 체계
- 균형 잡힌 성장과 이윤
- 런들
- 수직 통합
- 벤저민 버튼Benjamin Button 제품
- 비전 스토리텔링
- 호감도

**T 알고리즘**

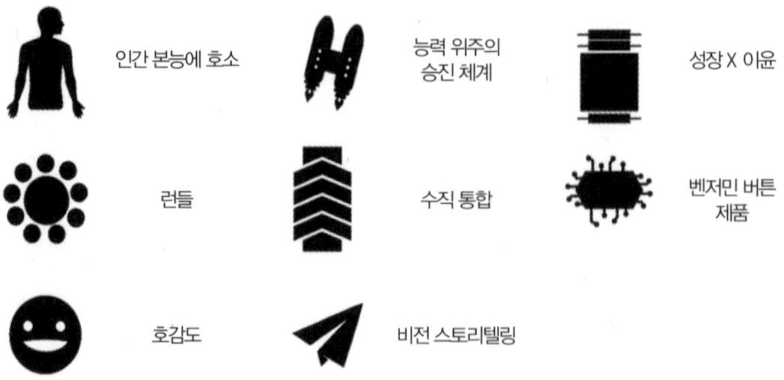

### ① 본능에 호소하기

모든 인간은 몇 가지 생물학적 욕구를 공유하고 있다. 가장 힘 있는 회사들은 이런 본능을 만족시키고 이용하는 방법을 찾아냈는데, 이를 머리부터 몸통을 따라 내려가면서 존재하는 네 가지 주요 범주로 구분할 수 있다. 첫째는 '두뇌 본능'이다. 우리는 자신의 경험과 주변 세상의 원리를 설명할 수 있는 해답을 끊임없이 찾으려고 애쓴다(구글). 흥정(월마트)과 합리적인 가격(델Dell, 마이크로소프트)은 뇌의 흥미를 끈다. 뇌에 호소하는 사업은 이윤이 적은 편이다. 가격이 가장 저렴한 제품, 가장 빠른 프로세서를 선택하기 때문이다.

둘째는 '마음'이다. 우리는 주변 사람과 관계를 맺고자 하는 타고난 욕망을 지니고 있다. '까다로운 엄마들은 지프Jif 땅콩버터를 선택한다'라는 광고 문구를 생각해보자. 주변 사람을 잘 돌보고 싶을 때는 기꺼이 돈을 쓰게 된다.

셋째는 '위장'이다. 우리는 동굴에서 살던 시절부터 생산량이 최소화될 때를 대비해 최대한 많은 자원을 모으려고 노력했다. 현대인의 생활은 꾸준한 물자 공급이 가능한가에 달려 있다.

마지막으로 '생식기'를 들 수 있다. 자신의 종을 퍼뜨리려는 욕구는 원시적인 본능 중 하나다. 그래서 우리는 성공한 멋진 사람처럼 보여서 더 좋은 짝을 유인할 수 있게 해주는 제품과 서비스를 구입한다. 성적 매력을 높여주는 제품은 불합리할 정도로 가격이 비싸도 선뜻 돈을 지불한다. 두뇌와 위장에 해당하는 월마트와 아마존 같은 합리적인 기업은 페라리나 섹시한 디자인의 구두로 유명한 크리스찬 루부탱Christian Louboutin과 뚜렷하게 대조된다.

### ② 능력 위주의 승진 체계

개인의 경력 발전에 놀라운 발판이 되어주는 기업이다. 침해받지 않도록 보호할 수 있는 지적재산권을 보유하는 것 외에 우수한 직원을 유치하는 능력도 기업 성공의 중요한 요인 중 하나다.

### ③ 균형 잡힌 성장과 이윤

오늘날 가장 성공한 기업들은 폭발적인 성장과 높은 이윤을 유지하고 있다. 일반적으로 이윤은 기업 성장과 상충된다. 월마트처럼 이윤이 매우 낮은 회사도 있는데, 이들은 상품 가치를 높인 뒤에도 거기서 추가적인 이윤을 얻으려고 하지 않기 때문에 빠르게 성장할 수 있다. 그에 반해 기업 이윤이 높으면 대부분 성장과 확장 가능성이 낮아진다. 빅 4 같은 일부 예외적인 기업들만 높은 성장과 높은 이윤을 동시에 추구할 수 있다.

### ④ 런들

반복적인 매출을 올려주는 제품·서비스 번들을 말한다. 이 전략은 시간의 가치를 평가하는 데 서툰 인간의 중요한 약점을 이용한다. 소비자를 설득해 그들과 독점적인 관계를 맺은 기업은 단발성 거래를 통해서만 소비자와 상호작용하는 기업보다 많은 가치를 축적할 수 있다. 예를 들어 애플은 현재 음악과 비디오 스트리밍 구독을 제공하고 있지만, 이 두 가지 제품에 뉴스와 연간 아이폰 업그레이드 프로그램 등을 묶어서 규모가 더 큰 반복 매출 번들을 만들 수 있다.[5] 디즈니는 디즈니 플러스, 테마파크, 크루즈, 기타 다양한 특전을 묶어서 반복 매출이 발생하는 단계별 패키지 상품이나 멀티 구독 상품을 제공할 수 있다.

**⑤ 수직 통합**

가치 사슬의 많은 부분을 통제해서 고객의 모든 경험을 관리할 수 있는 기업의 능력을 의미한다. 유통 분야를 통제하는 기업은 막대한 이익을 거둘 수 있다. 애플의 경우를 보자. 이 회사는 앱스토어와 아이폰을 장악하고 있기 때문에 타사 앱에 지출되는 비용을 모두 절감할 수 있다. 애플 스토어라는 브랜드 매장 500곳을 통해 제품을 판매하고 있으며, 앞으로 2년 안에 핵심 부품을 모두 사내에서 설계하는 방향으로 전환할 예정이다.

**⑥ 벤저민 버튼 제품**

네트워크 효과로 노화 과정이 역전되는, 즉 시간이 지날수록 사용자에게 더 많은 가치를 제공하는 제품이나 서비스를 말한다. 이런 제품은 자동차나 치약처럼 구입한 순간부터 가치가 떨어지는 제품과 달리, 시간이 지나 사용자가 많아질수록 가치가 높아진다. 예를 들어 스포티파이의 경우, 곡을 제공하는 아티스트가 많아지면 사용자도 늘고 친구들과 재생 목록을 공유하는 등 개인화 기능이 다양해지면서 스포티파이를 이용하는 게 훨씬 즐거워지므로 이를 통해 더 많은 아티스트를 끌어들일 수 있다.

**⑦ 비전 스토리텔링**

회사가 대담한 비전을 실천해나가는 과정을 주주와 이해관계자에게 설명하거나 입증하는 능력이다. 설득력 있는 이야기를 통해 직원들을 단결시키고 최고의 인재와 저렴한 자본을 끌어들일 수 있다. 그러나 단순히 사람들을 고무시키는 것만으로는 충분하지 않다. 실제로 그 약속을 이행해야 한다.

**⑧ 호감도**

정부와 언론의 감시에서 회사를 보호하고, 우호적인 협력 관계를 맺고, 최고의 인재를 유치하는 회사 리더들의 능력이다. 소비자는 브랜드를 의인화하려는 경향이 있는데, 긍정적이고 활발한 특성을 보여주는 기업이 많은 이익을 얻게 된다.

## 다양한 이유로 주목할 만한 유니콘들

내가 T 알고리즘을 이용해 평가하고 업계의 교란 가능성까지 고려하면서 지켜보고 있는 상장 기업과 비상장 기업 몇 곳을 소개하겠다.

### 에어비앤비

나는 2018년에 에어비앤비가 올해의 가장 혁신적인 컨슈머 테크consumer tech 기업이라고 말한 적이 있다. 이 회사는 자산을 직접 소유하거나 관리하지 않고도 세계에서 규모가 가장 큰 자산, 그러니까 미국 부동산을 수익화했다. 덕분에 남는 비용을 소셜 미디어와 검색엔진을 통한 고객 확보에 투자할 수 있었기 때문에 다른 호텔들보다 웹 트래픽이 많이 발생한다. 에어비앤비는 운전자의 유연한 근무 욕구와 저임금, 무혜택을 감수하겠다는 의지를 이용하는 우버와는 다르게 휴면 자산으로 수익을 창출한다.

팬데믹은 에어비앤비에도 즉각적인 영향을 미쳐서 수익이 크게 감소했지만, 호텔 기업과 다르게 담보대출 이자, 유지비, 직원 복리 후생 비용이 들지 않는 자산 경량화 모델을 이용하므로 가변적으로 운용할 수 있다. 요컨대 에어비앤비는 힘든 상황에도 충분히 적응할 수 있지만 호텔들은 휘청거릴 수밖에 없다. 에어비앤비의 2020년 2분기 매출은 67퍼센트 감소했으나 같은 해 5월 17일부터 6월 3일까지 미국 내에 등록된 숙소의 예약 건수가 2019년 같은 기간보다 늘어났으며, 전세계적으로도 이와 유사한 국내 여행 증가세가 나타나고 있다.[6]

에어비앤비는 2020년이 저물기 전에 상장할 것으로 예상되며(에어비앤비는 2020년 12월 뉴욕 증시에 상장했다.-편집자주), 우리는 이 회사가 여행과 접객 부문에서 가장 가치 있는 회사 중 하나가 될 것이라고 믿는다. 이 분야에는 전 세계적인 수요와 공급이 필요한데(세계 각지의 사람들이 텍사스주 오스틴을 방문한다면 머물 숙소를 예약해야 하지 않겠는가), 에어비앤비는 그것을 가지고 있다. 그리고 이것이 그들의 성을 방어하는 해자 역할을 하고 있다.

### 브룩리넨Brooklinen

2015년에 내가 가르치던 학생 중 한 명이 자기 사업에 투자를 부탁했다. 그는 이집트에서 목화를 구입해 이스라엘에서 조면한 뒤, 이 면으로 만든 시트와 이불, 베개 세트를 79달러에 수입해 129달러에 팔았다. 그가 제안하는 가치는 명확했다. 다른 데서 400달러에 파는 침구를 훨씬 저렴한 가격으로 파는 것이다.

남편과 아내가 함께 창업한 이 회사는 면화를 구입하기 전에 온라인에서 주문부터 받았다. 이는 매우 훌륭한 마케팅 전략이자 사업 전략이다. 즉 소비자를 위한 제품을 찾을 것이냐, 아니면 제품을 사줄 소비자를 찾을 것이냐의 문제다. 더 좋은 제품을 괜찮은 가격으로 제공하려면 공급망을 합리화하는 게 무엇보다 중요하다. 현재 브룩리넨은 상당한 수익을 올리고 있으며, 2020년 3월에 매출액의 몇 배나 되는 가격으로 서밋 파트너스Summit Partners에 매각되었는데, 이는 소매업체로서는 드문 일이다. 시트 품질도 당연히 좋다.

### 카니발Carnival

세계 1위 크루즈 여행 기업인 카니발은 시장을 혁신하는 업체는 아니지만 팬데믹 이후가 기대되는 회사다. 카니발 주식은 팬데믹 발생 몇 달 전에는 주당 50달러 정도에 거래됐지만, 2020년 8월에는 주당 14달러 아래로 떨어졌다. 하지만 팬데믹도 언젠가는 끝날 테고 노인 인구가 계속 늘어나는 이상 크루즈업계는 잘 버틸 것이다. 실제로 크루즈 산업은 레저 여행 시장에서 가장 빠르게 성장하는 분야로, 2005년부터 2015년까지 수요가 62퍼센트나 증가했다. 크루즈 여행객들은 계속 크루즈를 즐기고 싶어 한다. 크루즈 여행이 가능하던 시절에는 크루즈 여행객의 92퍼센트가 다음 휴가 때도 크루즈 여행을 예약하겠다고 했다. 이런 성장의 원동력은 인구 변화와 고전적인 가치 제안을 결합한 덕분에 형성된 것이다.

마케팅 초보는 소비자가 다양한 선택권을 원한다고 생각한다. 하지만 소비자는 더 많은 것을 원하는 게 아니라, 제시된 몇 가지 선택지 중에서 원하는 것을 자신 있게 선택하고 싶어 한다. 선택을 위해서는 시간과 관심이 필요하다. 그래서 고객은 다른 사람이 자기 대신 필요한 조사를 하고 선택 가능한 옵션을 정리해주길 바란다. 여러분은 동남아시아를 경유하는 선박을 이용한 훌륭한 여행 일정(호텔, 식사, 액티비티, 항공편, 기차, 자동차)을 만들어 상품화할 수도 있고, 아니면 카니발이 알아서 하도록 맡길 수도 있다.

물론 이 회사가 유동성을 유지할 수 있는 기간보다 더 오랫동안 팬데믹이 지속될 가능성도 있다. 그러나 회사가 살아남는다면 주가가 3배로 뛰고, 주기적 사업과 구조적 사업이 경쟁하는 흥미로운 양상이 펼쳐질 것이다. 크루즈업계의 수요가 사라진 것은 주기적인 문제라서 언젠가는 반등할 것으로 보이지만, 항공 여행객이나 식당 이용객이 줄어든 것은 사람들이 집에 머무는 시간이 길어지면서 나타나는 구조적인 문제이기 때문이다.

### 레모네이드

이 회사는 전형적인 2020년형 시장 교란자다(내가 이 회사 투자자라는 사실을 미리 밝혀두겠다). 레모네이드가 속한 보험 분야는 수십 년 동안 제공하는 제품에 변화가 없었고 소비자들의 반감은 쌓이고 쌓여 바다를 이룰 지경이다. 보험사들은 공급망을 디지털화해서 값비싼 유통비용(보험 판매원 같은)을 줄이고, 위험 평가를 개선해서 손해율을 낮추려고 인공지능을 이용하고 있다. 레모네이드는 이제 겨우 거대 기업들의 뒤를 야금야금 따라가고 있는 소규모 세입자 보험사에 불과하므로 기성 기업들은 별로 걱정하지 않는 듯하다. 그러나 고객 경험을 조금이라도 향상시키는 건 중요한 장점이며, 자본시장은 레모네이드가 그 우위를 탄탄한 발판으로 바꿀 수 있는 자원을 제공할 것이다.

레모네이드는 뇌에 호소하는 회사다. 레모네이드의 고객은 단 몇 분 만에 보험 견적을 받을 수 있다. 이 회사는 구글과 비슷하게 답변과 정보 효율에 대한 우리의 욕구를 충족시킨다. 또 우리 곁에 머물면서 뭔가를 만들어내려는 본능에 발맞춰준다. '혁신가'와 함께하는 것은 점심시간에 멋진 친구들과 어울리는 것과 비슷하다. 그들이 발산하는 광채가 나까지 더 매력적인 사람으로 보이게 해주길 바라는 것이다.

또 레모네이드는 매달 보험료를 내는 고객들과 반복적인 매출 관계를 맺고 있는 런들 기업이다. 이 회사는 호감도가 매우 높다. CEO는 사용하지 않은 보험금 지급 준비금을 고객이 선택한 자선단체에 기부하는 사회적 미션을 발 빠르게 사업과 통합했다. 레모네이드는 스테이트 팜State Farm, 리버티 뮤추얼Liberty Mutual, 올스테이트Allstate 같은 기존 보험사에 비해 순익도 높고 NPS 점수도 높다. 나는 2020년 6월에 레모네이드의 IPO가 '엄청난 성공'을 거둘 것이라고 예측한 바 있는데, 실제로 IPO를 진행하던 중 실적이 좋아 발행 직전에 주가를 재조정했고 거래 첫 이틀 동안 주가가 140퍼센트 더 상승했다.[7]

### 넷플릭스

팬데믹 기간에는 비디오 스트리밍이 매우 좋은 투자처였다. 이 분야에 대한 투자가 점점 늘어나 G7 국가들의 국방 예산에 필적할 만한 수준이 되었다. 그러나 넷플릭스는 지난 10년 동안 계속해서 놀라운 액수의 투자를 해왔다. 비디오 스트리밍 기업들은 최근 몇 년 새에 오직 아마존만 해낸 일을 이루었다. 처음에는 뛰어난 스토리텔링을 통해 자본비용을 거의 0에 가깝게 낮췄고, 성장 중심에서 이윤 중심으로 전환하는 동안에도 그 능력을 유지한 것이다. 이건 꽤 어려운 일이다. 한창 잡초처럼 자랄 때는 자본비용을 극도로 낮추는 게 비교적 쉽다. 문제는 성장이 최고조에 달해 자본시장이 손익계산서의 결산 부분을 살펴보기 시작할 때다.

넷플릭스는 이런 자본을 이용해 스트리밍 인프라를 구축했을 뿐만 아니라(이것만으로도 충분히 인상적이다) 엔터테인먼트업계에서 생각하는 '가치'의 의미를 새롭게 제시했다. 소비자는 매달 지불하는 돈 1달러당 10억 달러 상당의 콘텐츠를 즐길 수 있다. 10달러짜리 영화표를 사서 제작비가 1억 달러 투입된 영화를 볼 경우 1달러당 1,000만 달러의 가치밖에 못 얻고 이용 시간도 2시간에 불과하다. 넷플릭스는 어떤 멀티플렉스 체인보다 많은 자본 투자와 혁신이 이루어진 극장, 즉 이용자의 집에서 주문형 액세스를 통해 그보다 100배 높은 가치를 제공한다.

넷플릭스에서 제공하는 콘텐츠가 워낙 많다 보니 그중 1퍼센트도 채 보기 힘들다(그래도 난 더 많이 보려고 계속 노력 중이다). 하지만 가장 널리 사용되는 AI(넷플릭스 추천 엔진)는 페이스북이나 구글 같은 방대한 규모와 표적화 기술을 혼합해 로스 가토스에 있는 이 회사를 테크업계의 전설적인 미국의 축구 선수 허셜 워커Herschel Walker처럼 만들었다. 몸집이 거대하면서도 빠르다는 얘기다.

넷플릭스는 다른 어떤 콘텐츠 기업보다 확장성이라는 개념을 중심으로 혁신을 이루는 데 능하다. 이 회사는 스페인 마드리드에 있는 제작 시설에 1만 명이 일하는 콘텐츠 공장을 만들었다. 이 모델을 이용하면 규모가 훨씬 큰 회사의 콘텐츠도 마드리드 시설에서 제작할 수 있다. 똑같은 스토리, 각본, 촬영, 세트, 의상 디자인을 가지고 여러 지역 출신의 '핫한' 배우들과 함께 촬영한 장면을 이용해 더 괜찮은 콘텐츠를 신속하게 만들어낸다. 게다가 넷플릭스는 전 세계가 미국 배우들을 계속 보고 싶어 한다는 미국인들의 나르시시즘적인 믿음에서 벗어났다. 사실 많은 사람들이 미국적인 규모와 저렴한 자본을 이용해 만든 작품에 자국 배우가 출연하길 바란다.

나는 2011년에 넷플릭스 주식을 주당 12달러에 대량으로(물론 일개 교수 기준에서 볼 때 말이다) 구매했다. 그건 좋은 소식이다. 나쁜 소식은 과세 상각(손실을 발생시켜 과세소득을 줄이려고 가치가 하락한 증권을 매각하는 일-옮긴이)을 위해 주당 10달러에 판 뒤 다시 사지 않았다는 것이다. 내가 이 글을 쓰는 지금, 넷플릭스 주가는 500달러 언저리를 맴돈다. 타임머신을 타고 시간을 거슬러 내 뺨을 때리고 싶은 심정이다.

### 원 메디컬

원 메디컬은 시장을 혁신하는 기업이고 엄청난 수익을 올릴 가능성이 있는 다양한 기능을 갖추었다. 팬데믹 기간에 의료 서비스 제공을 간소화해야 하는 긴박한 필요성 때문에 의료 분야의 거대한 참호(HIPAA 준수 같은)가 다소 약화되었다. 소매업체가 다채널 전략을 받아들여 가치를 수천억 달러 늘린 것처럼, 의료 서비스 분야도 스마트폰, 카메라, 스피커를 받아들이면 엄청난 가치를 창출할 수 있을 것이다.

캠핑 중 아이가 말벌에 쏘여 발이 부풀어 오르기 시작했다고 상상해보자. 그러면 즉시 의사에게 전화를 걸어 "좋아요, 텐트를 접고 당장 이리로 오세요"라고 자신 있게 말하는 목소리를 듣고 싶을 것이다. 혹은 "그 정도면 아주 심한 건 아니네요. 비누로 상처 주변을 씻고 뒤에 있는 차가운 호수에 아이 발을 담그세요. 그리고 내일 차를 몰고 시내로 가서 항히스타민제를 사 먹이면 됩니다. 처방전은 스마트폰에 위치가 표시된 약국으로 전송하겠습니다"라는 대답을 듣는다면 더 좋을 것이다. 비용이 적게 들고 가족과 함께하는 시간이 늘어나며 마음도 편해지기 때문이다.

의료 분야 중 코로나로 촉발된 혁신의 가장 큰 이점을 깨달은 것은 그동안 타성에 젖어 변화에 저항해온 부분이다. 혁신적인 서비스 제공도 그런 분야 중 하나다. 원 메디컬은 의료업계가 거부해온 진료 채널, 특히 스마트폰을 통해 의료 서비스를 제공한다. 이 기술은 마찰과 비용, 오명을 줄이고 프라이버시를 강화한다.

### 펠로톤

이 회사 제품을 사용하는 이들의 단결력은 코로나 바이러스보다 오랫동안 이어질 것이다. 10억 달러의 매출을 올리는 이 기업은 T 알고리즘 그 자체다. 처음에는 이 회사 가치가 과대평가되었다고 생각했는데, 어느 날 갑자기 코로나가 창궐했다. 그러더니 전년 대비 69퍼센트나 성장했다. 반복적으로 발생하는 매출이 이 회사 비즈니스 모델의 핵심이다. 2,000달러짜리 자전거를 사고 나면 월 39달러의 회비 정도는 아주 합리적인 가격으로 보이지 않겠는가? 또 벤저민 버튼 효과도 작동해 고객이 많아질수록 열성적인 커뮤니티의 혜택은 더 커진다.

펠로톤은 현재 이용 중인 가입자 수만 100만 명에 육박하고 넷플릭스나 아마존 프라임과 동일한 93퍼센트의 고객 유지율[8]을 자랑하며, 애플보다 이윤이 크고 유사한 제품을 모두 관리할 수 있다. 펠로톤은 강사들이 훨씬 많은 고객과 연결될 수 있게 해준다. 그 때문에 솔사이클SoulCycle(스피닝 클럽-옮긴이)이나 에퀴녹스Equinox(프리미엄 피트니스 클럽-옮긴이) 같은 데서 스카우트되어 3배의 보상과 주식, 인터넷에서 수천 명의 고객에게 노출될 수 있는 플랫폼을 제공받은 강사들에겐 커리어를 키울 훌륭한 발판이 될 수 있다.

**로빈후드Robinhood · 퍼블릭Public**

금융 서비스는 교란 기회가 무르익은 업계다. 팬데믹 때문에 시간이 남는 사람이 늘어나고 은행 계좌에 재난 지원금 1,200달러가 들어오자 개인의 주식거래가 증가했다. 주식 투자 앱 로빈후드가 수수료 없는 거래를 도입하자 기성 업체들도 이에 대응해 수수료를 폐지해야 했다. 이 때문에 업계 선두 주자였던 찰스 슈왑Charles Schwab과 TD 에머리트레이드TD Ameritrade가 합병되었다.

로빈후드는 또 분할 주식거래 방식을 도입해 젊은 사용자들이 다른 방법으로는 소유할 수 없는 값비싼 주식을 구입할 수 있게 해줬다. 앱 사용자의 절반 이상이 주식 투자를 처음 해보는 이들인데, 인터페이스를 게임화해 이들의 앱 사용 시간을 늘렸다. 화려한 시각적 효과, 랜덤 보상(배지나 어떤 아이콘을 100번 누르면 열리는 고수익 당좌 계좌 등), 사람들이 비디오게임이나 도박을 할 때 같은 도파민이 분출하게끔 만들었다.

이 회사는 혁신(더 뛰어난 제품)부터 착취(우울한 10대, 게임화, 젊은이들을 가변적인 보상에 중독시키는 것)에 이르기까지 빅테크 기업들의 진화 방식을 그대로 따르고 있다. 그래도 뭐 어떤가. 이 방법은 페이스북에서도 효과가 있었다. 분노 알고리즘이 페이스북 뉴스 피드를 제어하는 것처럼, 게임화는 착취를 위한 알고리즘이다.

퍼블릭은 수수료 없는 사용자 친화적인 분할 주식거래 앱에 대해 다른 접근 방식을 취하고 있다(나는 이 회사 투자자다). 퍼블릭은 본인들을 주식거래 기능을 제공하는 소셜 네트워크라고 생각하며, 공개 포럼과 개인 채팅을 통한 사용자 간 커뮤니케이션을 강조한다. 규모가 커지면 긴밀하게 연결된 사용자 네트워크가 곧 자산이 되고, 일정 규모 이상이 되면 경쟁 업체가 따라잡기 힘들어진다.

### 퀴비

퀴비에서 가장 설득력 있는 콘텐츠는 퀴비다. 이들의 대실패는 우리 생태계와 관련해 몇 가지 통찰을 안겨주기 때문에 지켜볼 가치가 있다. 첫째, 테크 분야의 기업가 정신은 젊은이들에게나 어울린다(노인 차별적인 말 같지만 사실이다). 퀴비가 광고한 강점 중 하나는 메그 휘트먼Meg Whitman(이베이와 휴렛 패커드의 CEO를 역임한 유명 기업가-옮긴이)과 제프리 캐천버그Jeffrey Katzenberg(드림웍스 공동 설립자인 영화 제작자 겸 기업가-옮긴이)의 리더십이었다. 왜 아니겠는가? 그들은 각각 기술과 스토리텔링 분야에서 가장 많은 표를 얻은 명예의 전당 입성자들이다. 하지만 내가 아는 바로는 60대들이 설립한 미디어 테크 회사 중 성공한 회사는 없다. 젊은 두뇌는 기발하고 창의적이며 일주일에 80시간씩 일할 의향이 있다. 자기가 영원히 살 수 있다고 생각하기 때문이다. 60대들은 이런 축복 혹은 저주를 받지 않았기 때문에 괜찮은 지도자이자 훌륭한 멘토, 그리고 형편없는 기업가가 된다.

둘째, 빅 4가 가진 것보다 10배 뛰어난 제품이나 기성 기업이 왜소해 보일 정도로 엄청난 자본이 없이는 빅 4와 경쟁할 수 없다. 할리우드 베테랑인 캐천버그 입장에서는 계약서에 서명할 때 확보한 10억 달러의 투자금(나중에 17억 5,000만 달러로 늘어나긴 했다)이 아주 큰 액수처럼 느껴졌을 것이다. 하지만 아마존에 17억 5,000만 달러는 '벌이가 꽤 괜찮은 날'의 하루 수익 정도이며, 넷플릭스의 경우 오리지널 콘텐츠 제작을 위해 5주 동안 지출하는 비용일 뿐이다.[9]

**쇼피파이**

쇼피파이는 지난 10년 사이에 등장한 가장 인상적인 테크 기업이며 아마 가장 용기 있는 회사일 것이다. 이 캐나다 회사는 아마존에 대항하는 '새로운 아마존'이 등장할 거대한 공백이 존재한다는 사실을 알아차렸다. 아마존 페이나 FBA Fulfillment By Amazon(아마존이 판매자를 대신해 상품 선별, 포장, 배송 등을 처리하는 서비스) 상품과 비슷하게, 쇼피파이도 다른 소매점에 대한 결제와 주문 처리 기능을 제공한다.

하지만 아마존과 다르게 쇼피파이 CEO는 의회 청문회에 출두해 경쟁사의 제품 판매량을 알아내기 위해 다른 소매업체에서 수집한 데이터를 사용하지 않는다고 당당하게 말할 수 있다. 쇼피파이는 데이터와 브랜드를 악용하지 않고도 고객에게 아마존급 서비스와 가치를 제공해 아마존이 지배하던 시장을 교란했다. 그 결과는? 쇼피파이의 시가총액은 2019년 초보다 6배 증가한 1,310억 달러가 되었다. 쇼피파이는 연초 대비 증가율에서도 아마존 주식을 앞질렀다(쇼피파이 250퍼센트 vs 아마존 72퍼센트).

#### 스포티파이

스포티파이는 뛰어난 글로벌 접근 범위, 제품 차별화, 호감도 등을 자랑한다. 하지만 제품의 수직 통합이 부족하고 앱스토어 수수료로 30퍼센트를 떼는 애플 때문에 계속 고통받고 있다. 이 회사 주가가 2배로 오르기까지 30개월이 걸렸다. 그럼에도 스포티파이는 여전히 1조 달러짜리 기업이 되기 위해 필요한 것들을 가지고 있다. 반복적으로 발생하는 수익과 벤저민 버튼 제품을 보유하고 있기 때문에, 시간이 지나 사용자가 늘수록 가치가 더 상승한다.

그러나 이런 자산을 지니고 있음에도 스포티파이의 시가총액은 470억 달러로, 아직 빅테크의 위치에 도달하지 못했다. 대체 뭐가 이 스웨덴 회사의 발목을 잡고 있는 걸까? 바로 애플 뮤직Apple Music이다. 쿠퍼티노에 있는 이 거대 기업은 유료 가입자 수가 스포티파이의 절반이고 NPS 점수도 낮다. 하지만 스포티파이에서 들을 수 있는 음악은 대부분 애플 뮤직에서도 들을 수 있고, 수직적인 구조에 자체적으로 유통을 제어한다는 중요한 이점까지 지니고 있다.

이런 상황에서 스포티파이가 취할 수 있는 결정적인 조치는 뭘까? 넷플릭스와 합병하고 수직 통합을 위해 소노스를 인수하는 것이다. 그러면 구독 미디어계의 두 거대 기업이 통합되어 영상과 음악을 지배할 수 있다. 생각만 해도 멋지지 않은가? 게다가 이들이 소노스를 인수하면 넷플릭스가 〈타이거 킹Tiger King[10]〉 다큐멘터리로 벌어들인 13억 달러를 써서 미국에서 가장 부유한 가정에 비치된 장비를 통해 수직적인 상륙 거점을 마련할 수 있다.

### 테슬라

이 회사는 인간의 본능에 호소한다. 테슬라는 몇 가지 차별화 포인트를 가지고 있다. 일론 머스크의 비전과 스토리텔링이 상당히 괜찮은 제품과 결합되면서 다른 자동차 제조업체들은 맥을 못 출 정도로 낮은 이자로 자본을 공급받는다. 다른 회사들은 앨러미다에 있는 이 회사처럼 미래 지향적인 투자를 할 수 없다. 포드Ford가 TNT 채널에서 재방송하는 NFL에 광고를 내보내는 동안, 일론 머스크는 나사NASA 우주비행사들이 테슬라 모델 X를 몰고 발사대로 가서 스페이스X의 드래곤Dragon 우주선에 탑승하도록 했다.

테슬라는 수직적인 구조라서 자동차를 직접 판매하기도 한다. 자동차 대리점에 가는 걸 좋아하는 사람이 과연 있을까? 그러나 테슬라의 진정한 크립토나이트kryptonite(영화 〈슈퍼맨〉에 나오는 가상의 물질로 슈퍼맨의 가장 큰 약점 - 옮긴이)는 인간의 가장 중요한 본능인 생식 본능에 호소해서 비합리적으로 높은 이윤을 올릴 수 있는 동급 최강의 능력이다. 테슬라를 구입하는 것은 궁극적인 지위의 상징이다. 대부분의 제품은 '나는 부자다' 혹은 '나는 양심적인 사람이다'라는 두 가지 사실 중 하나를 나타낸다. 그런데 테슬라는 두 가지 모두를 상징하는 것이다.

여기에는 '나는 혁신자이며 시대를 앞서간다'는 의미도 담겨 있다. 다시 말해, 나는 종의 생존에 가장 중요한 유전자를 가지고 있으니 당신은 나와 짝짓기를 해야 할 생물학적 의무가 있다는 뜻인 셈이다. 나쁜 남자 이미지는 생식 본능을 건드리는 테슬라의 매력을 더해준다. 모델 S를 운전하는 세무 변호사는 단순한 세무 변호사가 아니라 선견지명이 있는 반항아 이미지를 지닌다.

테슬라는 가격 책정, 생산, 마케팅, 리더십에 이르기까지 전략의 모든 측면을 통해 생식기에 호소한다. 일론 머스크는 과연 천재다. 물론 나는 그의 개인적 선택 중 많은 부분을 지지하지 않는다. 그는 시장을 조작하고('자금을 확보했다'는 거짓말로), 태국 동굴 잠수부에게 '소아성애자'라고 해놓고는 자기 말이 옳다고 우기고(머스크는 2018년 태국에서 동굴에 고립된 소년들을 구조한 영국 출신 잠수부의 명예를 훼손하는 트윗을 올렸다가 삭제한 바 있음-옮긴이), 코로나 바이러스에 대한 당국의 방역 조치에 의문을 제기하는 트윗을 올리기도 했다. 내가 너무 보수적인 생각을 지닌 것일 수도 있지만, 수천 명의 생계를 책임지는 회사 설립자는 좀 더 신중하고 사려 깊어야 한다.

나는 예전부터 테슬라가 과대평가되고 있다고 말해왔다(그리고 그 말은 틀렸다). 이제는 이 회사가 적정한 평가를 받고 있다고 말하고 싶다. 테슬라는 대체 에너지를 통해 세상을 더 좋은 방향으로 변화시켰다. 하지만 테슬라 자동차도 강철을 구부려서 만든다는 점에서는 차이가 없으며, EBITDA의 128배 되는 가치를 뒷받침할 수 있는 회사는 아니다.

'기업 가치 평가 학장'이라는 별명이 있는 뉴욕대학교 스턴 경영대학원의 애스워스 다모다란Aswath Damodaran 교수는 이렇게 말한 바 있다.

"나는 항상 테슬라를 화제주라고 생각했다. 이 회사 주가를 움직이는 것은 정확한 뉴스나 펀더멘털이 아니라 화젯거리다. … 기대 수익이나 현금 유동성을 기준으로 테슬라 주식을 거래한다면 이는 잘못된 것이다. 다른 사람들은 모두 분위기와 주가 흐름을 기준으로 테슬라를 거래한다."

코로나19가 오래된 자본 집약적 기업에 불균형하게 부정적인 영향을 미치는 바람에 테슬라가 반사이익을 얻고 있다. 이 바이러스는 테슬라의 경쟁사들도 불리하게 만들었다. 부채가 많고 자본 집약도가 높은 기성 자동차업체보다 젊은 전기차업체들이 선전하는 이유가 여기에 있다. 하지만 테슬라가 속한 자동차 분야에서 이런 가치 평가는 타당하지 않다. 다모다란 교수는 "테슬라를 사는 사람들이 비합리적인 건 아니다. 하지만 나는 그들이 주장하는 합리성을 믿지 않는다"라고 말한다. "테슬라는 믿기 어렵지만 불가능한 것은 아니다. 1,500달러의 주가를 정당화할 스토리가 있긴 하지만, 나는 그런 스토리에 돈을 걸고 싶지 않다."[11]

**트위터**

나는 이 회사 주주다. 만약 트위터가 자신들이 점유하고 있는 공간에서 제대로 된 통제력을 발휘할 수 있다면 1,000억 달러 규모의 회사가 될 것이다. 마이크로블로그 플랫폼은 정보화 시대의 상징적인 브랜드이자 전 세계의 핵심적인 특징이 되었다. 트위터 정도의 범위와 영향력을 지닌 기업, 그러니까 텐센트Tencent나 페이스북, 구글은 시가총액이 각각 트위터의 17배, 24배, 39배에 달한다. 이건 당혹스러운 일이며 트위터 경영진의 책임이다. CEO 잭 도시Jack Dorsey는 시간제로

근무하니 반 정도 책임이 있다고 해야겠다. 아니면 그것 때문에 이중으로 비난받아야 할까?

트위터에도 가짜 계정, GRU(러시아의 군 정보기관인 총정찰국-옮긴이)가 후원하는 트롤troll(온라인 커뮤니티에서 주제와 무관한 선동적이고 도발적인 글이나 댓글을 올려 다른 사용자들의 감정을 자극하고 다툼을 유발하는 사용자-옮긴이), 음모론과 유사 과학을 조장하는 알고리즘, 일관성 없는 서비스 약관 적용 등 부정적인 면이 많다. 사용자 중에는 트위터를 지옥의 현장이라고 부르는 이들이 많으며, 트위터에서는 좋지 않은 뉴스만 강박적으로 확인하게 된다고 한다. 하지만 이런 이유 때문에 수익 엔진을 가동하지 못하는 건 아니다. 페이스북은 상황이 이보다 심각하지만 아무 지장도 받지 않았다. 문제는 비즈니스 모델이다. 트위터는 고집스럽게 광고 사업에 매달리고 있지만, 페이스북이나 구글과 경쟁할 수 있는 규모도 안 되고 적절한 도구도 없다. 그 결과 규모의 이점을 누리지 못한 채 무료이자 안드로이드 진영과 관련된 문제를 전부 떠안고 있다.

나는 2019년 12월에 트위터 주식 33만 주를 매입하면서 회사 이사회에 보내는 공개서한을 작성했는데, 그 내용은 profgalloway.com/twtr-enough-already에서 확인할 수 있다. 충격적인 소식은 내가 보낸 서한에 대한 답신을 받지 못했다는 것이다. 그러나 두 달 뒤 엘리엇 매니지먼트Elliott Management(380억 달러의 자금을 관리하는 헤지펀드사)가 트위터에 20억 달러를 투자하면서 내 의견을 지지했고, 3주 뒤 트위터의 이사회 의석 3석을 확보했다고 알려왔다. 행동주의 투자(저평가 기업과 국채에 투자해 경영에 적극 개입한 뒤 차액을 챙기는 것-옮긴이) 회사가

3주 동안 의석을 3개나 확보했다는 것은 트위터에 의지할 대상이 없다는 사실을 뜻한다. 나는 엘리엇에게 조언을 해줬고, 그 내용은 널리 알려졌다.

트위터는 iOS로 전환해야 한다. 이는 가치 있는 제품을 제공하고 비용을 청구하느냐, 아니면 사용자의 데이터를 악용하느냐의 문제다. 또 1장에서 설명한 것처럼 구독 모델로 전환해야 한다. 팔로어 수가 2,000명 이하인 계정은 무료로 사용할 수 있게 해주고, 차등 요금제를 도입해 처음에 작은 규모로 시작했다가 팔로어가 늘어나 사용자에게 가치가 발생하기 시작하면 그에 따라 사용료를 올려 받는 것이다. 잭 도시가 2020년 7월에 트위터를 구독 모델로 전환하겠다고 발표했을 때, 나는 몇 달 전부터 그렇게 해야 한다고 주장하던 참이었다. 그가 발표한 후 주가가 4퍼센트 올랐다. 만약 그가 풀타임 CEO라면 내 말을 더 빨리 이해했을 것이다(2021년 9월, 트위터는 월 구독료를 내고 인플루언서들의 독점 콘텐츠를 받아볼 수 있는 '슈퍼 팔로super follows' 기능을 iOS에서 시범적으로 선보일 것이라고 발표했다.-편집자주).

### 우버

승차 공유는 긱 경제의 담배이자 미국 영주들이 농노를 상대로 가장 최근에 벌인 전투다(담배는 미국 초기 역사에서 매우 중요한 작물로, 신세계에서 이 환금작물을 재배하기 위해 수많은 노예를 착취했다.-옮긴이). 우버는 대부분 백인이 아니고 대학도 나오지 않은 차량 운전자들(390만 명)과 본사에서 일하는 대학 교육을 받은 백인 직원들(2만 2,000명)을 철저히 분리했고, 결국 BMW와 포드를 합친 것에 맞먹는 우버의 가치를 투자자와 함께 나눠 가진 쪽은 이 본사 직원들이었다. 그런데 BMW와 포드는 33만 4,000명의 직원을 고용하고 있고, 직원 대부분이 의료보험에 가입되어 있지만 우버 운전자들은 회사에서 보험을 제공하지 않는다. 또 포드의 평균임금은 시간당 26달러지만 우버는 시간당 9달러다.

언젠가 인수되거나 폐업할 것으로 예상되는 리프트Lyft와 달리, 우버는 글로벌 브랜드를 보유하고 있고 우버 이츠Uber Eats라는 플라이휠까지 선보였다. 2020년 7월에는 팬데믹이 기승을 부리는 와중에 배달 플랫폼 포스트메이트까지 인수해 이 플라이휠이 더 강해졌다. 우버가 가공할 위력을 지닌 브랜드와 혁신 문화, 그리고 플라이휠을 잘 활용하면 400억 달러, 심지어 500억 달러까지 가치를 올릴 수 있다. 이는 IPO 전날 예상했던 가격보다 50퍼센트 감소한 수치다.

코로나 기간에 우버는 비용을 가변화하는 능력 덕분에 유리한 위치를 차지할 수 있었다. 차량 공유 분야는 경쟁이 심하기 때문에 다른 분야로 확장할 수 있는 역량이 중요하다. 하지만 규모가 충분히 커지고 수익성이 매우 좋은 비즈니스 모델을 개발한다면 벌이가 안 되는 사업도 플라이휠이 될 수 있다. 승차 공유 사업에서 벗어나 규모를 축소하려고 하는 리프트와는 대조적이다. 리프트는 2021년에 인수될 가능성이 높다(2021년 4월, 토요타는 리프트의 자율주행 부문을 인수한다고 밝혔다.-편집자주).

우버에는 벤저민 버튼 효과가 작용한다. 알고리즘을 사용하는 사람이 많아질수록 회사가 얻는 이익이 커지는 것이다. 운전자가 늘어날수록 가격이 낮아지고 지도와 소요 시간 추정 같은 알고리즘의 정확도가 높아진다. 우버는 젊은 여성 엔지니어가 이 회사의 창업자 겸 CEO인

트래비스 캘러닉Travis Kalanick이 주도한 브로 컬처bro culture(남성 중심 문화-옮긴이)를 폭로하면서 브랜드 이미지가 망가졌기 때문에 평판을 회복하기 위해 많은 노력을 기울여야 했다. 전 직원에게 가죽 재킷을 제공하면서 여직원들은 제외하는 등 문제가 많았던 것이다.[12]

캘러닉의 뒤를 이어 CEO가 된 다라 코스로샤히Dara Khosrowshahi는 여러 가지 위기에 단호하게 대처하면서 큰 발전을 이루었다. 수직적 통합 면에서 보면 차량을 소유하지 않고 운전자와 전속 계약을 맺지 않는, 즉 설비투자 최소화라는 우버의 강점은 사실 이들의 약점이기도 하다. 우버 차량을 운전하는 기사 가운데 상당수가 리프트를 위해서도 일한다. 물론 그럼에도 우버의 성장세는 막강하며, 당장은 수익성이 크지 않지만 이윤이 개선되는 중이다.

### 와비 파커Warby Parker

기존에 안경업계를 장악하고 있던 에실로룩소티카EssilorLuxottica는 가격은 크게 인상했지만 혁신은 이루지 못했다. 그 때문에 누구든 이 업계에 진입해 수억 혹은 수십억 달러의 엄청난 이윤을 차지할 수 있었다. 팬데믹으로 이런 전문 소매업종도 심한 타격을 받긴 했지만, 와비 파커는 2021년에 IPO를 진행하는 보기 드문 소매업체가 될 것으로 보인다.

와비 파커는 쇼핑하기는 좋지만 투자 대상이나 직장으로는 끔찍한 소매업계에서 그나마 괜찮은 스타트업이다. 이 회사는 훌륭한 스토리를 통해 엄청난 홍보 효과를 얻었다. 이는 캐스퍼와 어웨이Away(여행용 가방 회사-옮긴이)는 트래픽을 유도하기 위해 돈을 내야 하지만, 와

비 파커의 경우 트래픽의 80퍼센트가량이 저절로 발생한다는 사실에서도 증명된다. 와비는 아마존의 독과점이 몰고 온 북풍한설 속에서도 살아남아 더 강하게 부상할 수 있는 근육(수직적 유통 채널, 차별화된 제품)과 지방(저렴한 자본 이용)을 가지고 있는 듯하다.

### 위워크

이름은 위워크지만, 사실 이 회사는 제대로 일을 하지 않는다. 코워킹coworking이라는 아이디어 자체는 좋지만 규모를 조정할 필요가 있다. 이렇게 핵심 사업 자체는 괜찮지만 스스로 감당할 수 있는 선을 넘어버린 유니콘 기업은 조만간 구조 조정을 겪게 될지도 모른다. 위워크는 스스로를 부동산 회사로 여겨야 한다. 예를 들어, 호텔은 대부분 별도의 유한책임 회사로 운영되기 때문에 한 호텔이 파산 선언을 해도 회사 전체가 무너지지 않는다. 현명한 방법이다.

위워크가 부실 자산을 처리할 수만 있다면(1단계는 창업자를 해고하는 것이다!) 코워킹 사업은 팬데믹 이후 밝은 미래가 기다리고 있을 것이다. 미국의 많은 사무직 근로자들이 사무실에서 해방되었지만, 그들 모두가 자기 집 부엌 식탁에서 일하고 싶어 하는 것은 아니다. 앞으로는 직무 설명서에 '코워킹 공간에서의 원격 근무'라는 말이 많이 나올 테고, 기업들은 유연한 공간 활용을 약속하는 위워크 2.0 같은 파트너와 손잡고 사무 공간을 대폭 줄일 것이다. 위워크는 470억 달러의 가치를 지닌 회사는 결코 아니지만, 코로나 시대에 받은 평가보다는 가치가 높아질 수 있다.

### 틱톡

앞으로 틱톡에 무슨 일이 일어날지는 잘 모르겠지만, 이 회사에 일어나지 않을 일이 무엇인지는 안다. 2020년 여름에 엄청난 소란과 분노를 겪긴 했지만, 결국 중국인들은 트럼프 행정부가 이 글로벌 인터넷 자산을 헐값에 매각하게 내버려두지 않을 것이기 때문이다. 중국은 틱톡 사용을 금지하겠다는 트럼프의 위협에 반격할 수단을 충분히 지니고 있다. 시진핑 주석이 "아이폰이 중국의 보안 정책을 위반했다. 애플은 45일 안에 중국 내 사업장과 지적재산권, 공급망 계약 일체를 중국 업체에 매각해야 한다"라고 선언하는 것을 상상해보라. 나스닥 회복은 영영 물 건너갈 것이다. 게다가 사람들은 틱톡을 좋아하고 그중에는 유권자도 상당수 포함되어 있다.

이 책이 인쇄에 들어갈 무렵, 트럼프는 틱톡의 미국 내 자산을 미국 기업에 매각해야 하는 기한을 45일에서 90일로 연장했다. 중국 정부는 틱톡을 외국 기업에 매각하기 전에 승인받도록 해서 트럼프의 엄포에 맞섰고, 인수 예정자 중 가장 가능성 높고 그럴듯한 기업인 마이크로소프트는 입찰 과정에서 중도 하차했다. 이 책이 출간될 때쯤이면 틱톡과 관련된 일도 모두 정리됐을 테지만, 지금 시점에서 트럼프가 바랄 수 있는 최선의 시나리오는 오라클Oracle과 틱톡 운영사 바이트댄스ByteDance가 워싱턴이 아닌 베이징의 심기를 달랠 수 있는 모호한 조건으로 '파트너십'을 체결해 그의 체면을 살려주는 것이다(2021년 초, 바이든 대통령 취임 후 바이트댄스와 오라클의 협상은 중단되었고 6월에는 바이든 대통령이 트럼프 전 대통령의 행정명령을 취소했다.-편집자주).

이런 난리가 벌어지는 동안 다른 기업들은 자기네도 틱톡 인수에 관심이 있다는 소문이 돌게 해서 주가를 올릴 좋은 기회를 잡았다. 트위터 주가도 5퍼센트 급등했지만 투자자들이 계산해본 결과 트위터는 기업 가치가 낮아 사실상 바이트댄스가 트위터를 인수하게 되리라는 것을 깨달으면서 다시 하락세로 돌아섰다. 우리는 여기서 발생한 의도치 않은 결과에 기뻐해야 한다. 미국 회사로 하여금 틱톡을 인수하게 하려던 트럼프 때문에 하마터면 트위터가 중국 기업에 팔릴 뻔했다.

틱톡은 훌륭한 플랫폼이다. 틱톡의 알고리즘은 관련성 높은 새 콘텐츠를 제공하는 능력이 탁월하고, 콘텐츠 생성 방법이 쉬워서 다양한 콘텐츠가 줄줄이 대기하고 있다. 이건 쉽지 않은 일이다. 최근 페이스북이 인스타그램에 추가한 (너무 뻔한) 숏폼 영상 기능인 릴스Reels를 보자. 《뉴욕 타임스》의 인터넷 문화 전문 기자 테일러 로렌즈Taylor Lorenz는 이 기능을 닷새 동안 써본 끝에 다음과 같은 결론을 내렸다. "릴스는 내가 지금까지 사용해본 것 가운데 최악의 숏폼 기능이다."[13]

훌륭한 제품은 마이크로소프트에 매각되든(마이크로소프트는 세간의 주목을 받으며 마인크래프트Minecraft, 스카이프, 링크드인 등을 인수했는데 이 기업들은 여전히 번창하고 있다) 아니면 혼자 힘으로든 가치 있는 사업으로 발전할 수 있으며 틱톡은 미래가 밝은 회사다. 서로 변죽만 울리고 있는 미·중 무역 전쟁과 마찬가지로, 이번 눈싸움에서도 중국이 먼저 눈을 깜박이지는 않을 것이다. 중국은 원래 눈을 덜 깜박이기도 하고 50년 뒤를 내다보면서 생각하니까 말이다.

벤처캐피털 투자는 코로나 이전 수준으로 거의 회복되었다.[14] 내가 성인이 된 후 대부분의 기간에는 기술 혁명이 느린 속도로 진행되었다. 그러다가 최근 들어 인프라와 기술이 크게 발전하면서 우리가 수십 년간 기대해온 광범위한 교란이 발생해 경·제계에서 규모가 가장 큰 소비자 영역의 뿌리를 뒤흔들기 시작했다. 일단 기회가 생기자 민간 자본시장에는 자금이 넘쳐나고, 공개 시장은 근사한 성장 스토리를 지닌 기업을 찾아 헤매고, 잠재적인 인수자들은 그 어느 때보다 강력한 자금원을 확보해두고 있다. 2020~2021년의 IPO는 최근 몇 년 동안 진행된 IPO 중 가장 좋은 성과를 올릴 거라고 생각한다.

하지만 이런 성공은 불편한 진실을 더욱 부각할 것이다. 가장 빠르게 성장 중인 몇몇 부문의 기성 기업은 과거의 기업처럼 독점 금지나 규제의 감시를 받지 않기 때문에 스타트업에 돌아갈 자금이 부족하다는 진실 말이다. 이 책을 읽는 당신도 기성 기업의 타성이 신생 기업의 성공 열쇠라는 사실을 알아차렸을 것이다. 그리고 미국에서는 고등교육만큼 거대하고 변화가 미미한 산업 분야도 드물다.

# 4장

# 위험과 혁신이 기다리는 고등교육

"바이러스가 사라지고 사람들과 가까이 지낼 수 있게 되어도,
대학 생활이 일시적으로 사라졌던 경험은
학부모와 학생들이 제기하기를 두려워하던 의구심을 유발할 것이다."

## 역사상 가장 이윤이 높은 사업

코로나 사태가 가속화되기 시작할 때 고등교육처럼 즉각적인 영향을 받은 분야도 드물다. 7,000억 달러 규모의 이 사업(분명히 말해두는데 고등교육은 분명히 사업이다)은 팬데믹 이전에도 혼돈 직전의 상황이었다. 지난 수십 년간 고등교육 분야는 점점 더 콧대 높은 태도를 취해왔다. 코로나 19는 그 건방진 얼굴에 강한 펀치를 날릴 것으로 생각한다. 이 바이러스는 특히 스포츠, 항공사, 식당, 이벤트처럼 사람들이 서로 어깨를 나란히 하고 제품을 소비하는 산업에 심각한 타격을 입혔다. 그리고 이는 숭고한 임무를 수행하는 대학의 경우도 마찬가지다.

고등교육 분야의 교란성 지표는 일반적인 차트 수준을 벗어나 있다. 지난 40년 동안 대학 등록금은 1,400퍼센트나 인상됐다. 나는

1980년대부터 1990년대 초까지 캘리포니아대학교 로스앤절레스 캠퍼스UCLA, University of California, Los Angeles에서 5년간 학부를 다녔다. 이후에는 같은 학교 버클리 캠퍼스UC버클리, University of California Berkeley에서 2년 동안 경영대학원에 다녔다. 이때 수업료로 총 1만 달러를 냈다. 7년 다 합쳐서 말이다. 하지만 지금 이 돈으로는 내가 학생들을 가르치는 뉴욕대학교 스턴 경영대학원에서 강의 2개도 못 듣는다(수업 2개를 들으려면 1만 4,000달러를 내야 한다).

이에 비하면 그 비싼 의료비조차 헐값으로 보일 정도다. 같은 기간 동안 의료비 지출은 '겨우' 600퍼센트 증가했다.[1] 교육업계는 이렇게 벌어들인 엄청난 돈으로 무엇을 했을까? 사실 별로 한 게 없다. 우리는 의료비가 너무 비싸졌다며 불평하지만 요새 병원에서 활용하는 기술과 치료법, 약품은 1980년과 크게 다르다. 연 4조 달러 규모의 의료업계는 최첨단 교육과 기술을 제공한다. 물론 인상된 가격에 걸맞게 치료 결과가 향상된 것은 아니지만, 그럼에도 의료 분야에서 상당한 혁

**대학 등록금과 소비자 물가지수 상승률 비교**

1978년 7월~2020년 7월

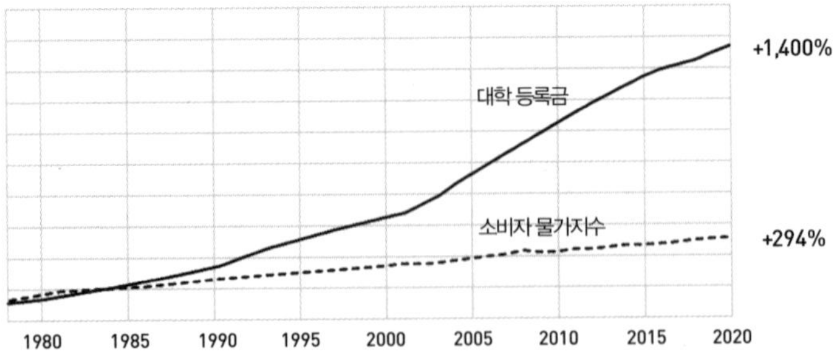


출처 : U. S. Bureau of Labor Statistics

신이 이루어진 것은 사실이다.

반면 6,000억 달러 규모의 고등교육 분야에서는 너무 낡은 제품을 제공하고 있어 그 익숙함에 절로 마음이 편안해질 정도다. 요즘 대학교 강의실에 들어가보라. 물론 학생들 패션은 옛날과 달라졌고 구세대처럼 슬라이드와 공책, 소다수가 아니라 파워포인트와 노트북 컴퓨터를 쓰고 다이어트 콜라를 마신다는 정도의 차이는 있다. 하지만 그게 전부다.

나는 뉴욕대학교에서 브랜드 전략을 가르친다. 줌으로 진행되는 이번 가을 학기에는 수업을 듣는 학생들이 280명이나 되는데, 이는 평소의 2배 가까운 숫자다. 이들은 1명당 7,000달러의 수업료를 낸다. 전부 합치면 한 학기에 196만 달러다. 보수적으로 계산해봐도 이 강좌의 수익률은 90퍼센트 이상이다. 이 가격대에서 90퍼센트의 이윤을 올리는 사업이 또 있다면 한번 말해보라. 이 정도의 자본 조건을 갖춘 산업은 거의 없다. 에르메스도, 페라리도, 애플도 불가능하다.

나는 강의를 꽤 잘하는 편이고 가끔은 훌륭하다는 평도 듣는다. 평소에도 한 학기에 한두 번 정도는 온라인 강의를 진행했는데, 이는 여행을 다니기 위해서이기도 하지만, 한편으론 최신 온라인 매체를 살펴보기 위해서이기도 하다. 때때로 수업 시간에 록 스타 흉내를 내기도 하고 무례한 학생들을 마구 꾸짖는 이메일을 보내기도 하는 등 학생들의 수업 참여도를 높이기 위해 최선을 다한다.[2] 하지만 가끔 가발[3]을 쓰고 강의하는 것을 제외하면, 내가 하는 수업 내용은 28년 전에 UC버클리 하스 경영대학원Haas School of Business에서 데이비드 아커David Aaker 교수에게 들은 브랜드 전략 강의와 크게 다르지 않다. 내가 강의실 앞에 서서 3시간 동안 지혜를 쏟아내면 뉴욕시는 거액의 수표를 받는다. 물론 순서는 그 반대지만.

## 사회를 지배해온 희소성의 카르텔

내가 몸담은 이 업계는 어떻게 제품 개선도 하지 않은 채 이렇게 빨리 가격을 인상할 수 있었을까? 뉴욕대학교를 비롯한 엘리트 교육 기관들은 '희소성'을 활용했다. 이는 비즈니스 전략이 아닌 일종의 집착이 되었고, 자신들을 공무원이 아닌 명품 브랜드로 여기는 상황에 이르렀다. 현재 아이비리그 지망생들의 합격률은 4~10퍼센트 선이다. 지원자의 90퍼센트를 떨어뜨린다고 자랑하는 대학 총장은 노숙자 쉼터가 밤마다 찾아오는 빈곤한 이들 중 90퍼센트를 외면하는 데 자부심을 느끼는 것이나 마찬가지다. 이것은 기준이나 브랜드 희석 문제가 아니다. 저널리스트 브라이언 월시Bryan Walsh는 모교인 프린스턴대학교의 동문 인터뷰(프린스턴대 신입생 선발 과정에는 졸업한 선배들이 진행하는 동문 인터뷰도 포함되어 있다.-옮긴이)에 참여하지 않기로 했다고 설명하며 이렇게 말했다.

"엘리트 대학 입시의 비밀은 입학 자격이 있는 뛰어난 학생이 입학 정원보다 훨씬 많기 때문에, 합격한 학생과 기회를 놓친 학생 사이에 사실상 별 차이가 없다는 것이다."

그는 이 주장을 뒷받침하기 위해 프린스턴대 입학처장이 한 말도 공개했다.

"지원자 중에서 프린스턴에 입학할 자격을 갖춘 학생을 정원의 5~6배는 더 뽑을 수 있다."[4]

그렇다면 260억 달러의 기부금을 보유한 이 학교는 왜 그렇게 하지 않는 걸까? 과잉 수요는 고등교육 카르텔을 유지하는 데 도움이 된다. 하버드대학교의 미학적 특징을 그대로 복제한 수백 개의 사립 인문대학은 상위 엘리트 대학들이 수업료를 인상하고 지원자의 95퍼센트를 거절하는 전통까지 따라 하면서 수백만의 중산층 가정에 벤츠 가격으로 현대차를 구입할 기회를 제공한다. 이런 대학들은 이제 하나의 신앙이 되어버린 미국인 특유의 믿음, 즉 무슨 수를 써서라도 자녀를 대학에 보내지 않는 부모는 죄를 짓는 것이라는 믿음을 이용해 쉽게 신용을 얻고 돈을 번다.

한편 대졸자의 3분의 2를 교육하는 전국의 수백 개 공립대학은 주 정부와 연방 정부의 지원금이 감소하는 바람에 등록금 인상이 가속화되고 있다. 주마다 상황이 다르긴 하지만 평균적으로 볼 때 현재 학생 1인당 투입되는 공적 자금이 1980년보다 줄었다. 특히 2008년의 경기 침체로 대폭적인 삭감이 진행되면서 2008년부터 2013년까지 공적 자금 투입은 22퍼센트 줄었고, 등록금은 27퍼센트 인상되었다. 이는 우리 잘못이기도 하다. 오늘날의 대학들은 생김새가 다른 사람들은 받아들이면서, 생각이 다른 사람들에 대해서는 점점 더 편협해지고 있다. 하버드대학교 교수진 가운데 자기가 보수적인 성향이라고 밝힌 사람은 1.5퍼센트뿐이다.[5] 그 결과 국회의원 가운데 약 50퍼센트는 진보적 정통주의에 자금을 지원하는 것을 내켜 하지 않는다.

물론 모든 학교가 예산 삭감의 고통을 똑같이 겪고 있는 건 아니다.

일례로 앨라배마주는 불황이 닥치자 대학들에 대한 지원금을 40퍼센트 가까이 삭감한 뒤 지금까지 계속 그 상태를 유지하고 있다.[6] 대학은 부족한 예산을 메우기 위해 등록금을 인상하고 다른 주 출신 학생과 해외 유학생을 대거 유치하는 방법을 썼는데, 이 때문에 대학의 성격과 지역사회에서 하는 역할이 완전히 바뀌었다. 등록금 인상은 연방정부가 보조해주는 학자금 대출이라는 중독적인 제도 덕분에 가능해졌다. 현재 학자금 대출 규모는 총 1조 6,000억 달러로, 신용카드 부채나 자동차 대출보다 훨씬 많다. 대학 졸업생의 1인당 평균 부채는 3만 달러 가까이 된다.

이런 저금리 대출 때문에 몇몇 기관은 부유해지고, 주 정부는 다른 기관에 대한 지원을 줄였으며, 젊은 세대는 엄청난 액수의 부채를 떠안게 됐다. 이는 의도는 좋았지만 결과는 엉망인 프로그램 가운데 명예의 전당에 오를 만한 사례다. 부채 때문에 등록금이 인상되고 영리만 추구하는 약탈자 대학이 증가했지만, 상품의 질은 그다지 좋아지지 않았다. 결정적으로 대학들은 저소득층까지 대학 교육을 확대한다는 핵심적인 사명을 달성하는 데 실패했다. 실제로 학자금 대출 부담이 가장 큰 쪽은 부유층 학생들보다 채무 불이행 비율이 훨씬 높은 하위 경제 계층이다.[7]

## 아이비리그라는 카스트제도

우리는 교육을 위대한 균형자로 삼고 싶어 한다. 하지만 실제로는

**미국인이 보유한 총 부채**

2020년 2분기

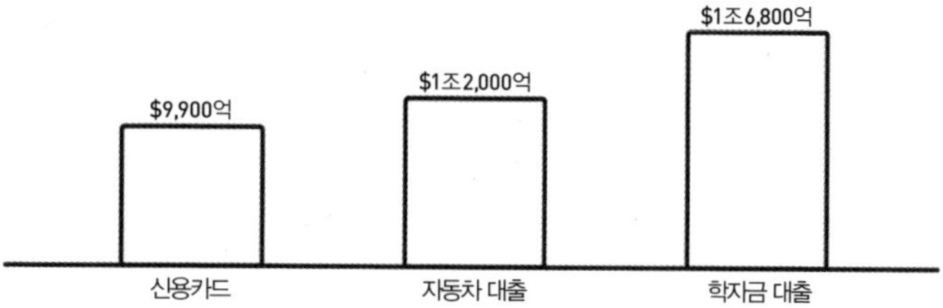


출처 : Federal Reserve Bank of St. Louis

다음 세대에게 특권을 넘겨주는 카스트제도가 되어버렸다. 물론 능력주의 사회인 척하려고 평범한 집안 출신의 뛰어난 학생을 몇 명 받아주기도 하지만, 레거시 입학legacy admissions(부모나 조부모가 해당 대학 출신인 학생들을 우선 선발하는 것-옮긴이) 제도나 불평등한 고등학교 수준, 직접적인 기여 입학제 같은 것 때문에 대학에는 부유층 자제가 훨씬 많다. 요즘 부유한 집안 아이들은 가난한 집안 아이보다 대학에 진학할 확률이 2배 이상 높고, 명문대에 다닐 확률은 5배 이상 높다.[8] 아이비리그 대학 5개를 포함해 미국 100대 대학 중 38개 대학의 경우, 소득 상위 1퍼센트에 속하는 가정의 학생이 하위 60퍼센트 가정의 학생보다 많다.[9] 이쯤 되면 아이비리그 학부 과정은 대학이 아니라 투자자들의 자녀를 교육시키는 헤지펀드라고 주장해도 무리가 없을 것이다.

소수의 특권층 입장에서도 대학은 여전히 좋은 투자 대상이다. 일류대를 졸업한 이들은 평범한 미국인과는 차원이 다른 직업 및 소득 궤도에 진입한다. 가장 인기 있는 기업이 그들을 채용하고, 진로 상담 부서에 전화를 하면 반드시 응답해주며, 어떤 직장에 들어가든 동문들이 고위 경영진 자리를 차지하고 있다.

## 15년 안에 대학의 25%가 사라진다

가장 교란되기 쉬운 업계의 수면 아래에서는 몇 가지 추세가 가속화되고 있다. 기술이 발전한 덕에 원격 학습이 시장에서 수용되기 직전 상태까지 와 있다. 2000년대 초에 등장한 온라인 공개 강좌MOOC에 대한 폭발적인 관심은 시기상조인 것으로 판명되었지만, 먹잇감에 달려드는 다른 상어들이 많다. 고등교육업계 최고의 브랜드인 하버드, 예일, 스탠퍼드, MIT는 온라인 강좌를 꾸준히 확대하고 있다. 하버드대학교의 데이비드 말란David Malan 교수는 이 학교의 유명한 컴퓨터 과학 입문 강좌를 인터넷에서 무료로 제공해 전 세계적인 인기를 끌었다. 2018년에는 예일대학교의 로리 산토스Lauri Santos 교수가 진행하는 '심리학과 좋은 삶' 강좌에 학생 1,200명이 등록해 이 학교 300년 역사상 가장 인기 있는 강좌가 되었다. 그리고 산토스와 예일대학교가 이 강좌를 인터넷에서 무료로 제공하자 100만 명이 넘는 사람들이 등록했다.[10]

이와는 좀 다른 방향에서 접근한 마스터클래스MasterClass는 유명 인사와 할리우드의 영향력을 온라인 교육에 도입한 사례다. 이 모델이 효과적이라고 생각하지는 않지만 (애나 윈투어Anna Wintour(패션 저널리스트이자 《보그Vogue》 미국판 편집장-옮긴이)의 구역질 나게 진부한 의견은 교육이라고 할 수 없다) 이들의 제작 방식이 온라인 학습 전반의 품질 향상에 영향을 미쳤다.

한편 학생들의 누적된 채무 위기는 대학의 전통적인 가치를 전면적으로 재검토하는 기회를 낳았다. 버니 샌더스와 엘리자베스 워런은 무료 대학을 대선 공약의 핵심으로 삼았다. 이처럼 터무니없는(대학생들이 부의 분배를 왜곡해 가난한 이들의 돈이 부자에게로 넘어간다는) 생각이 또 있다면, 그것은 바로 대학 등록금을 더 적정한 수준으로 낮춰야 한다는 인식이다.

자기가 어떤 인구통계 집단에서 속하는지는 태어날 때부터 정해져 있지만, 고등교육계의 인구통계 분포는 보기 싫을 정도로 편향되어 있다. 2026년부터는 고등학교 졸업반 학생 수가 9퍼센트 감소할 것으로 예상된다.[11] 변화가 다가오고 있는 것이다. 2013년에 하버드대학교 경영대학원 교수 클레이튼 크리스텐슨Clayton Christensen은 증기선이 범선을 몰아낸 것처럼 온라인 교육이 전통적인 고등교육을 교란할 것이라고 예측했다. 그리고 앞으로 10~15년 안에 단과대학과 종합대학의 25퍼센트가 문을 닫을 것이라고 했다.[12] 2018년에는 이 예측치를 50퍼센트로 높였다.[13] 그런데 이는 코로나19에 대해 아무도 들어본 적이 없을 때의 일이다.

고등교육계는 변화에 계속 저항해왔다. 신록이 우거진 캠퍼스를 거니는 젊은이들의 모습이나 도전 의식을 북돋우는 학문적 영감에 불타는 정신 같은 고등교육의 이미지가 우리의 상상력을 강하게 사로잡고 있다. 그뿐만 아니라 고등교육 분야가 지닌 브랜드 경쟁력은 대단하다. 구글 캠퍼스에 있는 건물에 자기 이름을 붙이려고 1억 달러를 기부하는 사람은 없다. 하지만 대부분의 정치인과 기부자, 사상적 지도

자는 고등교육 기관에서 몇 년간 즐거운 시간을 보낸 기억을 가지고 있고, 자기 자손도 같은 혜택을 누릴 수 있도록 계획을 세운다. 그래서 새로운 기술 발전과 엘리트주의의 위험성에도 전통적인 고등교육 모델은 쉽게 복제되지 않는다.

## 팬데믹이 순식간에 바꿔놓은 고등교육 시장

그러던 중 팬데믹이 닥쳤다. 거의 하룻밤 새에 캠퍼스가 텅 비고, 수백만 시간의 강의가 갑자기 온라인으로 전환되었다. 강의실은 어린 시절에 쓰던 침실로 옮겨 가고, 초록이 무성한 캠퍼스 생활은 교외 주택의 뒷마당과 사회적 거리 두기를 위해 인적 드문 곳에서 하는 산책으로 바뀌었다.

이런 상황에 미리 대비한 이는 아무도 없다. 우리가 처음 경험한 온라인 학습은 버그가 많고 줌 수업 중 낯선 사람이 불쑥 들어와서 훼방을 놓기도 하는 등 난장판이었다. 학부모들은 연 4만 달러의 교육비가 최악의 방법으로 쓰이는 모습을 보고 낙담했고 학생들은 '생애 최고의 시간' 가운데 1년을 통째로 잃었다. 2020년 봄 학기에 벌어진 대격변과 임시방편으로 마련된 줌 수업을 경험한 대학생 가운데 75퍼센트는 이러닝e-learning에 만족하지 못했고,[14] 고등학교 3학년 학생 6명 중 1명은 대학 진학을 한 학기 또는 1년 정도 미루는 것을 고려하고 있다.[15]

2020년 봄이나 초여름까지만 해도, 대학 운영자들은 그해 가을부터는 대학 생활이 거의 정상으로 돌아올 것이라며 낙관적으로 전망했다. 하지만 그런 일은 일어나지 않았다. 그해 7월 말부터 학교들이 2020~2021년 강의를 온라인으로 진행하겠다고 차례로 발표하면서 도미노가 쓰러졌고, 대부분의 학교들이 주장했던 낙관론이 좌절되었다. UC버클리 같은 대형 주립대부터 스미스칼리지 같은 소규모 사립대, 존스 홉킨스 같은 연구기관과 하버드, 프린스턴, 스탠퍼드처럼 가장 돈 많은 일류 사립대에 이르기까지 모든 학교가 이 불가피한 상황을 받아들여 8월 말에는 대면 강의를 진행하지 않고 기숙사도 매우 제한적으로만 열겠다고 공고했다. 2020년 9월 말에 나온 대학 위기 이니셔티브College Crisis Initiative의 보고에 따르면, 이들이 조사한 2,958개 학교 가운데 1,302개가 2020년 가을 학기 강의를 전부 혹은 대부분 온라인으로 진행할 계획이라고 밝혔다(한 달 전만 해도 835개였는데 대폭 늘어난 것이다).[16] 모든 강의를 대면 수업으로 진행하려는 학교는 114개뿐이었다.

이처럼 우리는 적어도 1년 동안은 완전히 달라진 형태의 고등교육을 받을 텐데, 그 변화는 아마 영구적으로 이어질 것이다. 팬데믹이 고등교육에 미친 영향을 이해하려면 고등교육이 어떤 가치를 내세우는지 알아야 한다. 대학은 학생들의 시간과 등록금의 대가로 자격, 교육, 경험이라는 세 가지 요소를 제공한다.

- (C + E + EX) / 등록금
- C = 자격(재학한 학교/브랜드에 따라 졸업 후에 걸을 수 있는 길)
- E = 교육(학습과 역량)
- Ex = 경험(미식축구 경기, 연애)

## 피라미드를 강타하는 재정 위기

팬데믹은 2개의 파도를 타고 고등교육계의 변화를 가속화할 것이다. 먼저 2020년 늦여름에 업계를 강타한 첫 번째 파도 때문에 많은 교육기관이 재정적인 충격을 받았다. 심지어 4.6퍼센트의 입학률과 400억 달러의 기부금을 자랑하는 하버드대학교마저 2020 회계연도에 수입이 7억 5,000만 달러나 부족할 것으로 예상되면서 직원들에게 조기 퇴직이나 단축 근무를 고려해달라고 요청하고 있다.[17] 그나마 이런 명문대들은 입학 대기자 명단이나 수십억 달러의 기부금 같은 아주 훌륭한 충격 흡수 장치가 있다. 고등학교 졸업 후 1년간 갭이어gap year(고등학교 졸업 후 대학 진학 전에 1년간 여행을 다니거나 다른 일을 하면서 시간을 보내는 것 - 옮긴이)의 시간을 갖거나 집에서 가까운 학교로 전학을 가는 학생이 생기더라도, 그들의 빈자리를 대신 차지하려는 사람이 인당 10명씩은 있다. 그러니 명문대들은 이 폭풍을 이겨내고 더 강하게 부상할 것이다.

하지만 일류 대학들이 대기자 명단을 이용해서 팬데믹으로 발생한 재정 구멍을 메운다면 그보다 덜 유명한 학교들의 문제는 더 악화될 것이다. 지원자 일부는 더 유명한 학교의 대기자 명단으로 빠지고, 일부는 입학을 연기하는 바람에 등록률(합격자 가운데 실제 등록하는 사람의 비율)이 이중으로 감소하기 때문이다. 이런 영향은 아래 순위 학교로 계속 퍼져나가 결국 대기자 명단이 없는 학교에까지 미칠 것이다. 지원자 가운데 60~80퍼센트를 입학시킨 학교에는 대기자 명단이 없으니, 2020년 가을 학기와 그 이후에도 치명적일 만큼 많은 빈자리를 안고 가야 할 것이다.

게다가 등록률이 낮은 학교에는 또 다른 문제도 있다. 원래 입학생을 선발할 때는 복잡한 예측 모델에 의지해서 어떤 학생이 실제로 이 학교에 다닐지 알아내며, 그중 재정적인 도움이 필요한 학생이 얼마나 될지 정확하게 파악하는 것도 중요하다. 뉴 아메리카New America 싱크탱크의 케빈 케리Kevin Carey의 말에 따르면 "현재 많은 사립대학의 재무 건전성이 확률에 따라 움직인다."[18] 학생 수가 급변하면서 기존 운영 모델이 무용지물이 되었으니, 대학들은 이제 학비를 낼 여유가 없는 신입생들에게 서비스를 제공해야 하는 위험에 처하게 된 것이다.

그래도 특별한 자격을 제공하는 학교는 앞으로도 괜찮을 것이다. 적정한 가격에 훌륭한 교육을 제공하는 학교도 입지가 흔들리지는 않을 것이다. 많은 사람이 캘리포니아의 진정한 보석이라고 말하는 캘리포니아주립대학교는 온라인 강의만 진행할 거라고 발표했다. 덕분에 그들은 더 좋은 온라인 학습 경험을 제공하기 위한 기술과 포맷에만 집중할 수 있다. 올해 아이비리그에 속한 모든 대학보다 8배나 많은 졸업생을 배출할 캘리포니아주립대학교의 경우, 코로나도 그들의 근간을 흔들 수는 없기 때문에 이런 상황에서도 발전 속도를 높일 수 있을 것이다. 학생들 대부분이 통학 가능한 거리에 살고, 기본 등록금도 훨씬 저렴하다(캘리포니아주에 거주하는 학생의 경우 6,000달러). 따라서 코로나 시대에 이 학교의 가치는 캠퍼스 대면 강의 중심으로 운영되는 값비싼 인문대학들을 훌쩍 뛰어넘는다.

실존의 위협에 직면한 학교들은 대부분 가치 제안 중에서도 특히 경험적인 면에 의존하는 학교다. 돈을 받고 작고 밀폐된 공간에 사람들을 밀어 넣는 영화관이나 유람선처럼, 더 좋은 학교에서 거절당한 학생들에게 의지해 돈을 벌면서 근사한 배와 건물에 투자하는 대학들은 분명 팬데믹으로 곤경에 처했다. 일류 대학과 비슷한 돈을 받고 일류 대학과 비슷한 경험을 제공하긴 하지만 그에 상응하는 자격을 주지는 못하는 학교들은 곧 심판을 받게 될 것이다.

2020년 상반기만 해도 대학들은 대면 수업을 계속하겠다고 주장하면서 피할 수 없는 상황을 어떻게든 막아보려고 애썼다. 사회적 거리를 유지할 수 있도록 강의실, 기숙사, 식당을 재설계하고, 수업 일정을 다시 짜고, 필요한 교내 규정을 만드느라 엄청난 비용과 노력을 들였을 것이다. 일례로 퍼듀대학교는 캠퍼스 전체에 장벽을 세우기 위해 투명 아크릴 판을 1.6킬로미터 이상 구입했다고 한다. 외부에서 이런 모습을 지켜본 이들은 스무 살짜리 젊은이 수천 명이 서로 사회적 거리를 유지하게 만든다는 생각에 놀라지 않을 수 없었다(그런 일이 가능했다면 인류는 아마 오래전에 사라졌을 것이다). 《뉴욕 타임스》에 글을 기고한 한 심리학 교수는 이런 대면 수업 재개 계획이 "너무 비현실적으로 낙관적이라서 망상에 가깝다"고 말했다.[19]

대면 수업 재개를 옹호하는 이들은 이 바이러스가 젊은이들에게는 별로 위험하지 않다고 주장한다. 그 말이 사실이더라도(물론 사실이 아니다) 무증상 전염은 이 바이러스의 무기 중 하나이며, 활동적이고 여기저기 잘 돌아다니면서 말도 많이 하는 젊은이들은 훌륭한 슈퍼 전파자가 될 수 있다. 그들을 다시 캠퍼스로 불러들이면 인근 대학가까지 위험에 처할 것이다. 아직 많은 이들이 감염자 급증에 대비하지 못한 상태다. 대학가 중에는 대학 주변의 문화적 혜택에 매료되어 자리를

잡은 은퇴자가 다수 거주하는 곳도 있다.[20]

또 구내식당 직원, 유지 보수 직원, 경비원, 사서, 바텐더, 택시 운전사를 비롯해 그들의 가족도 위험에 처하게 되며, 과거 대학가에 거주하겠다는 합리적인 결정을 내렸지만 이제는 달라진 상황에 직면한 불행한 이들도 모두 여기 포함된다. 만약 집단 감염이 발생한다면 이런 대학가의 의료 인프라는 단 몇 주, 혹은 며칠 만에 과부하 상태에 빠질 수 있다.

왜 대학 총장들은 학생과 직원, 이웃을 이렇게 위험에 빠뜨리는 걸까? 선택의 여지가 없다고 생각하는 이들이 많은 게 현실이다. 대학은 비용 구조에 융통성이 부족한 값비싼 운영 조직이다. 그중에서도 가장 많은 비용이 들어가는 부분(교직원 급여)은 종신 재직권과 노조 계약 때문에 거의 손을 댈 수 없다. 강의는 대부분 형편없는 보수를 받는 부교수와 조교(그리고 거의 무보수로 일하는 대학원생까지)가 진행하고, 고등교육계의 귀족인 정교수는 종신 재직권 덕에 높은 급여를 보장받는다.

**미국 대학 도시의 인구 1만 명당 응급실 수용 능력**

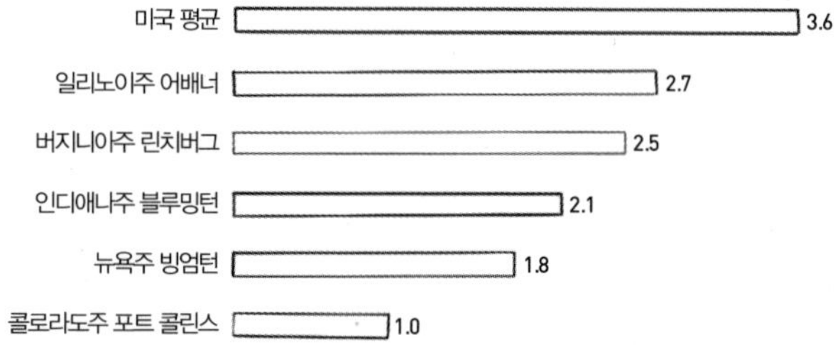


출처 : 《Washington Post》

게다가 대학들은 학생을 직접 가르치지 않는 일반 교직원 비용을 터무니없이 부풀려놓았다. 인원을 늘리는 것은 언제나 줄이는 것보다 더 쉬운 법이다. 이 분야에서 20년간 일해온 나는 대학이 내리는 거의 모든 결정이 한 가지 목표를 염두에 두고 이루어진다는 사실을 알게 되었다. 그 목표란 바로 종신 재직 교수와 관리자의 보상을 늘리고 책임은 줄일 방법을 찾는 것이다.

정부의 교육계 지원은 계속 감소하는 추세다. 그 결과 몇몇 대학은 기술 이전이나 병원 운영, 수십억 달러의 기부금, 공적 자금 지원 등으로 꾸준히 수익을 얻지만 대부분의 대학은 등록금에만 의존하게 되었다. 만약 학생들이 학교로 돌아오지 않는다면 많은 대학은 그들에게 장기적으로 심각한 영향을 미칠 수 있는 과감한 조치를 취해야 할 것이다.

2020년 여름, 대학 경영진과 교수들은 온라인 교육 경험(수십 년 동안 수익을 낼 수 있는 투자)을 획기적으로 개선하는 데 집중하기보다, 자기들이 캠퍼스를 적절히 보호할 수 있다는 공통된 환상을 추구하는 데 수백만 달러의 돈과 시간을 퍼부었다. 하지만 코로나 바이러스가 여름 내내 확산되고 등록금 수표를 현금으로 바꿔야 할 때가 되자, 현실을 자각한 학교들이 정신을 차리기 시작했다. 하지만 그들이 정신을 차려봤자 상황이 달라지지 않을 수도 있다. 이미 캠퍼스 생활이 예전과는 달라진 만큼 많은 돈을 들이면서까지 캠퍼스 내에서의 경험을 추구할 필요가 없다고 판단한 학생이 많아졌기 때문이다. 2020년 8월에 전체 대학생의 3분의 1이 캠퍼스로 돌아갈 계획이 없다고 말했고, 하버드대학교는 신입생의 20퍼센트가 입학 연기를 요청했다고 밝혔다.

미국 대학에 등록한 유학생 현황

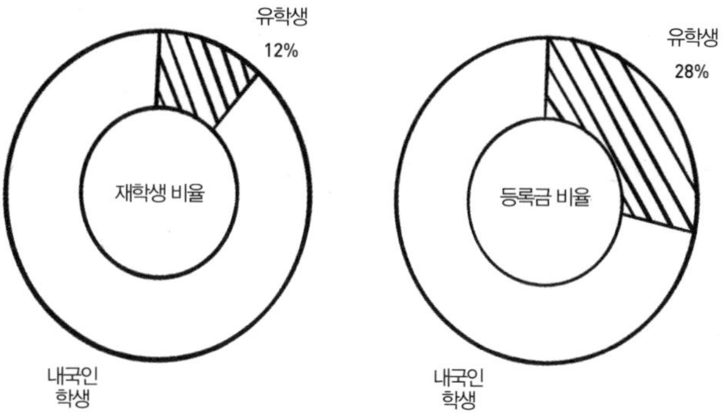


출처 : 《Business Insider》

이렇게 줄어든 학생들 중에서도 가장 큰 영향을 미치는 이들은 학비가 비싼 대학의 돈줄인 외국인 유학생이다. 학교들은 다양성을 위해 그들을 입학시켰다고 주장한다. 그 말도 맞긴 하지만 해외 유학생이 꾸준히 늘어나는 주된 이유는 그게 아니다. 유학생의 3분의 2는 해외에서 조달한 돈으로 학비를 낸다. 이 돈을 모두 합치면 유학생들은 매년 미국 경제에 거의 400억 달러를 기여하는 셈이다.[21] 뉴욕대학교의 경우 전체 학생의 27퍼센트인 유학생이 현금 수입의 상당 부분을 차지한다. 외국인을 악마 취급하고 우수한 대학원생의 취업까지 심각하게 가로막은 트럼프 행정부의 조치와 팬데믹이 맞물렸는데, 이는 향후 몇 년간 유학생 지원자 수에 큰 영향을 미칠 수도 있다.

## 교육의 질을 좌우할 결정적 요소

이 모든 현상이 불러올 결과는 무엇일까? 앞으로 우리는 많은 대학이 도태되는 모습을 보게 될 것이다. 2019년에 문을 닫은 소매점이 9,500개[22]였던 것이 2020년에는 2만 5,000개 이상[23]으로 늘어난 것처럼, 수백 개의 대학이 죽음의 행진을 시작할 것이다. 지금까지 대학들은 자녀를 대학에 보내 더 나은 삶을 살게 하겠다는 부모의 본능을 만족시킬 기회를 제공하면서 중산층의 희망과 꿈을 먹이로 삼았다. 또 401K 연금을 담보 삼아 돈을 빌리거나 은행 융자를 받아, 사회의 공복公僕 역할을 하던 대학이 명품 브랜드로 변신하는 데 필요한 보증을 서 달라고 부추겼다. 하지만 이제는 그럴 수가 없다.

물론 이것은 단기적인 영향만 전망한 것이다. 상황이 얼마나 심각해질지는 효과적인 백신과 치료법을 개발해 배포하기까지 시간이 얼마나 걸리는지에 달려 있다. 한 학기 동안 온라인 수업을 진행하면서 출석률이 감소하면 수백 개의 학교가 사망 선고를 받을 것이다. 1년 동안 대면 수업이 중지되면서 비싼 등록금만큼 값어치를 하지 못한다면 전체 대학의 10~30퍼센트가 문을 닫을 수도 있다. 코로나의 장기적인 영향은 미국에서 고등교육을 제공하는 방식을 크게 바꿔놓을 것이다. 제대로만 대처한다면 현재 제한된 성공의 길이 모두에게 활짝 열릴 수도 있다. 하지만 그렇지 못할 경우 빅테크의 금고로 들어가는 청년층과 노동계급의 돈이 늘어나고 경제적 이동성은 계속 감소할 수 있다.

다가오는 고등교육 변화의 핵심은 기술력이다. 팬데믹 때문에 다른 여러 부문처럼 교육 분야에서도 교수진과 행정 부서가 꺼려온 원격 기술을 받아들여야 했다. 이 기간의 경험 덕분에 기술 도입이 가속화될 것이다. 물론 초기에는 원격 교육 방식에도 문제가 많았다. 단순히 강의하는 모습을 찍어 줌에 올리는 건 기본적인 수준의 이러닝이라고 할 수 없으므로 학생들은 당연히 불만스러울 수밖에 없다. 하지만 앞으로는 상황이 달라질 것이다. 현재 각 대학에서는 각종 프로그램을 통해 다양한 툴을 다루는 방법, 수업 체계를 바꾸는 방법, 수업을 온라인으로 옮기는 방법 등을 교수진에게 가르치고 있다.

내가 배운 것들 가운데 특히 인상적인 내용이 있다. 학생들과 같은 공간에 있을 때 생기는 힘을 이용할 수 없으므로, 교수들은 훨씬 활기찬 모습으로 팔을 흔들고 목소리를 높여야 하며, 말투와 말하는 속도도 바꿔야 한다는 점이다. 또, 학생들의 얼굴을 볼 수 있도록 카메라를 계속 켜놓고 있게 해야 한다. 학생들에게 계속 말을 걸고, 괜찮은 초청 강사를 부르는 것도 전보다 훨씬 쉬워졌으니(학교까지 직접 올 필요 없이 줌을 이용하면 된다) 이 기회를 최대한 활용해야 할 것이다. 카메라 앞에서 떠들기만 하는 단조로운 느낌을 없애는 게 무엇보다 중요하다. 화면 공유 방법을 배우고 정보를 새로운 방식으로 표현해 학생들의 관심을 사로잡을 수 있는 차트와 그림도 준비하길 권한다. 케이티 포터Katie Porter 의원이 의회 청문회에서 작은 화이트보드를 사용한 것이 좋은 본보기가 될 것이다.

온라인 교육 시스템은 강의 그 이상의 기회를 제공한다. 게시판과 그룹 문서를 이용한 비동기식 커뮤니케이션 기능 덕에 학생과 강사가 일정을 유연하게 조정할 수 있는데, 이는 대면 강의에서는 불가능한 일이다. 직접 토론은 불평등의 지뢰밭이다(연구 결과, 평상시에는 남자들이 강의실 토론을 주도하고 강사도 이 문제에 연루되어 있다는 사실이 드러났다). 온라인상에서 토론을 진행한다고 해서 모든 문제가 사라지지는 않겠지만(고속 인터넷과 노트북, 조용한 장소가 확보되지 않는 경우), 전통적인 강의실 토론보다 효과적인 방법으로 학생들을 참여시킬 가능성이 크다.

내 동료 교수들도 이번 위기 때문에 최근 12주 사이에 지난 20년간 도입한 것보다 많은 기술을 받아들였다. 뉴욕대학교 전 부학장인 아나스타샤 크로스화이트Anastasia Crosswhite의 말에 따르면 '내 눈에 흙이 들어가기 전까진 온라인 교육을 받아들일 수 없다'고 주장하던 교수진이 2주 만에 '백신이 나오기 전까지는 강의실에 발을 들여놓지 않겠다'라며 태세를 전환했다. 온라인에 접속한 교수들은, 당신들이 왜 이렇게 꾸물거리는 건지 모르겠다는 표정으로 기다리고 있는 학생들을 만나게 될 것이다. 지금의 청년 세대는 어릴 때부터 늘 스크린을 접하면서 성장했기 때문에 기성세대는 이해할 수 없을 정도로 온라인 상호작용에 익숙하다.

온라인 교육의 잠재력을 실현하는 동시에 단점을 완화하는 신기술은 기업가들에게도 좋은 기회다. 미국에 거주하는 사람들 대부분이 팬데믹 초반 거의 비슷한 시기에 줌에 대해 알게 됐다. 지금부터는 이를 대대적으로 혁신하거나 대체할 블랙보드Blackboard나 캔버스Canvas 같은 회사를 찾아야 한다. 앞으로 고등교육 분야에 해일처럼 밀려온 벤처캐피털이 뿌리를 내리면서 새로운 도구와 기술이 등장할 것이다.

## 기술은 규모를 키우고, 규모는 수익을 늘린다

이 새로운 매체를 진지하게 받아들인 학교와 교수진은 앞으로 몇 년 동안 큰 이익을 얻을 테고, 관계자들에게도 혜택이 돌아갈 것이다. 온라인 교육은 강의실에서는 얻을 수 없는 새로운 학습 기회를 제공할 뿐 아니라 다른 순기능을 불러오기 때문이다. 그것은 바로 '규모의 확대'다. 기술력은 학교 운영자들이 프리미엄 가격 정책을 유지하기 위해 구축한 마찰과 장벽의 핵심인 '거리'에 지장을 준다. 희한할 정도로 협조를 거부하던 고등교육 기관의 뒤늦은 첨단 기술 수용이 사회를 변화시킬 수 있다.

규모를 늘리면 개별 기관과 교수의 영향 범위가 기하급수적으로 확장될 수 있다. 이는 지난 반세기 동안 존재했던 커다란 불평등 중 하나인 엘리트 교육의 인위적인 희소성을 바로잡을 가능성을 안겨준다. 지난 10년 동안 내 가을 학기 수업의 정원은 160명이었다. 코프먼 경영센터Kaufman Management Center에 있는 2-60호 강의실 면적이 그것밖에 안 되기 때문이었다. 그런데 팬데믹이 발발한 이후 올가을에는 이 강의실의 물리적 제약에서 벗어난 덕에 강의 등록자가 280명으로 늘었다. 강의 규모를 거의 2배로 늘리는 데 따르는 추가 비용은 얼마나 될까? 2,000~3,000달러 정도로 추산된다. 이는 시험지를 채점할 대학원생 강사 1명을 더 채용하는 비용에 불과하다.

대학 입학 자격을 갖춘 고등학교 졸업생 수가 늘어났음에도 기업, 문화계, 정부 기관에서 가장 높은 보수를 받는 영향력 있는 일자리를 차지할 수 있는 열쇠를 쥔 소수의 학교들은 매년 똑같은 수의 열쇠만 만들어왔다. 상아탑을 온라인 교육으로 보완하면 그런 열쇠를 대량생산할 수 있다. 그리고 온라인 학습의 유연성 덕분에 인력 재교육의 잠재력과 수익성이 커진다. 현명한 사업가라면 나이 든 이들이 '경험'에 투자하면서 새로운 기술을 습득하려는 상황에서 18~22세에게만 제품을 판매하는 사업을 구상하지는 않을 것이다. 반복적인 수익 모델인 평생 학습은 대학들이 민간 부문(아마존 프라임, 넷플릭스)의 선례를 따라 우수한 비즈니스 모델로 발전할 엄청난 기회를 제공한다. 기술은 규모를 키우고, 규모는 접근성과 수익을 모두 늘린다.

### 빅테크 기업이 진출하는 교육업계

특히 규모는 미끼 역할을 하기도 한다. 이 미끼는 정글의 가장 큰 포식자를 여태껏 그들이 관심을 두지 않았던 빅테크업계로 유인할 것이다. 빅테크 기업들은 매년 수십억 달러의 매출 성장을 달성해야 하는데, 교육기관과 파트너십을 맺으면 확실하게 성장할 수 있다. 엘리트 교육기관은 필수적인 지적 자본과 기술 인프라에 거대 IT 기업의 투자를 유치할 수 있는 브랜드 경쟁력이 있기 때문에, 앞으로 빈부 격차가 더 가속화될 것이다.

교육 스타트업은 저렴한 자본을 유치하고, 팬데믹 때문에 점점 빨라지고 커지는 기회를 잡을 것이다. 과거에 세계를 강타했던 중증급성호흡기증후군SARS이 알리바바Alibaba를 세계 최대 규모의 온라인 쇼핑몰로 성장시키며 아시아의 전자상거래에 영향을 미쳤듯, 코로나19는 미국의 고등교육 분야에 영향을 미칠 수 있다. 잘 모르는 사람들은 온라인 공개 강좌나 독자적인 교육 스타트업이 가장 큰 수혜자가 될 거라고 전망한다(실제로 '마스터클래스' 검색 횟수가 '경영대학원'을 능가했다). 하지만 그렇지 않을 것이다. 마스터클래스는 장기적인 시장 교란자가 될 수 없다. 젊은이들은 유명인에게서 무언가를 배우는 것보다 유명인이 될 수 있는 기술을 알려주는 강사를 원한다.

각 대학에는 6~12명의 '링어ringer', 즉 배울 가치가 있는 훌륭한 스승이 있다. 캠퍼스의 지리적 제약이나 브랜드에 얽매이지 않는 링어는 앞으로 10년 사이에 받을 수 있는 보상이 3~10배 증가할 것이다. 훌륭한 제품 관리자가 될 수 있는 능력을 보유한 상위 10개 대학의 관리자에 대한 보상도 늘어날 것이다. 하지만 이들을 제외한 학계의 다른 관계자들은 대부분 수입이 줄어들 것이다.

아마존의 의료 분야 진출에 뒤이어 비즈니스계에서 이해관계자들의 가치를 크게 높일 수 있는 두 번째 방법은 크고 작은 테크 기업이 세계적인 수준의 대학과 제휴를 맺고 기존 4년제 학위 과정 중 80퍼센트에 해당하는 커리큘럼을 50퍼센트 저렴한 가격으로 제공하는 것이다. 이는 역사상 가장 빠르게 성장하고 있는 아날로그 소비자 브랜드(사우스웨스트 에어라인Southwest Airlines, 올드 네이비Old Navy 등)의 전략을 잘 녹여낸 방법이다.

MIT와 구글이 힘을 합쳐서 2년제 STEMScience, Technology, Engineering, Mathematics 학위를 만들 수도 있다. 이제 우리는 지리적 위치에 제약을 받지 않는다. 곧 대부분의 프로그램이 결합되어 최고의 브랜드에 등록하는 사람이 크게 증가할 것이다. MIT와 구글은 1년에 2만 5,000달러의 등록금(이 정도면 상당히 저렴한 가격이다)을 받고 학생 10만 명을 등록시킬 수 있다. 그러면 2년짜리 프로그램을 통해 50억 달러의 수익을 올릴 수 있는데, 이는 MIT와 구글의 수익을 더한 것과 비슷한 수준이다. 보코니대학교·애플, 카네기 멜런대학교·아마존, UCLA·넷플릭스, 워싱턴대학교·마이크로소프트 등 빅테크 기업과 대학이 손잡을 가능성은 무궁무진하다.

수 세기에 걸쳐 구축된 대학 브랜드는 에르메스 저리 가라 할 정도의 이윤과 희소성에 대한 환상을 자랑하는 세계 최고의 명품 브랜드다. 광산을 소유하고 있지 않은 사람은 곡괭이나 광부가 입을 튼튼한 바지를 만드는 텐트용 데님이라도 팔고 싶을 것이다. 대학이 기술에 대한 투자를 크게 늘리면서 프로그램 전체를 아웃소싱하는 경우도 많아질 것이다. 듀크대학교의 평생교육 시스템이 좋은 예다.

## '마이크로 세대'는 무엇을 선택할 것인가

팬데믹은 원격 학습의 경쟁 분야를 제거했다. 낙관론이 지배한다 해도 붐비는 강의실에 수백 명씩 모이거나, 학교 농구 팀을 응원하거나, 기숙사 방 혹은 사교 클럽에서 안전하게 어울리기까지는 처음에 기대했던 것보다 시간이 더 오래 걸릴 것 같다. 그 사이에 대학에서 하게 될 경험은 마스크 착용, 거리 두기, 음식 테이크아웃, 체온 확인 등이고, 이 때문에 옛 모습과 완전히 달라질 것이다. 그러면서 다른 세대들이 경험한 전통적인 의식이나 통과의례도 대부분 사라질 것이다.

모든 것을 처음부터 다시 시작해 실제 캠퍼스에서도 가상 세계에서만큼 많은 경험을 할 수 있는 기회가 생기더라도, 팬데믹이 지배하는 시기에 성인이 된 세대는 우리 세대가 소중히 여기는 지리적 거리를 중요시하지 않을 수도 있다. 바이러스가 억제될 때쯤이면 선천적으로 거리 두기에 익숙한 '마이크로 세대'가 성장해 있을지도 모른다.

심지어 바이러스가 사라지고 사람들과 가까이 지낼 수 있게 되어도, 대학 생활이 일시적으로 사라졌던 경험은 학부모와 학생들이 제기하기를 두려워하던 의구심을 유발할 것이다. 캠퍼스 생활은 정말 가치 있는 일인가? 집에서 한 달 정도 수업을 들었을 때는 학생들 대부분이 캠퍼스로 돌아가고 싶어 했을 것이다. 하지만 '전통적인' 대학 생활을 경험하지 못한 채 1년을 보내면 자기가 그 경험을 얼마나 그리워하는지, 또 그게 정말 가치 있는 것인지 곰곰이 생각하는 사람들이 늘어날 수밖에 없다.

많은 학생이 느끼는 대학 생활은 이미 광고 브로슈어와 완전히 동떨어진 모습이다. 전체 대학생의 약 20퍼센트가 부모와 함께 살고 있으며, 절반 이상이 대학 기숙사에 살지 않는다. 학생들 중 27퍼센트는 일주일에 최소 20시간씩 일하고 있다. 가까운 시일 내에 캠퍼스 인구 밀도를 줄이려는 학교들은 학사 일정을 순환식으로, 즉 학기를 4개월 단위로 나누는 게 아니라 4~6주짜리 모듈로 전환할 가능성이 높다. 학생들에게 1년 이상 캠퍼스 밖에서 시간을 보내도록 권장하거나 이를 의무화하고, 뉴욕대학교가 두바이와 상하이에 세운 것 같은 위성 캠퍼스에 투자할 수도 있을 것이다.

마지막으로 강의실 수업과 토론, 기숙사, 식당 같은 전통적인 대학 생활을 경험한 이들에게도 오래전부터 불평등과 비효율성이 존재했다는 사실을 간과해서는 안 된다. 혼란의 시기는 광범위한 공동체에 더 좋은 서비스를 제공할 기회이기도 하다. 여성, 유색인종, 동성애자, 트랜스젠더 학생들은 캠퍼스에서 동등한 지위를 얻기 위해 싸워야 했고, 지금도 여전히 싸우고 있다. 그러니 여성이 남성보다 온라인 대학교육을 선택할 확률이 50퍼센트 높다거나, 흑인이 백인보다 온라인 수업 활동의 질이 높다고 말할 확률이 50퍼센트 높다는 통계에 놀라지 말아야 한다.[24] 이들은 처한 상황이 달랐기 때문에 잃을 것이 적고, 결과적으로 새로운 교육 시스템에서 가장 큰 이익을 얻을 수 있다.

### 우리에게 필요한 것들

그렇다면 앞으로 필요한 것은 무엇일까? 우선 연방 정부와 주 정부가 협력해 4년제 대학과 전문대에 투입되는 비용을 줄이고 주립대학교 정원을 대폭 늘리기 위한 계획을 마련해야 한다. 미국 인구의 3분의 1만 학사 학위를 가지고 있고, 석사 학위를 취득한 사람은 10퍼센트 미만이다. 대학이 신입생 정원을 인구 증가율의 1.5배로 늘리지 않는다면, 정부가 10억 달러 이상의 기부금에 대해 세금을 부과하는 것도 고려해볼 하다. 하버드·MIT·예일대학교가 받는 기부금을 합치면 약 850억 달러로, 이는 여러 라틴아메리카 국가들의 GDP보다 많은 액수다. 어떤 기관이 제공하는 가치보다 빠른 속도로 현금을 축적한다면 이는 비영리 조직이 아니라 민간 기업과 같다.

마찬가지로 사립 초·중·고등학교에 세금을 부과해 공립교육을 보완해야 한다. 현재 고등교육은 상당 부분 카스트제도가 되어버렸다. 부자들에게는 최고의 학교에 입학하기 위한 과정을 원활하게 해주는 사교육 시스템이 있기 때문에, 가난한 아이들은 정말 뛰어난 몇몇 경우를 제외하고는 아예 경쟁이 되지 않는다. 따라서 정부는 공립학교에 지금보다 훨씬 많이 투자해야 한다.

또 상위 10위권 대학의 학장들은 비용이 많이 들고 혁신을 말살하는 채용 특전이 되어버린 종신 재직권을 다시 평가해 꼭 필요한 경우에만 부여해야 한다. 단기적으로는 세계적인 수준의 학자들을 유치하기 위해 더 많은 보상이 필요하겠지만, 학자들도 곧 냉혹한 시장에서 경쟁하려면 훌륭한 성과를 내야 한다는 것을 깨닫고 생산성이 급등할 것이다.

애플 같은 기업은 수십 년 만에 찾아온 최고의 기회를 포착해, 자사 브랜드와 전문적인 기술 지식을 활용해 등록금 없는 무료 대학을 설립하고 인증 프로그램을 만들어야 한다. 애플은 예술 분야, 구글은 컴퓨터 과학 분야, 아마존은 운영 분야에 뛰어드는 식이다. 이 비즈니스 모델은 대학 졸업장이라는 카르텔을 우회해서 기존 채용 모델을 뒤집고 직원 채용 비용을 기업이 부담하게 하는 것이다. 즉 학생들이 지불하던 비용이 기업으로 이전된다. 애플의 교육과 인증, 테스트를 거친 졸업생은 다른 기업들이 서로 데려가려고 나설 텐데, 이는 지금까지 대학들이 사용하던 방법이기도 하다. 나는 이 문제와 관련된 글을 2017년에 처음 썼는데,[25] 팬데믹 시기의 밝은 희망 중 하나는 2020년 8월에 구글이 경력 증명서를 받을 수 있는 교육과정을 제공할 예정이라고 발표한 것이다. 구글과 다른 참여사들은 이 증명서를 해당 분야의 4년제 학위와 동급으로 여길 것이라고 한다.[26]

이와 함께 갭이어가 이례적인 일이 아닌 일반적인 과정으로 자리 잡아야 한다. 갈수록 추악해지는 캠퍼스 생활의 비밀 중 하나는 헬

갭이어를 보내고 돌아온 학생들

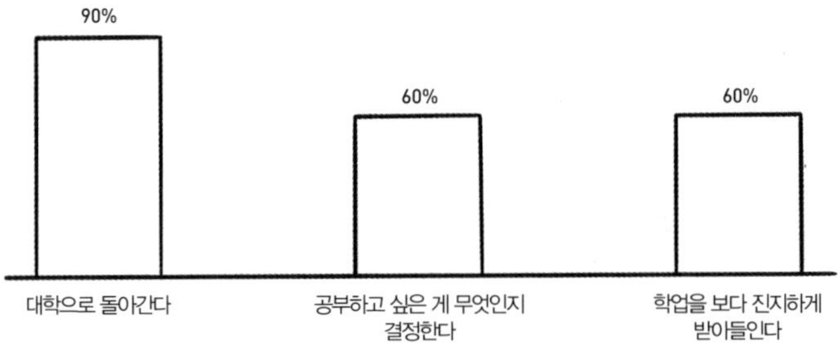


출처 : Year Out Group.org

리콥터 부모와 소셜 미디어 때문에 대학에 부적합한 모습을 보이는 18세 청소년이 많다는 것이다. 대학 진학을 1년 미루고 갭이어를 선택한 아이들의 90퍼센트는 나중에 대학에 돌아와 더 좋은 성적으로 졸업할 가능성이 높다. 또 국가에서 운영하는 봉사 프로그램도 좋은 방안이 될 수 있다. 이 문제는 5장에서 더 자세히 언급하겠지만 군대부터 교육에 이르기까지 모든 종류의 국가 봉사 프로그램은 국가와 봉사자 모두에게 많은 이익을 안겨준다.[27]

사람들은 대학 학위에 집착하지만, 사실 학위는 많은 이들이 엄두도 못 낼 만큼 비싸고 불필요한 물건이다. 경영학이나 마케팅 혹은 이와 유사한 분야에서 2년제 전문대 학위만 따도 대부분의 사무직 업무를 충분히 소화할 수 있다. 컴퓨터 프로그래밍, UX/UI, 제품 관리 등은 앞으로 수요가 더 늘어날 인기 분야인데, 제너럴 어셈블리General Assembly나 람다 스쿨Lambda School 같은 인증 프로그램은 나이에 상관없이 누구나 해당 분야에서 경력을 쌓기 위한 준비를 몇 달 안에 마칠 수 있게 해준다. 프런트엔드 개발자(웹이나 앱 사용자의 눈에 보이는 모든 요소를 개발하는 사람-옮긴이) 중에는 칸 아카데미Khan Academy나 유튜브, 다른 무료 리소스를 이용해 독학하는 이들도 많다.

인증 프로그램의 다양성과 효율성을 확대하면 사양산업 종사자를 재교육할 수 있을 뿐만 아니라 청년들도 의미 있는 기업가 경력을 쌓을 수 있다. 독일에서 직업훈련 프로그램으로 교육받은 사람 수는 미국의 4배나 된다. 이 같은 전국적인 직업훈련 시스템이 필요하다. 직업훈련 프로그램은 경제와 노동 환경이 바뀜에 따라 함께 변화하는 노동자들에게 선택권과 목적을 제공할 수 있다. 기대 수명이 감소하는 건 대부분 절망사(마약, 술, 자살) 때문이다. 저렴하고 집중적인 교육을 통해 품위 있는 직업 선택권을 제공한다면 이런 죽음을 상당 부분 예방할 수 있을 것이다.[28]

물론 국가에서 절대 하면 안 되는 일도 있다. 바로 '무료 대학'을 개설하는 것이다. 그건 대중에 영합한 터무니없는 포퓰리즘이며, 이를 통해 가난한 이들의 돈이 부자에게 더 많이 넘어갈 뿐이다. 미국인 가운데 32퍼센트만 대학에 진학하는데, 어떤 소득 계층에서든 뛰어난 아이들이 대학에 진학하지 못하는 이유는 돈이 없어서가 아니다. 공교육을 개선하고, 전문대 과정을 강화하고, 일류 대학의 정원을 확대하면 대학이 사회적 지위 상승의 엔진이 될 것이고, 더 좋은 고등교육의 혜택을 누릴 수 있는 인구 중 3분의 2를 버리지 않아도 된다. 대학 등록금이 지금보다 더 저렴해져야 하는 것은 맞지만, 자녀의 대학 진학률이 88퍼센트나 되는 가장 부유한 계층에게까지 보조금을 지급할 필요는 없다는 사실을 기억해야 한다.

5장

# 거대한 가속이 우리에게 남긴 것들

"요즘처럼 억만장자가 되기 쉬운 적도 없었고,
백만장자가 되기 어려운 적도 없었다."

## 변화하는 자본주의, 충돌하는 가치

소수가 대부분의 이익을 차지하는 바람에 발생하는 비용은 단순히 경제적인 문제로만 그치는 게 아니라 나라의 균형을 유지하는 중산층을 뒤흔들어놓는다. 우리는 지난 40년 동안 민간 기업과 그들이 창출하는 부를 열렬히 숭배하는 동시에 정부 기관의 핵심을 제거하고 공무원들의 업적을 폄하했다. 여러 나라 중에서도 미국을 강타한 바이러스는 확산에 최적화된 사회를 발견했다. 소유하고 있는 부와 힘에 비해 미국이 이 문제에 대처하는 태도는 세계 최악이었다. 사실 미국은 이미 두 가지 만성질환을 동시에 앓고 있다. 정부 기관은 약화되고 과학은 신용을 잃었다. 개인주의를 다른 무엇보다 중요하게 여기면서 시민의 의무를 다하지 않고 사소한 불편도 참으려고 하지 않는 등 방종과 자유를 혼동했다. 이로 인해 '집단 희생'이라는 근육이 위축되고 허약해진 것이다.

팬데믹에 처방되는 약은 우리가 앓고 있는 광범위한 질병에 처방된 약과 똑같다. 공동체 의식을 완전히 새롭게 다져야 할 필요가 있다. 정부를 주주 계급의 손아귀에서 회복하고, 그들이 자신의 부를 지키기 위해 만든 연줄을 끊어야 한다. 혁신가를 맹목적으로 숭배하는 것을 그만두고 그들이 조장한 착취를 단호한 시선으로 바라봐야 한다. 정부를 존중하면서 우리에게 꼭 필요한 고결한 기관으로 받아들이자는 뜻이다. 그래야 예전처럼 자본주의를 때로 가혹하기도 하지만 우리 삶을 개선하는 활기차고 생산적인 시스템으로 여길 수 있다.

#### 이기주의를 토대로 삼은 최고의 시스템

경제적 생산성을 추구하는 제도로 자본주의만 한 것이 없다. 자본주의는 인간의 타고난 사리 추구 본능을 수익 보상과 연결하고, 인간의 창의성과 통제력을 경제적 이익을 극대화하는 방향으로 이끈다. 또 더 많은 선택권과 기회를 얻기 위해 사람들끼리 서로 경쟁하게 만든다. 우리 집 근처의 시장에서는 20여 종류의 블루치즈와 50종의 수제 맥주, 300종의 와인을 판매한다. 휴대폰을 이용하면 그보다 10배 더 다양한 제품을 구할 수 있다. 이 지역 공항을 이용해 콜로라도주의 산이나 파리의 박물관, 브라질 해변으로 여행을 갔다가 때맞춰 돌아와 월요일에 출근할 수도 있다. 샌디에이고에 사는 내 아버지는 휴대폰을 이용해 플로리다에 사는 손자들과 화상 채팅을 할 수도 있고(물론 안 하시지만), 그 휴대폰으로 세상에 존재하는 모든 소설과 영화를 검색할 수도 있다. 정말 놀라운 세상이고, 성공해서 얻을 수 있는 전리품을 생각하면 더 열심히 일할 맛이 난다. 그리고 그 노력이 경쟁을 불러일으켜 더 많은 전리품을 만들고, 더 많은 경쟁을 유발한다.

똑똑하고 열심히 일하는 사람들에게 보상을 안겨주는 시스템에 참여할 기회는 전 세계의 근면하고 야심 찬 사람들에게 한 줄기 등대 불빛 같은 존재다. 대공황기에 스코틀랜드에 살던 내 아버지는 할아버지에게 신체적 학대를 당했고, 할머니는 아들이 영국 해군에 복무하면서 번 돈으로 위스키와 담배를 샀다. 결국 아버지는 큰 위험을 무릅쓰고 미국으로 건너왔다. 어머니도 비슷한 위험을 겪으며 어린 동생 둘을 고아원에 맡기고(외조부모님은 50대에 돌아가셨다) 미국으로 가는 증기선 표를 샀다. 그때 어머니 수중에는 작은 여행 가방과 양말 속에 숨겨둔 110파운드뿐이었다. 내 부모님은 왜 미국으로 왔을까? 역사상 가장 훌륭한 도약의 발판이었던 나라에서 열심히 일하고 싶었기 때문이다. 그래서 두 분은 미국적인 규범(열심히 일하고, 위험을 감수하고, 소비하고, 이혼하는)을 받아들였고, 자신들의 아들에게 4,700명의 젊은이를 가르치고 수천만 달러의 세금을 내며 수백 개의 일자리를 창출할 기회를 줬다.

이것이 바로 자본주의의 핵심이다. 우리의 야망과 에너지를 생산적인 노동에 쏟아붓고, 이기주의를 부와 이해 당사자들이 얻는 가치로 바꾼다. 자본주의가 만들어낸 부는 생산적인 이타주의에 필요한 전리품이 된다. 비행기를 타면 다른 사람을 돕기 전에 자기 산소마스크부터 착용하라는 말을 듣는다. 사실 여기에도 자본주의가 담겨 있다. 자신의 것을 먼저 챙겨야 다른 사람을 도울 입장이 된다는 것이다. 이기

심이 결국은 다른 이들에게도 이익이 된다.

동시에 자본주의는 우리 인류의 초능력인 협동심을 활용한다. 유발 하라리Yuval Noah Harari는 저서 『사피엔스Sapiens』에서 호모사피엔스는 협력이 가능한 다른 종(벌, 유인원, 늑대)과 다르게 '수많은 낯선 이들과 매우 유연하게' 대규모로 협력할 수 있다고 설명한다. "그게 바로 사피엔스가 세상을 지배하는 이유다."[1] 우리의 동기는 이기적일 수 있지만 자본주의의 풍요는 수천, 수백만의 사람들이 시공간을 넘나들면서 노력한 산물이다. 초기 자본주의사회에서는 기계와 공장이 수십, 수백 명의 노력을 통일된 힘으로 결합시켰다. 그리고 인류 역사상 전례 없이 빠른 속도로 부를 창출했다.

오늘날에는 공장 대신 기업이 있다. 공장과 다르게 기업은 무형의 존재라 우리 머릿속과 델라웨어주 법원(델라웨어주는 세금이 매우 낮고 규제가 거의 없기 때문에 기업이 많이 몰린다. 또 운영 과정에서 문제가 발생할 경우 델라웨어 법원은 배심원제를 택하지 않고 판사의 판단에 따르기 때문에 기업에 유리한 편이다. - 옮긴이)에만 존재한다. 하지만 기업은 엄청난 힘을 가지고 있다. 수천 명의 육체노동자와 조직 운영 기술, 통찰력, 아이디어를 결합시켰기 때문이다. 사람들의 노력을 조직화하면 전체가 부분의 합보다 훨씬 커진다. 자본주의국가인 미국은 역사상 가장 생산적인 경제적 부의 창출자다.

이기주의에 바탕을 둔 시스템에는 비용과 위험이 따른다. 레이건Ronald Wilson Reagan은 규제를 철폐해야 경제가 성장한다면서 시장에 막대한 자유를 안겨줬지만, 자본주의는 자체적으로 규제되는 시스템이 아니다. 사람들이 도덕적으로 행동하지도 않고 선행에 반드시 보상이 따르지도 않는다. 사피엔스가 협력을 통해 '세상을 지배'하게 되었다고 주장한 하라리 교수도, 인류의 가장 가까운 친척인 침팬지는 서로 협력할 순 있어도 대규모 협력은 불가능하기 때문에 오늘날 동물원과 연구소에 갇혀 있다는 사실을 인정한다.

자본주의 자체에는 도덕적 나침반이 없다. 우리 주변에도 규제받지 않는 자본주의의 문제가 널려 있다. 행위자가 행위에 따르는 비용(또는 이익)을 부담하지 않는 외부 효과도 존재한다. 공해는 전형적인 외부 효과다. GM은 오로지 이윤을 추구하고 사리사욕을 채우기 위해 생산 과정에서 나온 유독성 폐기물을 공장 뒤쪽의 강에 쏟아붓는다. 그러면 자동차 생산비는 덜 들겠지만 하류에서 살거나 일하는 이들에게는 끔찍한 결과가 생길 것이다. GM을 악마로 몰려는 게 아니다. 이 회사가 폐기물을 최대한 저렴한 방법으로 처리하지 않는다면 경쟁사가 그렇게 할 테고, 결국 GM은 더 저렴한 자동차에 밀려나 사업을 중단하게 될 것이다. 마르크스는 이를 가리켜 '경쟁의 강제 법칙'이라고 했는데, 선한 사마리아인처럼 착하게 행동하는 자들에게도 예외는 없다.

불평등 문제도 있다. 고용주, 지주, 부유층, 독점기업 모두 자기네가 고용하거나 경쟁하는 이들보다 상당한 이점을 가지고 있다. 이는 승자는 보상을 받고 패자는 벌을 받는다는 자본주의의 기본 전제에 비춰볼 때 매우 자연스럽고 필요한 측면이다. 하지만 그런 이점을 너무 과도한 수준으로 확대하도록 허용하면 착취와 기업 족벌, 경쟁사 억압으로 이어진다. 불평등 자체가 부도덕한 것은 아니지만 지속적인 불평등은 부도덕하다.

이것을 굳이 상상해보려 애쓸 필요는 없다. 이미 관련 증거가 많으니 말이다. 200년 전 미국은 흑인 노예들의 노동을 기반으로 경제 체제를 구축했다. 오늘날 흑인 가정이 평균적으로 소유한 부는 백인 가정의 10분의 1밖에 안 된다.[2] 앞서 언급한 것처럼 '더 나은 삶으로 향하는 데 필요한 여권'인 일류 학교에는 소득 상위 1퍼센트에 속하는 가정의 학생이 하위 60퍼센트 가정의 학생보다 많다.[3] 한 조사에 따르면, 미국인의 기대 수명을 결정하는 가장 중요한 요소는 그 사람이 태어난 지역의 우편번호라고 한다.[4] 어디에서 태어났느냐가 그만큼 중요하다는 이야기다.

우리 사회는 이런 식의 행동이 장기적으로 영향을 미치면 다들 빈곤해진다는 것을 알고 있다. 계급 장벽은 각 세대의 가장 뛰어난 인재가 잠재력을 발휘하지 못하도록 가로막는다. 그 때문에 사회는 그들의 노동이 불러올 결실을 누릴 수 없게 된다. 이런 이유에서 사람들은 힘을 합쳐 견제받지 않는 시장에 대항할 수 있는 균형추인 정부를 만들었다.

### 어째서 정부가 필요한가

정부의 책임은 GM이 강에 유독성 폐기물을 버리는 걸 막는 것이다. 실제로 정부가 유독성 폐기물의 무단 처리를 금지한 덕분에 경쟁업체가 더 저렴한 방식을 택할 위험이 사라졌고, 덕분에 GM은 한층 문명화된 방식으로 폐기물을 처리할 수 있게 되었다. 또 작업 공정을 재설계해서 폐기물이 덜 나오도록 하는 방법도 적극적으로 고민하게 되었다. 그뿐만 아니라 정부는 기업가들이 폐기물 처리 회사를 설립하고 새로운 폐기물 감소 및 처리 사업을 발전시키도록 장려하기도 한다. 그러면 더 깨끗하고 안전한 물을 얻을 수 있고, 이를 통해 GM 고객을 비롯해 모든 이들의 삶이 풍요로워진다.

또 정부는 승자가 시스템을 자신에게 유리한 방향으로 조작하지 못하도록 막는다. 독점권을 규제하거나 독점기업을 해체해서 경쟁이 활성화되게 한다. 승자들에게 세금을 부과해 교육, 교통, 연구 등 공공의 이익을 위해 투자하고 자연재해, 질병 등 공동의 위협을 방어한다. 게다가 사회적 안전망을 구축해 자본주의 시스템의 필수적인 부분이 실패했을 때도 거기서 일하던 어머니와 아버지가 가족을 먹여 살릴 수 있게 한다.

오늘날 기술업계에서는 이런 식의 규제와 재분배는 비효율적이니, 시장이 알아서 하게 내버려두면 스스로를 규제하게 될 거라는 자유주의적 주장이 유행하고 있다. 사람들이 깨끗한 강을 중요시한다면 강을 오염시키는 회사의 차를 사지 않으리라는 게 이들의 주장이다. 그러나 역사와 인간의 본성을 생각하면 그렇지 않다는 것을 알 수 있다. 사례별로 보자면 사람들은 거의 언제나 저렴한 쪽을 택한다. 아이들이 의류 공장에서 하루 18시간씩 일하는 걸 좋아하는 사람은 아무도 없지만, H&M 아웃렛에서 파는 10달러짜리 티셔츠는 놓칠 수 없는 상품이다. 소비자의 구매 행위에 처음부터 의도적인 악의가 담겨 있었다는 것을 증명하기는 어렵다. 호텔 화재로 죽고 싶은 사람은 없겠지만, 하루 종일 회의에 시달리다 호텔에 도착했을 때 체크인 전 스프링클러 시스템을 점검하는 경우는 드문 것처럼 말이다.

인간인 우리는 자신의 개별적인 행동을 더 넓은 세상과 연결하거나 장기적 관점에서 생각하는 능력이 부족하다. 소비자는 빨리빨리 생각하고 판단을 내리길 원한다.[5] 따라서 생각의 속도를 늦추고, 장기적인 문제를 고려하고, 도덕적이고 원칙적인 우려를 표명하기 위해 정부가 필요하다. 이렇게 자본주의의 생산적인 에너지와 정부의 공동체적 관심사라는 두 가지 힘의 균형을 적절하게 유지하는 것이 장기적인 번영의 열쇠다.

## 팬데믹을 낳은 미국의 '예외주의'

2020년 1월, 이 균형은 그 누구도 예상하지 못했지만 충분히 예견할 수 있었던 시험에 처하게 되었다. 우리가 그 시험에서 요란하게 실패한 것은 예상 밖의 일일지도 모르지만, 사실 그 또한 예측할 수 있는 일이었다. 팬데믹은 우리가 한 세대 내내 저지른 수많은 실수를 폭로하고 문제를 가속화했다. 세금 인하라는 명분 때문에 지역사회에 도움을 줄 수 있는 정부의 능력이 고갈되었다. 질병은 전쟁보다 훨씬 많은 사람을 죽인다. 미국 사회는 매년 만성질환을 앓는 이들을 치료하기 위해 3조 달러 이상을 쓴다.[6] 그러나 2019년에 질병통제예방센터의 예산은 70억 달러를 약간 넘는 수준이었다.[7] 이는 미국이 4일 동안 지출하는 국방비보다 적은 액수다. 글로벌 팬데믹 상황에서 국민을 보호해야 함에도 거세된 정부 기관은 정확한 바이러스 검사법을 개발하지 못했다.

미국은 예외주의(미국은 국가의 기원이나 발전 과정, 정치제도 등이 다른 나라들과 다른 '특별한' 국가라는 생각-옮긴이)를 이상한 방식으로 드러내면서 국제 협력과 관련 제도를 다 저버렸다. 중국에서 코로나 바이러스가 처음 발생했을 당시, WHO와 CDCCenter for Disease Control and Prevention(미국 질병통제예방센터) 모두 발병 원인을 조사하거나 중국 당국과 상황을 조율할 현장 인력이 부족했다. 봉쇄를 깨고 유럽으로 바이러스가 확산되자, 미국은 국경을 폐쇄하고 희생양을 찾아다녔다. 불충분한 검사 탓에 바이러스가 발견되지 않은 채 이미 나라 전역으로 퍼져가고 있었는데도 말이다.

사회는 자본주의의 이름을 내세워 가장 부유한 자들이 비과세 자본으로 얻은 수익을 누릴 수 있게 해줬고, 그 돈이 위험에 처하지 않게 보호했다. 팬데믹이 경제를 휩쓸자 대기업과 중소기업의 금고에 수천억 달러를 쏟아부었는데, 그 돈은 직장을 잃거나 바이러스 때문에 몸이 아픈 이들의 식탁이 아니라 주주들의 은행 계좌로 빠르게 이동했다. 그 결과 충격적인 실업률과 폐업, 불안이 발생했는데, 이로 인한 진정한 대가는 몇 년이 지난 뒤에야 제대로 밝혀질 것이다.

큰 소리로 떠들면 안 되는 코로나 바이러스가 불러온 또 하나의 비밀이 하나 있다. 바로 상위 10퍼센트 계층은 팬데믹 덕에 최고의 생활을 누리고 있다는 사실이다. 금융시장의 큰손들은 팬데믹 시기에 주식시장이 사상 최고치를 기록하면서 수조 달러를 벌었다. 이런 시장 상황은 코로나가 끝나면 가장 크고 성공한 기업만 살아남아 시장을 통합하고 더욱 강력한 존재로 부상할 것이라는 사람들의 믿음을 그대로 반영한다.

여기에 개인주의를 내세우는 많은 사람이 행사를 취소하거나 회사 문을 닫는 것 같은 심각한 일부터 마스크 착용 같은 사소한 행동에 이르기까지 희생이 필요한 요구를 따르는 것을 거부해왔다. 공동체 의식과 애국심이 얼마나 무너졌는지 보여주는 상징적인 행동이 바로 마스크의 정치화다. 애국심은 공동의 희생에 뿌리를 둔 가치관인데도 수백만 미국인은 애국심을 내세우는 반면 사소한 개인적 불편조차 감수하려고 하지 않았다. 그들이 거부하는 이유는 정부가 마스크 착용을 요청했기 때문이었다. 지금 우리는 정부를 선한 본능의 화신이나 미래를 지키는 수호자가 아니라, 욕망의 걸림돌이자 경멸하고 오락거리로 취급해야 하는 억압적인 힘으로 인식하고 있다.

미국인들은 오래전부터 미국 예외주의의 개념을 발전시켜서 제대로 기능하는 정부가 필요 없고, 희생할 필요가 없으며, 지역사회나 미래에 투자할 필요도 없고, 다른 나라들과 협력할 필요도 없다고 믿었다. 이들은 다른 나라에 위협이 닥쳐도 미국은 어떻게든 벗어날 수 있다고 주장해왔다. 그 결과 지금은 팬데믹의 확산과 가속화에 더없이 안성맞춤인 사회가 건설되어 있다. 강력하고 민첩한 정부는 미국의 예외주의를 상징하지 않고, 예외주의 그 자체로 모든 위협을 피해 갈 수 있을 거라는 헛된 믿음만 남아 있다.

## 전대미문의 자본시장 상승은 무엇을 가져왔는가

겉으로는 사회주의도 꽤 괜찮아 보이는 부분이 많다. 자본주의의 반대편에 있는 사회주의는 이타주의와 휴머니즘에 뿌리를 두고, 현대 사회에서 개인이 홀로 고립된 채 살아가지 않도록 모두가 함께하는 공동체를 구축하려고 한다. 이는 고귀한 목표다. 하지만 시간이 복합적인 영향을 미치기 때문에 생산성이 엄청나게 떨어진다. 반면 자본주의는 사회주의보다 훨씬 많은 전리품을 생산하므로, 때로는 그것을 빼앗긴 이들에게 감정이입을 해야 하는 경우도 많다.

그런데 이 두 가지 체제의 가장 안 좋은 부분만 골라서 결합하면 유독한 혼합체가 탄생한다. 지난 40년 동안 미국이 바로 그런 일을 해왔다. 미국의 자본주의는 계속 발전하고 있으며, 이 나라에서 가치를 창출하면 역사 속의 그 무엇과도 비교할 수 없는 엄청난 전리품을 보상으로 받게 된다. 하지만 가치를 창출하지 못하거나, 열악한 환경에서 태어났거나, 운이 좋지 않다면 불안한 삶을 살면서 실수에 대한 대가를 톡톡히 치르게 될 것이다. 그야말로 헝거 게임 경제 체제인 셈이다.

그런데 이상하게도 부의 정점에 도달하면(혹은 그런 집안에 태어나면) 상황이 달라진다. 우리는 개인의 책임과 자유에 대한 온갖 미사여구를 늘어놓는 동시에 최상층부터 그 아래까지 사회주의를 받아들였다. 실패는 자본주의의 본질적이고 필수적인 특징인데도 우리는 기업이 실패하도록 내버려두지 않고 긴급 구제에 나선다. 하지만 긴급 구제는 미래 세대를 상대로 한 증오 범죄나 마찬가지다. 후손들에게 빚을 떠안기기 때문이다.

위기가 거듭될 때마다 내세우는 핑계도 다양하다. 9·11 이후에는 그 명분이 '국가 안보'였다. 2008년에는 '유동성'이었고 2020년에는 '취약 계층 보호'를 이유로 삼았다. 하지만 사람들의 반응은 항상 똑같았다. 주주 계급과 임원을 보호하라. 소유주와 경영자가 고통받지 않도록 기업의 생명 유지에 힘써라. 필요한 돈은 빚을 내서 충당하고, 그 부담은 중산층 납세자와 자녀들이 지게 하라. 그러나 역사를 되돌아 보면 크라이슬러Chrysler든 롱텀 캐피털 매니지먼트LTCM, Long-Term Capital Management든 대부분의 구제금융은 도덕적 해이를 부추겨 더 큰 실패와 더 큰 규모의 구제금융으로 이어질 뿐이라는 것을 알 수 있다. 크라이슬러의 경우 1979년에 15억 달러의 구제금융을 받았지만, 결국 나중에 125억 달러를 추가로 지원하고도 파산을 면치 못해서 2009년 피아트Fiat에 매각되었다. 1998년에 연방준비은행이 LTCM 붕괴에 개입한 탓에 월스트리트 은행들은 더 위험한 전략을 써도 괜찮겠다는 자신감을 갖게 되었고, 이는 10년 뒤에 훨씬 심각한 결과로 이어졌다. 우리는 매번 "이번은 상황이 다르고, 역사적인 일이므로 개입이 필요하다"는 말을 듣고 결국 납세자의 돈으로 주주들을 구제해준다.

물론 11년간 자본시장에 상승 장세가 이어진 것도 역사적인 일이다. 사실 이는 전체 인구 중 극히 일부가 전대미문의 부를 축적한 독특한 사건이라고 할 수 있다. 이 기간에 혜택을 받은 기업들은 궁할 때를 대비해 저축을 하거나(그런 시기가 항상 닥치기 마련인데도), 근로자들에게 돈을 지불해 부의 보호막을 구축하게 하거나, 경제를 성장시킬 자본 프로젝트에 투자하지 않았다.

대신 그들은 배당금 지급, 자사주 매입, 경영진 보상(2017년부터 2019년까지 델타, 아메리칸, 유나이티드, 카니발 크루즈의 CEO들에게 지급한 금액이 1억 5,000만 달러가 넘는다), 주주 이익을 위해 돈을 쏟아부었다. 2000년 이후 미국 항공사들은 66번이나 파산을 선언했는데, 이 분야가 경제 위기에 매우 취약하다는 걸 뻔히 알면서도 6대 항공사의 이사회와 CEO는 잉여 현금의 96퍼센트를 자사주 매입에 썼다. 덕분에 주가가 오르고 경영진의 이익은 늘어났지만 기업은 취약해졌다. 그리고 정작 위기가 닥친 지금, 이 소수의 부자들은 자본주의 속 사회주의를 발견하고 구제를 요청하는 손을 내밀고 있다.

### 연줄이 지배하는 사회

실패와 그로 인한 결과는 우리 시스템에서 필수적이다. 경제적 혼란은 큰 피해를 낳지만 한편으로는 재건의 기회이기도 하다. 오래된 관계는 단절되고 자산은 해방되며 혁신이 요구된다. 산불이 주변을 파괴하는 동시에 새로운 생명을 가져다주듯, 경제적 격변은 혁신이 번창할 수 있는 빛과 공기를 안겨준다. 1918년에 유행한 인플루엔자(전 세계 인구의 1~3퍼센트가 사망한 스페인 독감-옮긴이)는 파괴적이었지만, 그 뒤에 '광란의 20년대Roaring Twenties(미국의 제조업이 폭발적으로 성장하고 소비자 수요가 증가하면서 예술과 문화 산업까지 발전한 1920년대를 의미함-옮긴이)'가 찾아왔다. 이처럼 가장 강력한 사업은 불황기에 시작된 사업이다. 붕괴와 회복의 자연적인 주기가 제 기능을 하도록 놔두면, 팬데믹 같은 혼란을 겪은 뒤에는 임금이 인상된다.

우리는 기업을 그들이 소유한 물건이나 고용한 사람들과 혼동한다. 기업은 추상적인 개념일 뿐이다. 기업은 누구를 먹이거나 살 곳을 마련해주거나 교육시키지 않는다. 기업이 망하면 자기 돈을 걸고 지원했던 이들은 투자금을 잃지만, 근로자들은 여전히 일할 능력이 있고 자산도 계속 사용할 수 있으며, 기업이 충족시키던 소비자의 욕구도 그대로 남아 있다.

노인이나 젊은 사람들이 앞으로도 아이들을 데리고 디즈니랜드에

과거 전염병이 발생한 후 유럽 지역의 실질임금 변화

10만 명 이상의 사망자를 낸 12번의 글로벌 팬데믹 조사

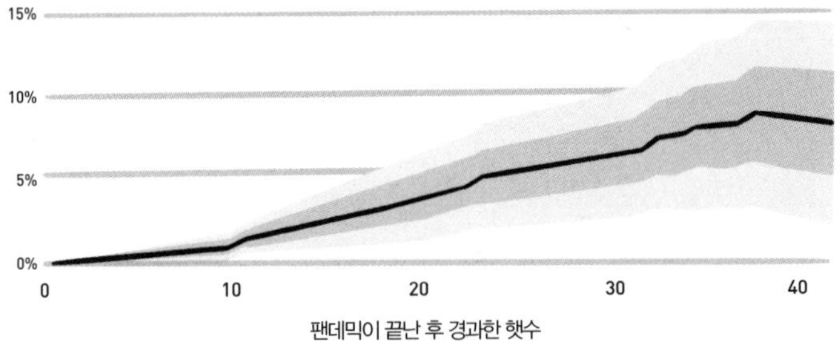


출처 : Longer–run Economic Consequences of Pandemic, UC Davis, March 2020

가고 싶다고 생각한다면, 크루즈 라인과 항공사는 명맥을 유지할 것이다. 카니발과 델타 항공사가 파산하게 내버려둬도 배와 항공기는 계속 운행되며 여전히 여러분을 기다리고 있을 것이다. 기업들이 실패해 주가가 적정한 시장 수준까지 하락하게 내버려두면, 젊은 세대들도 베이비붐 세대나 X세대가 누린 것과 같은 기회를 누릴 수 있다. 아마존 주식을 수익률의 50배 가격으로 사고(지금은 100배), 브루클린 부동산을 1제곱미터당 3,250달러(지금은 1만 6,200달러)에 살 수 있는 기회 말이다. 프랑스 경제학자 토마 피케티Thomas Piketty가 지적한 것처럼, 경제위기 후에 따라오는 고성장 회복기에는 실질임금이 상승하지만 느리고 꾸준한 성장세가 이어지는데, 이는 대체로 부유층에게 유리한 경향이 있다.

정부가 실패한 이들을 지원하는 사업에 착수한다면 누가 가장 먼저 지원금을 받게 될지 예측할 수 있다. 정치적 힘이 큰 기업과 부유층이다. 이것은 그들이 고용한 로비스트와 변호사, 언론계 인사만의 문제

가 아니다(물론 큰 도움이 되긴 하지만). 그보다 더 은밀하게 작용하는 힘이 있으니, 바로 '연줄'이다. 왜 연줄이 중요할까?

나는 빅테크 기업과 임원에 관련된 글을 쓰지만, 그들과 직접 만나는 것은 대부분 거절한다. 내가 내성적이고 새로운 사람과 만나는 것을 좋아하지 않는 것도 한 가지 이유지만, 또 다른 이유는 그런 식으로 접촉하면 친밀감이 생기기 때문이다. 누군가를 직접 만나면 그 사람을 인간적으로 좋아하게 되거나 공감하게 되는 경우가 많기 때문에, 그들의 행동을 객관적으로 바라보기가 어려워진다. 성공한 회사의 상급 관리자는 대부분 매우 똑똑하고 흥미로운 일에 참여하며, 내부 정보에 정통하고 사람들을 잘 다루기 때문에 그 자리까지 오른 경우가 많다. 아마 자주 만난다면 나도 그들을 좋아하게 될 거라고 확신한다. 말콤 글래드웰Malcolm Gladwell의 말처럼, 히틀러를 만난 적이 없는 이들은 그의 본질을 제대로 파악했다. 하지만 직접 만나면 그렇게 섬뜩한 사람에게도 매료되기 쉽다.

얼마 전에 우버 CEO인 다라 코스로샤히와의 '사적인' 저녁 식사에 초대받았다. 우버 홍보 팀은 우버가 매일 400만 명의 '운전자 파트너'를 착취하고 있다는 사실을 은근슬쩍 숨기려고 애쓰고 있다. 물론 나는 초대를 거절했다. 몇 년 전에 코스로샤히가 온라인 여행사 트래블로시티Travelocity에서 일할 때 한번 만난 적이 있는데, 그때는 내가 설립한 회사를 홍보하려고 만난 것이었다. 그는 예리하면서도 매력적인 사람 같았다. 그와 만나 저녁 식사를 했다면 그를 더 좋아하게 되었을 거라고 확신한다. 동시에 그에 대해 잘 알고 좋아하게 될수록 우버를 가혹한 시장 법칙의 적용을 받는 기업이 아니라, 성격 좋은 그의 회사라고 생각하게 될 것이다.

선출직 리더가 일반 시민보다 부유한 소수의 사람들과 훨씬 많이 접촉하는 상황에서는 공공 정책을 수립할 때 부자들의 관심사와 우선순위를 중점적으로 고려할 수밖에 없다. 우리는 자기와 가장 비슷한 사람, 함께 보내는 시간이 가장 많은 사람과 자신을 동일시하기 쉽다. 그게 인간의 종족적 본성이다. 이런 식의 접촉은 이미 우리 사회에 깊이 뿌리내리고 있으며, 유명 기업 CEO와의 저녁 식사처럼 은밀하게 조직된 이벤트 수준을 훨씬 뛰어넘는다. 민주당 상원 의원의 평균 재산액은 94만 6,000달러이고, 공화당 상원 의원은 140만 달러다. 그들은 아이들을 비싼 학교에 보내고, 비싼 식당에서 식사를 하고, 근사한 곳으로 휴가 여행을 간다. 그들이 주변에서 만나는 이들은 우버 운전사가 아니라 임원이다. 그러니 상황을 우버 임원에 유리하게 해석하면서 운전자들에게는 관심을 쏟지 않는 것도 당연한 일이다.

이 같은 성향은 팬데믹에 대한 연방 정부의 움직임에도 그대로 나타났다. '가장 취약한 부분을 보호한다'는 미명하에 가장 힘 있는 자들에게 수조 달러를 건네준 것이다. 2020년 3월에 통과된 2조 달러 규모의 대규모 부양책은 미래 세대에게서 도둑질한 돈이다. 경기 부양 자금과 추가로 지급된 실업 급여 때문에 2020년 2분기의 개인 소득은 1분기에 비해 7.3퍼센트 증가했다. 4월에는 개인 저축률이 33퍼센트에 달했는데, 이는 1960년대에 관련 부서가 추적을 시작한 이래 가장 높은 수치다. 구제책에는 900억 달러의 세금 감면도 포함되어 있는데, 이는 1년에 100만 달러 이상을 버는 사람들에게만 돌아가는 혜택이다.[8] 즉 부유할수록 더 많은 것을 얻게 되는 것이다. 2020년 8월 초,

미국의 억만장자들은 재산이 총 6,370억 달러나 불어났다.[9] 지난 수십 년 동안 늘 그래왔듯, 거대 양당이 합의한 유일한 조치는 무모하게 세금을 써서 부자들에게 혜택을 안겨주고 가장 궁핍한 이들에게는 보여주기식으로 돈을 약간 던져주는 것뿐이다.[10]

물론 모든 돈이 낭비되는 것은 아니다. 아마 3분의 1 정도는 가난한 이들에게 돌아갈 것이다. 몇몇 지역의 식당들은 직원에게 월급을 주고 팬데믹이 끝나면 다시 문을 열 수도 있을 것이다. 비행기 정비 회사, 브랜드 전략 회사, 자물쇠 제조업체 등은 팬데믹에 대비한 계획을 세워두지 못했지만, 코로나가 끝나면 계속 세금을 내고 서비스를 제공할 것이다. 그들의 성공은 긴급 구제가 가치 있는 일이라는 증거로 남을 것이다. 우리 자녀들이 훗날 갚아야 할 돈 중 대부분이 부자들의 손실 완화에 사용되었다는 사실만 제외하면 말이다. 부자들은 불균형하게 많은 혜택을 누렸고, 은행과 기존에 맺고 있던 관계 때문에 지원금도 가장 먼저 받았다. 행정부가 대통령 선거가 끝나기 전까지는 누가 그 돈을 받았는지 밝히지 않겠다고 거부한 것을 보면 뻔하다.

### 위기 속에서 이익을 차지하는 소수 계층

적어도 미국인들은 시장이 실패하게 내버려두지 않고 다음 세대에게서 훔친 돈을 이용해 주주 계급을 부양했다. 그들은 "이 위기를 함께 견뎌내야 한다"고 말한다. 하지만 여기 추악한 진실이 존재한다. 부유층에게 팬데믹은 통근 시간과 배기가스는 줄어들고, 가족과 함께 보내는 시간은 늘어나며, 더 많은 부를 축적하게 해주었다는 사실 말이다. 결과적으로 2조 2,000억 달러라는 터무니없는 규모의 코로나 경기 부양책은 우리 사회의 폐쇄적인 파벌주의를 보여주는 징후 중 하나일 뿐이다. 정부가 더 이상 자본주의의 승자를 견제하지 않는 것은 제도적으로 잘못된 행동이다. 이제 그들은 같은 참호 안에 있는 공모자다.

부자들은 지난 수십 년 동안 초신성처럼 강렬한 빛을 발하면서 잘 살아왔다. 데이터가 워낙 풍부해서 이와 관련된 글이 넘쳐난다. 그중에서도 극히 충격적인 데이터는, 이제 미국에서는 상위 0.1퍼센트가 하위 80퍼센트보다 많은 부를 소유하고 있다는 사실이다.[11] 부유한 미국인 3명이 하위 50퍼센트를 합친 것보다 더 많은 부를 소유하고 있다. 1983년 이후 저소득층과 중산층 가정의 국부國富 점유율은 39퍼센트에서 21퍼센트로 감소한 반면, 고소득층 가정의 점유율은 60퍼센트에서 79퍼센트로 증가했다.

소득 불평등이 이 정도로 심하면 부자들도 관심을 가질 거라고 생각할지 모른다. 소득 기준으로 전 세계 하위 절반을 차지하는 36억 명은 자신들의 재산을 합친 것보다 많은 부를 소유한 8개 가문의 재산만

**미국 가계의 총 자산 점유율**

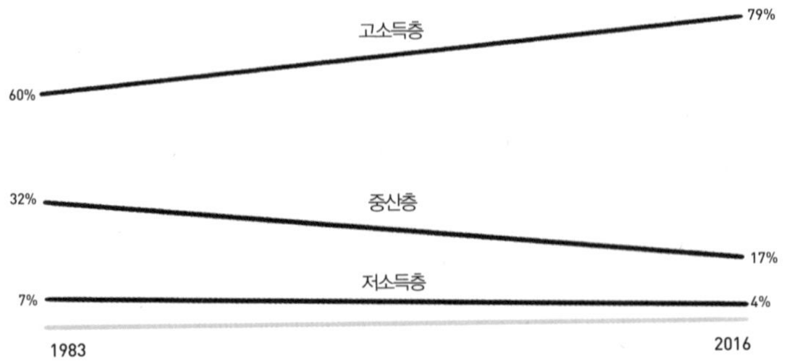


출처 : Pew Research Center of Analysis the Surver of Consumer Finances

나눠 가져도 자신들의 재산을 2배로 늘릴 수 있다는 사실을 깨달을 것이다. 미국의 경우에도 하위 25퍼센트(3,100만 가구)의 가구당 평균 순자산이 200달러에 불과하다.[12] 2020년 8월에는 제프 베조스의 재산이 2,000억 달러를 돌파한 것을 기념해, 한 무리의 시위대가 맨해튼에 있는 그의 자택 바깥에 단두대를 설치한 일도 있었다.

이런 경향은 갈수록 악화되기만 한다. 예전에는 어린나무들이 햇빛을 받을 수 있도록 커다란 나무의 꼭대기를 쳐내는 지도자를 뽑았다. 그러나 요즘에는 어린나무들이 쬘 수 있는 햇빛이 점점 줄고 있다. 과거의 세금 환급 데이터를 보면 초부유층의 경우 1950년대에는 소득의 70퍼센트, 1980년대에는 47퍼센트에 해당하는 금액을 세금으로 냈다. 현재의 세율은 23퍼센트로 이는 중산층보다도 낮은 세율이다. 그에 비해 빈곤층과 중산층의 세율은 대체로 같은 수준을 유지하고 있다. 우리는 부채를 대폭 늘려 부자들이 세금을 덜 내게 했다. 돈이란 일과 시간을 양도하고 받는 대가인데, 부유층이 세금을 덜 내게 하기

**소득 백분위 수별 총 세율**(연방·주·지방)

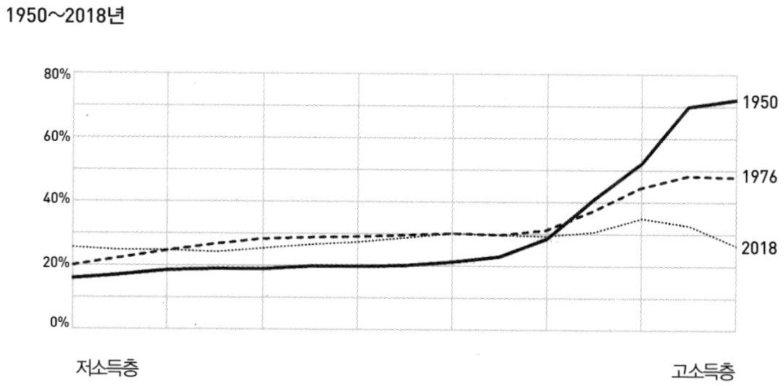


출처 : Emmanuel Saez&Gabriel Zucman, UC Berkley

위해 우리 자녀들이 훗날 일을 더 많이 하고 가족과 보내는 시간은 줄이도록 한 것이다.

내 경험만 살펴봐도 부자들이 이익을 독차지하는 방식을 알 수 있다. 2017년에 내가 설립한 회사 L2를 매각할 때 17~18퍼센트의 실효세율에 따라 세금을 납부했다. 22.8퍼센트의 연방세도 냈지만 세법 1202조 덕분에 이 회사가 처음 번 1,000만 달러에 대해서는 세금을 면제받았다. 1202조는 초기 주주들을 위한 세금 우대 조치로 창업을 장려하기 위한 것이다. 이는 납세자들의 돈을 벤처 투자가와 창업자에게 넘겨주는 것이나 다름없다. 세법 때문에 사업을 시작하거나 시작하지 않는 기업가는 없다. 회사를 차리려면 어느 정도 미친 짓도 해야 하고, 수백만 달러를 받고 매각할 수 있는 회사로 키우려면 많은 인재와 일거리, 행운이 필요하다. 이 모든 것과 관련된 결정은 세법과는 아무 관련도 없다. 성공한 이들을 위한 세금 감면 혜택은 불평등만 심화시킬 뿐이다.

보통 사람은 아무리 애를 써도 이런 혜택으로 벌어지는 차이를 뛰어넘을 방법이 없다. 더 많은 자원 접근, 투자 기회, 낮은 세금, 세무 전문가, 정치가와의 연줄, 자녀의 학교 입학을 도와줄 친구, 그리고 매끄럽게 돌아가는 플라이휠. 요즘처럼 억만장자가 되기 쉬운 적도 없었고, 백만장자가 되기 어려운 적도 없었다.

## 엄청난 번영에도 발전이 없는 사회

규제 없는 자본주의를 지지하는 사람들은 부자에게 유리한 점만 계속 늘어나는 현실을 외면하면서 밀물이 들어오면 모든 배가 뜰 거라고 확신한다. 그들은 미국 노동자계급은 최근의 번영기에 남들과 똑같은 몫을 차지하진 못했지만, 그래도 10년 전이나 한 세대 전, 혹은 한 세기 전보다 생활이 나아졌다는 걸 알고 안심했다. 하지만 이는 경제적 안정의 본질을 완전히 오해한 것이다.

2018년에는 미국인 1억 600만 명이 연방 빈곤선의 2배보다 낮은 소득으로 생활했는데, 이는 생각하는 것만큼 괜찮은 수준이 아니다. 4인 가족의 경우 빈곤선의 2배면 가계소득이 5만 1,583달러다.[13] 전체 미국인 가운데 이에 해당하는 인구가 2000년 이후로 2배 증가했다. 그들 대부분은 수입의 3분의 1 이상을 임대료로 쓴다. 3분의 1은 심하게 아프거나 장애가 있는데도 건강보험에 가입하지 않았다.[14] 감당하기 힘든 부채에 시달리는 사람도 많아서 절망으로 인한 죽음을 초래할 수도 있다. 자살하는 사람 중에는 빚을 진 사람이 평균보다 8배나 많다.[15] 신용 점수가 100점 오를 때마다 3개월 안에 사망할 위험이 4.4퍼센트씩 감소한다.[16] 미국에서는 말 그대로 돈이 생명이나 마찬가지다.

나 역시 어린 시절 경제적 불안이 항상 깔려 있는 잡음과도 같았다. 우리 집은 부유하지 않았고 부모님이 이혼한 뒤에는 경제적 스트레스가 경제적 불안으로 바뀌었다. 그 불안감이 어머니와 나를 갉아 먹으면서 너희는 가치 없고 실패한 인간이라고 귓가에 속삭였다. 부모님이 이혼했을 당시 우리 집 수입은 한 달에 800달러였다. 비서였던 어머니는 똑똑하고 부지런했다. 얼마 뒤 어머니의 봉급이 두 번이나 인상된 덕분에 수입은 월 900달러로 늘어났다. 이것은 어머니와 내가 세상을 상대로 싸우는 전쟁에 꼭 필요한 군수품이었다. 나는 아홉 살 때부터 베이비시터가 필요 없다고 말했다. 그러면 일주일에 8달러를 아낄 수 있다는 걸 알고 있었기 때문이다(게다가 내 베이비시터는 종교에 빠진 광신도였고, 아이스크림 트럭이 오면 자기 자식들에게는 30센트씩 주면서 나한테는 15센트만 줬다).

아홉 살이던 해 겨울에 입을 만한 재킷이 없어서 시어스Sears 백화점에 갔다. 재킷 가격은 33달러로 어머니의 하루 치 급여에 해당하는 돈이었다. 어머니는 사이즈가 아주 큰 것으로 샀다. 내가 그 재킷으로 2~3년은 버틸 수 있을 거라고 생각하셨기 때문이다. 하지만 안타깝게도 어머니는 아들이 물건을 잘 잃어버린다는 사실은 미처 고려하지 않으셨다. 매번 그래왔는데도 말이다. 2주 뒤, 보이스카우트 모임에 갔다가 재킷을 놓고 와서는 다음 모임 때 찾아오겠다고 약속했지만 찾지 못했다. 결국 J. C. 페니 백화점에 가서 다른 재킷을 사야 했는데, 어머니는 이것이 내 크리스마스 선물이라고 말씀하셨다. 재킷을 또 한 벌 사고 나니 선물을 살 여유가 없다는 것이었다. 정말로 그랬는지, 아니면 내게 교훈을 주려고 그렇게 말씀하셨는지는 잘 모르겠다. 아마 둘 다일 것이다. 어쨌든 나는 때 이른 크리스마스 선물에 흥분한 척하려고 애썼다. 하지만 몇 주 뒤 또 재킷을 잃어버렸다.

그날 학교가 끝나고 집에 앉아 어머니가 돌아오길 기다리면서, 내가 경제적으로 어려운 우리 집에 얼마나 큰 손실을 입혔는지 온몸으로 느꼈다. 물론 그냥 재킷 한 벌 잃어버린 것뿐이지만, 나는 당시 아홉 살이었다. 그 어린 나이부터 벌써 지독한 경제적 불안감에 시달렸기 때문에 재킷을 잃어버렸다는 사실에 등골이 서늘해질 정도였다. 그날 느낀 두려움과 자기혐오감은 절대 잊지 못할 것이다. "재킷을 잃어버렸어요." 집에 돌아온 어머니에게 말했다. "괜찮아요, 재킷 같은 거 필요 없으니까요…. 정말이에요." 울고 싶은 기분이었고, 실제로도 엉엉 울었다. 하지만 더 나쁜 일이 일어났다. 어머니가 울기 시작한 것이다. 그리고 마음을 가라앉히고 걸어오더니 주먹을 쥐고 내 허벅지를 몇 번 두드렸다. 마치 회의실에서 자기주장을 내세우는 듯한 모습이었고, 내 허벅지는 주먹으로 쾅쾅 내리치는 테이블 같았다. 그 상황이 속상했는지 아니면 어색했는지 잘 모르겠다. 어머니는 자기 방에 올라갔다가 1시간 뒤에 내려왔다. 그리고 우리는 그 일에 대해 다시는 이야기하지 않았다.

나는 지금도 물건을 잘 잃어버린다. 선글라스, 신용카드, 호텔 방 열쇠. 심지어 잃어버릴까 봐 집 열쇠도 가지고 다니지 않는다. 차이점은 지금은 물건을 잃어버려도 그냥 불편한 정도이고 빨리 해결할 수 있다는 것이다. 부는 작은 타격(잃어버린 재킷, 못 보고 넘어간 전기 요금 고지서, 펑크 난 타이어)을 완화하지만, 불안감은 그걸 증폭시킨다. 경제적 불안은 고혈압과 비슷하다. 항상 그곳에 존재하면서 경미한 질병이 생명을 위협하는 질병으로 바뀌기를 기다린다. 놀랍게도 경제적 불안은 문자 그대로 고혈압을 유발해서 저소득 가정에 사는 아이들은 부유층 가정의 아이들보다 혈압이 더 높다.[17]

부자가 되는 것은 좋고 가난해지는 것은 나쁜 일이라고 지적하는 것은 새로운 현상이 아니다. 아마 자본주의에 힘을 실어주는 야망과 추진력이 계속 작동하려면 빈곤이라는 자극제가 필요할지도 모른다. 하지만 모든 정의로운 사회의 기본적인 약속은, 열심히 일하면서 재능을 발휘하는 사람은 누구나 가난에서 벗어나 번영할 수 있다는 것이다. 그런데 그 약속이 깨져버렸다. 수많은 연구 결과, 오늘날 미국에서 개인의 경제적 성공을 결정짓는 가장 중요한 요인은 재능도 아니고 노력도 아니며 심지어 행운도 아니라는 사실이 밝혀졌다. 그건 바로 부모가 돈을 얼마나 가지고 있느냐다. 소득 백분위 수가 90인 집에서 자란 아이들의 예상 가족 소득은 백분위 수가 10인 집에서 자란 아이들보다 3배나 많다.[18] 미국의 경제 이동성은 여러 이유로 유럽이나 다른 지역보다 훨씬 나쁜 수준에 머물러 있다.[19] 아메리칸드림을 이루고 싶은가? 그렇다면 덴마크로 가야 한다.[20]

이것은 단순히 가난이나 억만장자에 관한 이야기가 아니다. 어느 단계에서나 상위 계층으로 올라가기가 점점 더 힘들어지고 있다. 내가 처음 구입한 집은 샌프란시스코의 포트레로 힐Potrero Hill 지역에 있었는데, 당시 가격이 28만 달러였다. 이 금액을 1992년 경영대학원 졸업생의 평균 초봉인 10만 달러로 나누면, 평균 연봉에 대한 주택 가격의 비율이 2.8 정도 된다. 지금의 평균 연봉은 14만 달러로 꽤 많은 돈이다. 하지만 현재 샌프란시스코 베이 지역의 평균 주택 가격은 140만 달러다. 2.8이던 비율이 10으로 뛰었다. 이런 변화는 몇 안 되는 승자들, 자기가 엘리트 계층에 합류했다고 생각하는 이들을 위한 것이다.

갈수록 살기가 힘들어지고 있다. 결국 미국은 엄청난 번영을 이루었지만 발전은 거의 없는 사회가 되어버렸다. 미국 독립선언서는 '생명과 자유, 행복 추구권'을 약속한다. 하지만 연구 결과, 미국인은 유럽

인보다 수명이 짧고,[21] 자유롭지 못하며,[22] 행복 추구에 성공하는 비율도 낮은[23] 것으로 드러났다.

## 길은 갈수록 좁아지고 있다

이 같은 불평등은 세법, 교육 시스템, 그리고 한심한 사회복지 때문에 발생하며, 이제는 문화 전반에 깊숙이 뿌리내렸다. 어릴 때 디즈니랜드에 갔던 일이 생각난다. 디즈니랜드에는 부유한 아이, 중산층 아이, 저소득층 아이가 섞여 있었다. 나와 가장 친한 모르몬교를 믿는 집안의 친구는 스탠퍼드대학교에 진학했다. 부유한 집안 출신인 다른 친구는 브라운대학교에 다녔다. 도심에서 자란 흑인 친구는 돈이 없어서 오리건주에 있는 한 평범한 대학에 축구 장학생으로 가려고 했다. 그럼에도 우리는 모두 똑같은 디즈니랜드를 경험했다. 각자 9달러 50센트씩 내고 이용권을 구입해, 똑같은 티켓을 들고 '캐리비안의 해적'을 타려고 45분을 기다렸다. 나와 내 친구들뿐만 아니라 당시 디즈니에서는 다들 비슷한 경험을 했다.

지금의 디즈니랜드는 어떨까? 돈이 많지 않은 이들에게는 119달러를 받는다. 이들은 평범한 음식을 먹고 줄을 서서 기다린다. 좀 더 부유한 사람은 170달러를 내고 '패스트패스FastPass'라는 것을 구입할 수 있다. 그러면 1시간이 아니라 단 10분만 기다려서 캐리비안의 해적을 탈 수 있다. 상위 1퍼센트에 해당하는 이들은 VIP 투어가 가능하다. 5,000달러를 내면 친구 6명과 함께 투어 가이드를 받고, 의상을 차려

입은 디즈니 캐릭터들이 서빙해주는 특별한 식당에서 점심을 먹을 수 있다. 그뿐만 아니라 공연자들이 있는 무대 뒤에도 가볼 수 있고, 새치기가 가능한 것은 물론 직원 출입구로도 들어갈 수 있다.

물론 디즈니랜드는 결코 공산주의의 유토피아가 될 수는 없다. 자본주의사회에 존재하는 기업 아닌가? 어쩌면 부유한 집 아이들도 디즈니랜드에서 줄을 서서 기다리게 하면 이타주의와 공감 능력, 그리고 짜증을 참는 능력을 키우는 데 유익한 효과가 생긴다고 주장할 수도 있을 것이다. 하지만 디즈니랜드가 새로운 의미의 카스트제도를 도입한 것이 아무렇지도 않다면, 이렇게 한번 생각해보자. 위 내용을 다시 읽으면서 '디즈니랜드'라는 표현을 '대학'으로 바꿔보는 것이다. 결국 똑같은 이야기가 된다. 고등교육은 계급주의를 지향하는 자본주의적 경향에 대한 해독제이자 사회적 지위를 높일 훌륭한 방법이라고들 생각했다. 하지만 이제 미국의 고등교육은 계급의 상향 이동을 위한 윤활유에서 카스트제도의 집행자로 변질되었다.

재킷을 잃어버리고 울던 내가 아들이 재킷을 잃어버렸을 때 "넌 아빠랑 어쩜 그리 똑같니"라며 웃어넘길 수 있는 건 바로 UCLA 덕분이다. 내가 고등학교를 졸업할 때 성적은 평점 3.2였고 당시에는 UCLA 합격률이 60퍼센트가 넘었다. 처음 이 학교에 지원했을 때는 합격하지 못했지만, 입학생 선발 권한이 있는 한 관계자가 나를 안타깝게 여겼다. 그가 은혜를 베풀어준 순간과 학교를 운영하게 해준 캘리포니아 납세자들의 관대함이 내 성공의 밑거름이 되었다.

나는 그렇게 UCLA를 졸업한 뒤 월스트리트에서 일자리를 얻었고, 나중에 다시 UC버클리 경영대학원에 입학했다. 생각해보면 첫 번째

아내를 만난 곳도 UCLA였고, 그녀의 수입 덕분에 프로핏과 레드 엔벨로프라는 회사를 공동 설립할 수 있었다. UC버클리에서는 사업 파트너를 만났는데, 그가 없었다면 두 회사는 계속해서 내 머릿속에만 존재했을 것이다. UC버클리에서 만난 데이비드 아커 교수는 내 멘토가 되었고, 그가 프로핏 사업을 도와준 덕에 초기 성공을 위한 문이 일찍 열렸다.

내가 성공한 비결 가운데 가장 결정적인 역할을 한 것은 고등교육에 대한 접근성이었다. 우리 부모님은 대학을 나오지 않았지만 미국은 아이들이 대학에 다니기를 원했다. 그런데 2019년 UCLA의 합격률은 12퍼센트였다. 다시 말해, 30년 전에 내가 손에 넣은 상향 이동성에 접근하는 길로 들어서기가 5배나 힘들어진 것이다. 풍요로운 사회는 다음 세대의 성공을 어렵게 만드는 게 아니라 더 쉽게 만들어줘야 한다. 소수의 특권층이 캐리비안의 해적을 몇 번씩 타는 동안, 대중은 뙤약볕이 내리쬐는 바깥에 서서 절대 오지 않을지도 모르는 차례를 기다리고 있다. 경제적 불안에서 벗어나는 길이 갈수록 좁아지고 있는 것이다.

성과주의, 그리고 성공에 대한 신화를 맹신하는 사회는 이 딜레마가 얼마나 심각한지 알지 못한다. 그동안 우리는 억만장자를 떠받들고 부를 가치의 상징으로 삼았다. 그리고 이런 태도는 더 많은 부로 보상받는다고 믿었다. 또 이 사회는 성공이 천재성의 산물이라는 말을 좋아한다. 내가 미디어, 기술 분야에 속한 7개 상장 기업의 임원으로 일하면서 얻은 경험에 따르면, 검은 터틀넥 스웨터를 입은 30~40명에게 '여러분이 바로 스티브 잡스'라고 말하면 그들은 그 말을 믿고 싶어 한다. 그러나 부자들이 이처럼 불평등으로 향하는 추세를 저지해줄 것이라고 기대해선 안 된다.

### 자본주의인가, 카스트제도인가

아주 부유한 사람들을 멍청이로 묘사하는 만화가 있다. 하지만 그들은 멍청이가 아니다. 성공한 사람들 대부분에게는 몇 가지 공통점이 있다. 근성과 행운, 재능, 그리고 위험을 감수하는 대담성이다. 물론 태어날 때부터 부유한 사람들도 있지만, 일반적으로 이 집단은 어떤 분야에서든 가장 열심히 일하는 집단이다. 그들은 경제적으로나 경제 외적인 부분에서나 더 많은 수익을 얻기 때문에 그만큼 동기도 크겠지만, 기본적인 원칙을 피할 수는 없다. 억만장자가 될 계획이라면(그리고 억만장자 부모가 없다면) 앞으로 30년 동안 열심히 일해야 한다. 그만큼 백만장자가 되기 위한 과정이 어렵고 힘들다는 뜻이다.

나는 또 아주 부유한 사람들은 대부분 애국심이 강하고 관대하며 진심으로 공공의 이익을 염려한다는 사실을 알게 되었다. 성공의 정점에 도달하려면 편들어줄 사람들이 많이 필요할 테니 이는 당연한 일이다. 하지만 부유한 사람들이 일방적으로 무장을 해제하고 자기가 가진 것을 다 내놓지는 않을 것이다. 그중 0.1퍼센트는 다른 사람들과 마찬가지로 본인의 기술과 자원을 이용해 자신의 회사가 다른 회사들보다 우위를 차지하고, 자녀가 다른 아이들보다 유리한 위치에 서게 할 것이다. 그걸 위해 외부적인 문제(환경 기준, 독과점 남용, 세금 회피 등)는 전부 모른 척해야 하더라도 말이다. 누구나 자기 아이에게는 최고의 것을 주고 싶어 하는데, 이 사회의 시스템은 돈으로 더 좋은 교육을 사고, 문화적 발전을 위해 돈을 지불하고, 자손들에게 더 많은 기회를 제공할 수 있는 선택권을 준다. 사람들은 대부분 우리 사회의 장기적인 발전에 관심이 있지만, 그 전에 먼저 자신과 자신의 소유물에 초점을 맞춘다.

행운과 재능을 하나로 합치는 것은 위험한 행동이다. 파레토Pareto 법칙은 역량이 고르게 분포되어 있더라도 결국 20퍼센트의 원인에서 80퍼센트의 결과가 나온다고 주장한다. 나 역시 내 인생에서 행운(적절한 시기에 적절한 장소에서 태어난 것)이 정말 큰 역할을 했는데, 그걸 여태껏 실력으로 착각해왔다는 사실을 나이가 들면서 깨닫고 충격받았다. 백인 남자가 1990년대에 직업 생활을 할 나이가 된 것은 역사상 가장 큰 경제적 차익 거래 기회를 안겨줬다. 현재 나이가 54~70세인 사람들의 경우, 그들이 주로 현장에서 일하던 25~40세 때에 비해 다우존스 지수가 평균 445퍼센트 상승했다. 다른 연령대의 경우에는 많아 봐야 2배 정도 상승했는데 말이다.

이런 성장은 백인 남자 같은 특정한 인구통계 집단에만 기회가 많이 돌아간다는 것을 의미한다. 1990년대 당시 34~44세이던 나는 샌프란시스코에서 스타트업과 활동가들의 캠페인을 위해 10억 달러 이상을 모금했다. 하지만 40세 미만 여성이나 유색인종 가운데 1,000만 달러 이상을 모금한 사람은 한 명도 보지 못했다. 당시 나는 그게 특별히 이상하다고 생각하지 못했다. 오늘날에도 전체 인구의 31퍼센트밖에 안 되는 백인 남자가 선출직 공직의 65퍼센트를 차지하고 있다.[24] 기업 경제의 문지기 역할을 하는 벤처 투자가의 80퍼센트가 남자이며 대부분 백인이다. 빌 게이츠와 스티브 잡스부터 제프 베조스와 마크

**벤처 캐피털리스트 비율**

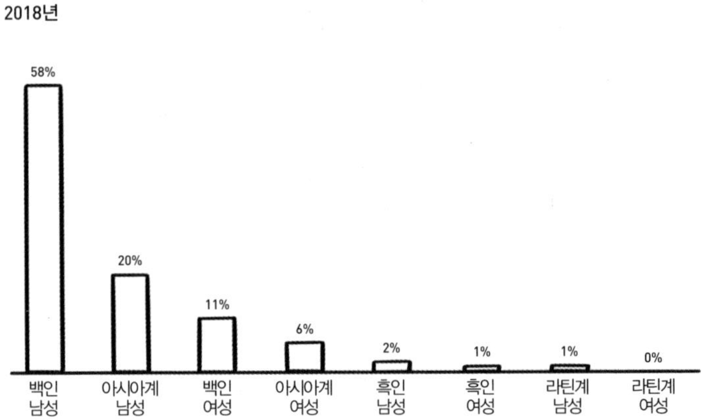


출처 : Richard Kerby

저커버그에 이르기까지, 창업 CEO 가운데 백인이 압도적으로 많은 것이 이상하지 않은가?

우리가 성과주의, 혹은 성과주의라고 여기는 것의 문제점은 다들 억만장자는 그런 성공을 누릴 자격이 있고, 그들을 우상화해야 한다고 여긴다는 것이다. 우리가 혁신가들을 숭배하는 바람에 그들은 자신에게 혜택을 안겨주는 구조적 이점과 행운을 깨닫지 못한다. 그런 모습을 보며 우리는 약간의 행운만 있으면 나도 저들처럼 될 수 있을 거라고 착각한다. 미국인의 60퍼센트는 경제 시스템이 부유층에게 유리하며 이것이 부당하다고 생각하지만,[25] 존 올리버John Oliver의 지적처럼 그걸 용인한 사람은 우리다. '나는 이 게임이 조작되었다는 것을 안다. 그러니까 내가 이기면 엄청난 대가를 얻을 수 있을 것이다'라고 생각하기 때문이다.[26] 그리고 이렇게 왜곡된 사회를 용납하면서 퇴역 군인 중에는 왜 노숙자 행색을 한 사람들이 많은지, 전체 어린이의 18퍼센

트는 왜 식량이 부족한 가정에서 자라는지 의아해한다.[27]

경제적인 차이가 클수록 우리는 근본적인 부분에서부터 다른 사람들이라고 생각하게 된다. 소득 불평등이 커질수록 이타적인 행동이 줄어든다. 불평등이 적을수록 사람들은 더 관대해지고 불평등이 심할수록 관대함이 사라진다. 마이클 루이스Michael Lewis는 "불평등 자체 때문에 문제가 발생한다. 불평등은 소수의 특권층에게 화학반응을 일으켜서 그들의 뇌가 한쪽으로 기울어지게 한다. 그러면 그들은 자기 자신 외에는 아무에게도 관심을 두지 않게 되고, 품위 있는 시민이 되기 위해 필요한 도덕적 감정을 느끼지 못한다"[28]라고 말했다. 특권층은 거울 속에서 자신의 고귀한 모습을 본다. 경제적으로 성공한 사람은 시급 14달러를 받고 식료품을 배달하거나 지하철을 청소하는 사람이 그런 경제적 운명을 겪는 게 당연하다고 여긴다. 그들은 똑똑하지도 않고, 훌륭하지도 않으며, 자기처럼 가치 있는 사람도 아니라는 것이다.

설상가상으로, 환경과 행운의 축복을 받지 못한 사람들의 귀에는 그 메시지가 더 크고 명확하게 들린다. 경제적으로 성공하지 못한 것은 스스로의 잘못이다. 이곳은 기회의 땅이고 누구나 큰 성공을 이룰 수 있는 곳 아닌가? 그렇다면 그러지 못한 사람들에 대해서는 뭐라고 해야 할까? 우리는 0.1퍼센트의 성공한 사람들을 숭배하면서 교사와 사회복지사, 버스 기사, 노동자 등에게 마땅히 돌아가야 할 존경심을 밀어낸다. 그들은 가치 없고 실패한 사람들이라고 대놓고 말한다. 그들이 직면한 경제적 불이익은 본인들의 잘못이고 심지어 타고난 운명이라고 주장한다. 하지만 이런 믿음은 자본주의가 아니라 카스트제도이며, 0.1퍼센트의 힘을 굳건히 다지기 위해 생긴 불가피한 결과다.

이런 이유에서 우리에게는 인간의 본성과 맞서고, 성급한 사고와 이기주의가 느린 사고 및 공동체와 균형을 이루도록 할 수 있는 강력한 정부가 필요한 것이다. 성취욕을 불어넣기 위해 부자들을 우상화할 필요는 없다. 부와 성공은 그 자체로 충분한 동기부여가 된다. 우리가 억만장자를 영웅시하는 것은 그들에게 좋은 마케팅이 필요해서가 아니다. 혁신은 여전히 진행되고 있고 사람들은 열심히 노력하지만, 계속 늘어나는 전리품은 혁신가가 아니라 기업 소유주에게 돌아갈 거라는 진실을 가리기 위해 그들을 치장하는 것이다.

게다가 개인 차원에서 나타나는 불평등이 기업 차원에서도 일어나고 있다. 세법을 주주 계층에게 유리하게 만든 것처럼, 대기업은 자신들의 힘을 제한해야 할 정부 기관을 자기편으로 끌어들였다. 이런 행태가 문제가 되는 이유는 혁신과 일자리 증가를 가로막기 때문이다. 카터Jimmy Carter 행정부 때는 매일 지금보다 2배 이상 많은 회사가 새롭

**카테고리별 시드 라운드 수**

2010~2018년

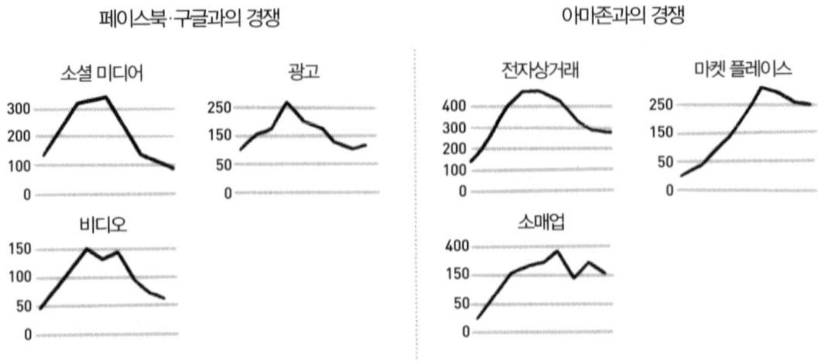


출처 : Tom Tunguz Blog Analysis

게 설립되었다.[29] 하지만 신생 기업이 처음 벌어들인 1,000만 달러에 대해 세금을 면제해주는 정책은 새로운 회사를 탄생시키는 게 아니라 오히려 말살시켰다.

빅 4 중 하나가 지배하는 시장에서는, 초기 단계 벤처 투자자들이 독점의 앞유리창에 찰싹 달라붙으려고 하는 곤충처럼 작고 힘없는 기업을 후원하는 일에 점점 관심을 잃어가고 있다. 뛰어난 경쟁자의 위협을 받지도 않고, 거의 무한대에 가까운 값싼 자본을 공급받으면서, 진출하는 모든 산업에서 우위를 차지할 수 있는 플라이휠의 힘을 누리는 거대 IT 기업들은 더 이상 혁신을 이룰 이유가 없다. 그들에게는 훨씬 수익성 높은 착취 기회가 기다리고 있기 때문이다.

## 혁신 경제에서 착취 경제로

지난 10년 사이에 우리 경제는 혁신 경제에서 착취 경제로 전환했다. 혁신은 위험하고 예측 불가능하다. 혁신은 시장의 역학 관계를 바꾸고 민첩한 신규 플레이어가 기존 플레이어의 점유율을 빼앗을 수 있는 기회를 만든다. 시장에서 확고하게 자리 잡은 리더에게는 이런 특징이 전혀 매력적이지 않다. 애플은 기존 사고방식을 유지한 덕에 주주들에게 1조 달러가 넘는 수익을 안겨줬는데 왜 '다르게 생각해야' 한단 말인가?

단기간에 주주 가치를 수천억 달러씩 늘린 기업들은 정부와 우리의 본능이 신기술과 보조를 맞추지 못하는 걸 틈타 차익 거래를 성사시켰다. 갈수록 소수의 기업이 소셜 미디어와 전자상거래 앱, 차량 호출 앱 등을 통해 엄청난 금액의 주주 가치를 얻는 동안, 그 반대편에서는 우울증을 앓는 수백만 명의 10대 청소년, 선거 개입, 건강보험에도 가입하지 못하고 최저임금 이하의 돈을 받는 직업에 따른 문제가 발생한다. 시장을 지배하는 회사들은 근로자부터 시작해 손에 닿는 모든 것을 착취한다. 팬데믹 기간에 아마존이 '필수 직종'인 창고 노동자들을 어떻게 대우하는지가 폭로되었다. 노동자들은 밖으로 나와 청원 운동을 시작하면서 코로나의 위험성과 안전하지 않은 근로 환경에 대해 사내에 축적되어 있던 불만을 토로했다. 이에 대응해 아마존은 파업을 이끈 풀필먼트 센터 직원을 해고했다.[30]

우버는 자산을 보유하지 않고도 자산 집약적인 사업을 대규모로 운영하는 방법을 알아냈다. 대신 그들은 자산을 구입해서 유지하는 책임을 운전자 파트너에게 떠넘겼고, 그들에게 건강보험을 제공하거나 최저임금을 지급하지 않기 위해 어떻게든 운전자를 직원으로 분류하지 않으려고 필사적으로 노력하고 있다. 캘리포니아주의 AB5 법안 Assembly Bill 5은 긱 노동자에게도 직원의 지위를 부여하도록 한다. 그들도 결국 직원이기 때문이다. 기업계는 이에 대응해 유권자들이 직접 결정할 수 있는 주민 발의안 22를 마련해 2020년 11월에 표결에 부치기로 했다. 이 발의안은 AB5 법안 시행을 유예하고 비용이 덜 드는 새로운 노동자 범주를 만들기 위한 것이다. '22 반대' 캠페인은 81만 1,000달러를 모금했는데 대부분 노동 단체에서 기부한 돈이다. 반면 '22 찬성' 쪽은 1억 1,000만 달러를 모금했다.[31]

우버의 비즈니스 모델은 훌륭하지만 불합리하다. 유나이티드 항공

**배달 차량 운전자가 받는 급여**

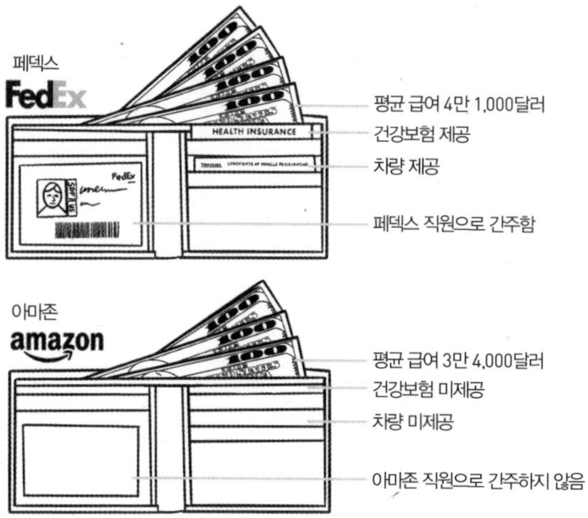


출처 : Glassdoor

이 승무원들에게 존 F 케네디 공항에서 로스앤젤레스 공항까지 운항하고 싶으면 항공기 구입 자금을 내고 연료를 공급하고 기내 간식을 준비한 다음 수익을 분배받으라고 했다고 상상해보라. 말이 되는 소리인가? 누군가는 이게 단순한 프랜차이즈 모델이라고 주장할 수도 있다. 그러나 대부분의 프랜차이즈는 모기업에 4~8퍼센트의 수수료를 지불하지만 우버는 20퍼센트를 가져간다.

운전자에게 최저임금을 지급하면 우버가 사업을 지속할 수 없을지 모른다는 의구심이 들 수도 있다. 하지만 2020년 8월, 이 회사가 '운전자 파트너'를 직원으로 분류할 경우 인구가 많은 도시에서만 운행해야 수익이 남는다는 사실을 인정하면서 그런 의구심마저 사라졌다.[32]

대기업들은 또 하나의 탐나는 목표물인 소비자를 착취해 갈수록 많은 이익을 얻고 있다. 정말 무료인 소셜 네트워크 앱 같은 것은 없다. 대신 기업들은 알고리즘을 이용해 인간의 약점을 파고든다. 인류가 겪는 대부분의 질병과 고난은 결핍 때문이다. 소금, 설탕, 지방, 인정, 안전, 짝짓기 기회 등이 너무 적었던 탓에, 이런 것을 찾아내면 우리 뇌는 최고의 보상인 도파민이라는 쾌락 호르몬을 분비한다. 자연은 종의 생존과 번식을 위한 행동에 보상을 안겨주므로 이때 쾌락을 느끼는 것은 당연한 일이다.

### '초과잉'이라는 새로운 위협

조립라인, 컴퓨터의 처리 능력, 아마존 프라임은 생존을 위한 최저 기준을 충족시키는 데서 끝난 게 아니라 초과잉이라는 인류의 새로운 위협을 만들어냈다. 당뇨, 소득 불평등, 가짜 뉴스 같은 것은 전부 뭐든지 많을수록 좋다는 믿음이 낳은 결과물이다. 하지만 생존과 번식, 소비는 더 똑똑하고 빠르고 강한 다음 세대로 이어져야 한다.

그런데 혁신 경제가 우리 본능보다 빨리 움직이는 바람에 문제가 발생했다. 역사적으로 인간은 자연스러운 정지 신호가 존재하는 활동에 참여해왔다. 나무에 더 이상 사과가 없고 통에 더 이상 맥주가 없으면 그 상황이 끝나는 것이었다. 그런데 페이스북, 인스타그램, 넷플릭스 같은 플랫폼들은 정지 신호를 일부러 없애버렸다. 사람들이 계속해서 다음 도박 테이블로 이동할 수 있도록 실내에 각진 부분을 만들지 않고 전체를 하나의 연속적인 공간으로 꾸며놓은 카지노와 비슷하다. 넷플릭스에서는 언제든 영화와 드라마, 다큐멘터리를 볼 수 있고, 틱톡은 끝없이 새로운 동영상이 등장하는 공간이 되었다.

인간의 본능을 조정하는 기술적 진보는 끝없는 스크롤을 통해 최고조에 이르고 있다. 끄는 스위치를 찾을 수가 없다. 부모나 조부모 세대와 달리 우리 세대의 도파민 방출은 희생이나 적극적인 참여, 근성에 의지하는 게 아니라 〈킬링 이브Killing Eve(2018년부터 BBC 아메리카에서 방영 중인 드라마 - 옮긴이)〉 5화가 시작될 때까지 가만히 앉아서 기다리는 데 달려 있다. 온라인에는 필터로 보정한 사진이 많아진다. 포르노와 주식, 이윤이 늘어나고 도파민 분비도 늘어나면서 삶에 적극적으로 개입해 번거로운 일을 할 필요가 없는 시간도 늘어났다.

이를 가로막는 장애물을 없애는 것은 시작에 불과하다. '게임화'라는 인위적인 인센티브를 추가해야 한다. 온라인 거래 플랫폼OTP은 이런 특별한 형태의 디지털 틈새를 발견한 최신 산업 분야다. 거래 플랫폼에서는 끝없는 스크롤이 어떤 모습으로 나타날까? 로빈후드 앱을 다운로드해보면 다음과 같은 것들을 발견할 수 있다(단, 이에 수반되는 위험은 각오해야 한다).

- 거래가 성사되면 이를 축하하기 위해 색종이 조각이 폭포처럼 쏟아진다.
- 알록달록한 캔디 크러시candy crush 게임 인터페이스를 이용할 수 있다.
- 사용자는 로빈후드의 현금 관리 기능(이 앱의 고수익 당좌 계정)을 이용하고자 하는 대기자 명단에서 본인의 순위를 높이기 위해 하루에 최대 1,000번까지 화면을 두드릴 수 있다.[33]

이런 사회적 격차 때문에 10대의 우울증과 사회적 혼란이 폭발적으로 증가했다.[34] 우리는 날마다 속도가 빨라지는 낡은 전투기에 올라타서는 〈심슨 가족The Simpsons〉의 31개 시즌 스트리밍, 현실과 구분이 가지 않는 비디오게임, 어디서나 볼 수 있는 갈수록 극단으로 치닫는 포르노, 열다섯 살 난 딸이 초대받지 못한 파티에 관한 실시간 고화질 기록, 분노와 진실성 공방에 기름을 붓는 소셜 미디어 알고리즘, '불풋 스프레드bull put spread(가격이 상승할 것으로 믿고 권리 행사 가격이 높은 풋옵션을 매도한 뒤 권리 행사 가격이 낮은 풋옵션을 매입하는 것-옮긴이)'에 대한 즉각적인 이윤 승인 같은 음속 장벽에 접근할 때마다 기체가 산산조각 나지 않기만을 바란다.

2020년 6월, 일리노이주 네이퍼빌Naperville에 사는 알렉스 키언스Alex Kearns라는 스무 살 젊은이가 자살하면서 이런 조작 때문에 발생할 수 있는 최악의 결과가 빚어졌다. 주식시장에 관심이 있었던 알렉스는 로빈후드를 통해 주식거래를 시작했다. 그러다 로빈후드가 아주 쉽게 만들어놓은 거래 방식에 고무되어 옵션 거래까지 시작했다. 하지만 이 특별한 거래의 복잡한 규칙을 이해하지 못한 그는 자기가 73만 달러의 손실을 봤다고 생각했고, 탈출구를 찾지 못하자 결국 스스로 목숨을 끊었다.

로빈후드 사용자들은 방문객의 32퍼센트가 25~34세일 정도로 매우 젊다. 이 회사는 2020년 1분기에 300만 개의 신규 계정이 개설되었다고 신고했다. 그중 절반이 주식거래를 처음 해보는 사람들이었다.[35] 게다가 팬데믹 초기 몇 달 동안 라스베이거스와 스포츠 도박이 거의 중단되면서 OTP는 새로운 도박 중독이 뿌리내릴 수 있는 장소가 되었다. 달러가 후원하는 도박 중독 재활원인 셈이다. 미국 국민에게 1,200달러씩 나눠준 경기 부양 지원금 가운데 받자마자 OTP로 바로 넘어간 돈이 얼마나 될까?

자녀들이 디지털 기기에 중독되지 않도록 보호해야 하는 책임은 대부분 부모가 진다. 사용을 엄격하게 제한하고 다른 학부모도 자녀의 기기 사용 제한에 동참하도록 해서 아이가 친구들 사이에서 따돌림당하는 일이 없도록 해야 한다. 어렵지만 반드시 해야 하는 일이다. 온 가족이 '전자 기기 단식'에 동참하면 신경을 안정시킬 수 있다. 또 도파민 역치가 낮아져서 작은 즐거움에도 만족할 수 있게 될 것이다.

중독의 위험성 때문에 우리 가족도 삶의 속도를 늦추려고 애쓰는 중이다. 내 아들도 기기 중독 증상과 같은 행동을 보여서 두렵다. 아들이 하는 일, 하는 말, 노력하는 모든 것이 아이패드에서 기다리는 도파민 히트를 얻기 위한 것이다. 아이 엄마와 나는 대부분의 부모와 비슷하게 책을 읽거나 외부 도움을 구하거나 기기 사용을 제한하는 방법을 쓰고 있다. 하지만 무엇보다 모든 것을 천천히 진행하려고 노력한다. 아이와 함께하는 시간에는 대부분 야외 활동을 하거나 책을 읽는다. 밤에 재울 때는 함께 누워서 할아버지가 영국 해군에서 잠수부로 활약한 이야기를 해준다. 모든 것을 느리게 진행하는 방식은 분명 효과가 있는 듯하다.

나는 알렉스 키언스를 보고, 또 내 큰아들을 본다. 주식시장에 매료되어 도파민 히트를 추구하면서 활짝 웃는 괴짜들이다. 나는 키언스의 가족이 어떤 고통을 겪고 있는지 감히 상상할 수조차 없다. 우리가 어쩌다 원칙을 잃어버리게 된 건지, 어쩌다 더없이 소중한 아이들보다

미국의 10대 사이에서 소셜 미디어가 부정적인 영향을 미치는 주된 이유

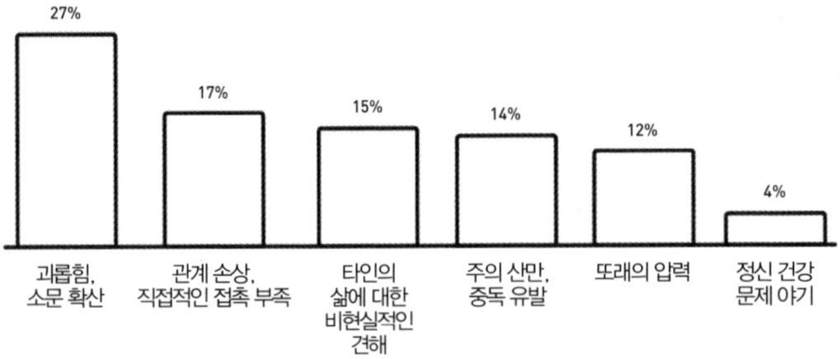


출처 : Pew Rsearch Center, 2018

혁신과 돈을 더 중요시하게 된 건지 이해할 수가 없다. 청소년 자살률은 10년 사이에 56퍼센트 증가했다.[36] 2009~2015년에 10~14세 소녀의 자해 사건이 3배 증가했다.[37] 하루에 소셜 미디어를 5시간 이상 이용하는 청소년은 이용 시간이 1시간 미만인 청소년에 비해 우울증에 걸릴 확률이 2배 높다.[38] 팀 쿡이 자기 조카는 소셜 미디어를 이용하지 않았으면 한다는 게 이상한 일인가? 그가 팀 쿡만 아니라면, 그도 "얘가 아이패드를 갖고 놀지 않았으면 좋겠어"라고 말하지 않을까?

## 때로는 정부가 놀라울 만큼 효과적일 수 있다

나는 비공개 주식시장에서 많은 이익을 얻었다. 낙관론을 추구할 자유, 많은 행운과 혼합된 몇 가지 타고난 재능, 그리고 노력을 통해 내 부모님이 경탄하지만 잘 알지는 못하는 여러 가지 직업 경험과 경

제적 안정을 얻었다. 이 과정에서 정부는 내게 많은 것을 베풀었다. UCLA는 내가 다닌 공립 초등학교나 중학교와 마찬가지로 내 삶에서 극히 중요한 존재였다. 사업을 안전하게 지켜주고 계약을 이행할 수 있게 해준 법률도 마찬가지다. 또 정부가 자금을 대서 만든 물리적 기반 시설과 디지털 인프라가 사업의 토대가 되었다.

정부는 비효율적이거나 효과를 발휘하지 못할 수 있다. 하지만 『엘리트 세습The Meritocracy Trap』을 쓴 예일대학교 로스쿨 교수 대니얼 마코비츠Daniel Markovits의 말처럼, 정부가 놀라울 정도로 효율적일 때도 있다. 연 소득이 6만 달러인 가족은 1년에 약 1만 달러의 세금을 낸다. 그 대가로 이 가족은 도로와 공립학교, 환경보호, 국가 보안, 소방, 치안 등의 서비스를 이용하게 된다. 이 모든 것을 민간 서비스 패키지로 구입하려면 비용이 얼마나 드는지 확인해보라. 그 가족은 아마 케이블, 인터넷, 휴대폰을 사용하기 위해 1년에 3,000달러를 컴캐스트Comcast Corporation(미국의 통신 미디어 기업)에 지불할 것이다. 하지만 서비스는 형편없고 미국의 인터넷 속도는 다른 선진국들보다 느리다. 다시 말해, 국민들이 정부와 연대하면 정부도 매우 효율적으로 움직일 수 있다는 이야기다.[39]

### 우리는 왜 정부를 하찮게 여기는가

하지만 내가 이 나라에 태어나서 사는 동안 내내 정부를 폄하하고 공공 재산에 대한 정부의 기여를 부정하는 것이 유행이 되었다. 이런 움직임이 처음 나타난 레이건 혁명(1980년대에 신자유주의 경제 정책을 통해 경제를 활성화하면서 정부에 대한 의존도를 줄였다.-옮긴이) 시기에는 정부가 곧 적이고 물리쳐야 하는 억압적인 힘이었다. 그러더니 이내 상대할 만한 적수로 존중하는 것조차 그만뒀다. 2016년에 리얼리티 TV 쇼의 스타가 대통령으로 선출된 것은 이런 장기적인 성향이 실현된 것이다. 우리는 정부를 엔터테인먼트 상품과 동일시한다. NFL과 비슷하지만 더 위험하고 1년 내내 경기가 벌어진다는 점이 다르다. 그리고 각자 레드 팀이나 블루 팀 중 한쪽에 소속되어 서로가 서로에게 비난을 퍼붓는 모습을 지켜본다.

정부에 대한 이 같은 사람들의 경멸은 어느새 투자자 대상의 홍보 전략으로 쓰이게 되었다. 2020년 8월 20일에 팔란티어Palantir라는 소프트웨어 회사가 예정된 IPO에 앞서 투자자들에게 금융 관련 서류를 보냈다. 회사는 이 서류에서 정부 계약 업체들과 강력한 유대 관계를 맺은 덕에 좋은 기회를 얻을 수 있었다고 주장하면서 "정부 기관은 국민을 부양하는 데 구조적으로 실패했다"고 표현했다.[40] 피터 틸Peter Thiel(페이팔을 창업한 미국 기업가-옮긴이)의 지원을 받는 이 회사는 "우리는 이런 기관들의 낮은 성과와 합법성 상실 때문에 그들에게 필요한 변화 속도가 빨라질 것이라고 생각한다"라고 말한다. 피터 틸은 '합법성 상실'에 그 어떤 회사보다 많이 기여한 페이스북의 투자자다.

이 문제를 한번 생각해보자. 자신들의 가장 중요한 고객이 너무 무능하기 때문에 제품을 더 많이 살 거라고 투자자에게 장담하는 오만한 회사는 거대 IT 기업들뿐이다. 이는 마치 액센추어Accenture(전략, 컨설팅, 기술, 운영 분야에서 광범위한 서비스와 솔루션을 제공하는 글로벌 서비스 기업-옮긴이)가 투자자들에게 국가가 너무 멍청하기 때문에 자신들의 서비스 수요가 증가했다고 말하는 것과 같은 일이다. 연방 정부가 재정적인 역량을 입증하지 못한 것은 사실이다. 2020년에 미국은 세금으로 거둬들인 4조 8,000억 달러보다 3분의 1 정도 많은 3조 7,000억 달러를 쓰게 될 것이다.[41] 하지만 투자 설명서에 따르면 팔란티어는 7억 4,300만 달러의 매출을 올리고 5억 8,000만 달러의 손실을 기록했는데, 이는 결국 13억 2,000만 달러를 지출한 것으로 벌어들인 것보다 3분의 2나 많은 금액이다. 아무래도 팔란티어는 미국 정부의 조언을 받아야 할 것 같다.

우리가 정부를 하찮게 여기는 것은 주로 돈 때문이다. 문제는 이런 식으로 정부를 무시하다 보면 정말 무시당할 만한 수준의 정부가 되어버린다는 사실이다. 현재 미국 공립학교들은 재정난에 시달리며, 그러다 보니 교사들에게 급여를 충분히 지급하지 않고 공립학교에 대한 존경심도 사라졌다. 정부 소속 과학자와 연구원에게도 보수를 넉넉히 주지 않기 때문에(물론 이들의 말에 귀도 기울이지도 않는다) 가장 똑똑한 인재는 구글이나 아마존으로 가버린다. 사람들이 법무부와 연방거래위원회에 독점기업을 제지해달라고 요청해도, 결국 정부 기관에서 하는 일이라곤 대기업의 손을 살짝 묶어놓고 민간 기업보다 훨씬 부족한 자원을 여기저기 배분하는 것뿐이다. 아마존이 워싱턴 DC에 현직 상원의원 수보다 많은 상근 로비스트를 배치해둔 것만 봐도 현재의 상황을 짐작할 수 있다.

이런 상황에서 나타난 팬데믹은 인간의 무례함을 마음껏 이용하며 각지로 퍼져나갔다. 미국은 역사상 가장 부유한 나라인데도 몇 달 동안 제대로 된 코로나 바이러스 검사 키트를 만들지 못했다. 정부 소속 과학자들은 소외되었고 당파주의가 양식적인 행동을 압도했다. 마스크를 착용하지 않음으로써 조부모를 위험에 빠뜨리는 것을 우려하는 이들과 자유를 제한하고 자신의 주변 누구에게도 영향을 미치지 않은 질병 때문에 경제가 망가지는 것을 우려하는 이들이 대립한 것이다. 그러다 바이러스가 압도적으로 퍼져나가자 결국 결함 많은 경기 부양 프로그램을 만들었다. 그 와중에도 주지사들은 공공의 건강 대신 정치와 돈을 선택하고 대학 총장들은 성급하게 학교 문을 다시 열었다.

### 혁신의 영역과 공공의 영역은 다르다

더 나은 정부를 원한다면 서툰 정치인이 정권을 잡는 것을 막아야 한다. 이는 마치 아직 어린 중학생을 프로들이 뛰는 NFL 경기에 내보내는 것이나 마찬가지다. 부자들에 대한 숭배 때문에 우리는 '워싱턴을 바로잡을 사업가'가 필요하다고 확신한다. 그러나 기업 경영은 정치와는 전혀 다르며 역대 최고의 대통령들은 당연히 정치인이었다. 백악관에 입성하기 전 주요 경력이 사업가였던 대통령들, 예를 들어 하딩Warren Gamaliel Harding(미국의 29대 대통령으로 역대 최악의 무능한 대통령으로 꼽힌다.-옮긴이)이나 쿨리지John Calvin Coolidge(미국의 30대 대통령으로 자유 방임주의 정책을 폈다.-옮긴이), 트럼프 등은 별로 성공적이지 못했다. 그 이유는 여러 가지가 있겠지만, 가장 핵심적인 이유는 두 영역이 전혀 다르기 때문이다. 사업을 할 때는 항상 이익을 추구하라고 가르친다. 더 많은 대가를 받지 않는 이상 아무것도 내주지 말라고 한다. 하지만 이는 아무런 대가나 보상 없이 공공에 기여해야 하는 정부와 공직자에게는 반대되는 생각이다.

그러니 지금 시대에 자신을 구하기 위해 억만장자에게 의지해서는 안 된다. 당신의 집에 불이 났을 때 같은 동네에 사는 부유한 남자가 좋은 호스를 들고 불을 끄러 와줬다고 해서 세상에 부자가 더 많이 있어야 하는 것은 아니다. 정말로 필요한 것은 소방서에 자금을 지원하는 것이다. 그런데 팬데믹 시기에 파우치 박사의 권위가 떨어지자 사람들은 빌 게이츠가 사람들에게 적절한 행동 방침을 알려주기를 기대했다. 팀 쿡이 마스크를 구해주고, 일론 머스크가 인공호흡기를 공급하고, 제프 베조스가 백신을 접종해주기를 기다렸다. 물론 이는 연방재난관리청과 질병통제예방센터가 그런 일을 하지 않았기 때문일 것이다. 그러나 다시 한번 말하지만, 이 사태를 책임질 필요가 없는 억만장자들의 호의에 기대서 사회의 앞날을 예측하는 것은 장기적인 번영을 위한 비법이 아니다. 이는 콜롬비아의 마약 카르텔 두목이었던 파블로 에스코바르Pablo Escobar에게 경찰 조직을 위해 필요한 자금을 대라고 요구하는 것과 마찬가지다.

팬데믹 기간에 사람들이 트럼프 행정부를 통해 알게 된 사실은, 정부의 힘이 약할 때 선출된 공직자들은 생각보다 많은 권력을 쥐고 있고 정부의 권한은 약하다는 것이다. 아이러니하게도 정치인에 대한 사회의 무관심과 무시가 그들에게 힘을 안겨줬다. 그들이 장기적인 균형을 제공하는 제도의 핵심을 제거해서 무력화할 수 있게 내버려둔 결과다. 그들이 우리를 억누르도록 허락한 것이다. 사람들은 대부분 몇 년 뒤의 일을 계획하는 능력이 뛰어나지 않다. 몇십 년 뒤 후손들이 살아갈 깨끗한 환경을 만드는 것보다 당장의 세금 감면을 원한다. 즉각적인 만족을 원하는 본능에 굴복하는 것이다.[42]

순수한 민주주의는 곧 포퓰리즘이다. 민주주의democracy의 어원인

'dêmos'는 고대 그리스어로 '평범한 시민'을 뜻한다. 혁신은 민주주의의 속도를 늦추고 입법부와 사법부, 정부 기관에 민주주의가 스며들게 한다. 그러니 미디어들은 대항 효과를 발휘해야 한다. 여러 분야의 전문 지식을 가진 사람들이 미디어에 출연해 "특정 국가에서 오는 이민자를 막거나, 멸종 위기종 목록에서 회색곰을 제외하거나, 인구조사에 시민권 관련 질문을 추가하거나, 산아 제한을 못하도록 가로막기 전에 이 문제를 철저히 조사해봐야 한다. 권력을 쥔 자들이 이렇게 하자고 주장한 이유가 대체 뭘까?"라며 의문을 제기해야 한다는 말이다.

무너져가는 공공의 영역을 위해 우리가 할 수 있는 가장 중요한 일이 있다. 사실 가장 쉬운 일이기도 하다. 바로 투표를 하면 된다. 선출된 공직자들이 정부를 구성하고 유권자들의 인구통계에 반응하기 때문이다. 누구에게 투표하느냐보다 투표하는 것 자체가 훨씬 중요하다. 투표를 통해 정치인이 시간을 내서 신경 써줄 가치가 있는 사람이

**미국의 연령대별 투표율**

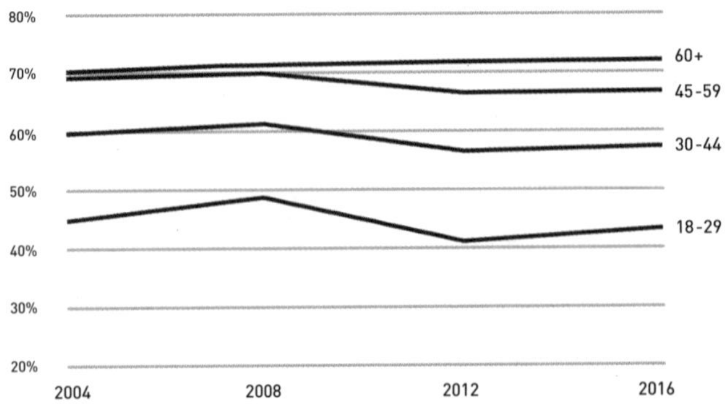


출처 : United States Elections Project

라는 것을 알려야 한다. 미국의 여러 제도가 젊은 층의 부를 노년층으로 이전하도록 설계되어 있는 이유는 노인들이 투표를 하기 때문이다. 65세 이상인 사람들은 30세 미만보다 투표할 확률이 2배나 높다. 표를 얻고 싶은 정치인들은 자신에게 표를 주지 않은 노년 유권자의 입맛도 맞추려고 할 가능성이 높다. 정치인들이 가장 관심 없는 사람은 투표하지 않는 모든 사람(혹은 거액의 돈을 기부하는 사람)이다.

정부를 신뢰하고, 민간 권력이 집중되었을 때 생기는 위협을 이해하고, 과학을 존중하는 공직자를 선출해야 한다. 유권자층이 넓어지면 선출된 공직자들도 더 폭넓은 공동체의 요구에 부응할 것이다.

### 무엇이 우선순위가 되어야 하는가

정부는 시민이 겪을 비극을 예방하는 책임을 지고 있다. 2020년 8월에 정부가 당면한 책임은 국민들을 전염병의 위협에서 벗어나게 하는 것이다. 이 책이 출판될 즈음에는 그 임무가 바뀌어 있을지 의심스럽다. 이번 팬데믹에서 저지른 실수와 잃어버린 기회를 일일이 나열해보면 우울할 정도로 길지만, 서로를 비난하고 책임을 전가하는 것은 성실한 지도자가 아니라 역사가들이나 하는 일이다. 미국은 경제적 재앙에 직면했고, 문제가 해결될 기미도 보이지 않는 상태에서 이미 3조 달러를 거의 다 낭비했다.

우리는 기업이 아니라 사람들을 보호해야 한다. 이를 위해 참고할 만한 모델이 독일이다. 독일은 '쿠어츠아르바이트Kurzarbeit' 프로그램을 통해 팬데믹 기간에 고용주가 근로자를 일시 해고할 수 있게 하는 대신, 정부가 근로자 월급의 3분의 2를 책임졌다. 엄밀히 따지면 근로자는 회사에 계속 고용된 상태이므로 할 일이 생기면 쉽게 업무에 복귀할 수 있지만, 상황이 안전하지 않을 때는 일해야 한다는 압박감을 느끼지 않아도 된다. 사실상 정부가 "식량 걱정은 할 필요가 없습니다. 당신은 가족을 위험에 빠뜨리지 않도록 다른 이들과 안전하게 거리를 둘 수 있습니다. 가족을 먹여 살리기 위해 안 좋은 결정을 내릴 필요가 없으니 두려워하지 마십시오"라고 말해주는 셈이다.[43] 행복과 안전감은 자기가 가진 것뿐만 아니라 가지지 않은 것을 통해서도 얻을 수 있다. 즉 두려움을 느끼지 않아야 한다는 이야기다. 가족을 먹여 살릴 수 없을지도 모른다거나 심각한 병에 걸려 파산할지도 모른다는 두려움에서 해방될 수 있어야 한다.

다른 유럽 국가에도 이와 비슷한 프로그램이 있다. 스페인의 한 근로자는《뉴욕 타임스》와 나눈 인터뷰에서 "코로나 바이러스가 퍼지는 동안 집에서 느긋한 시간을 보낼 수 있었다"고 말했다. 아일랜드의 한 이벤트 기획자도 신문 인터뷰에서 직원들이 일을 할 수 없는 기간에

**인구 100만 명당 확진 판정을 받은 코로나19 환자 수**

2020년 2월 1일~8월 7일, 7일 평균으로 환산

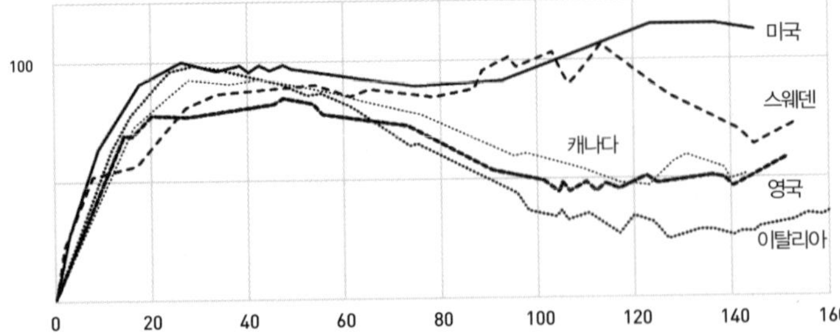


출처 : Our World in Data

정부가 급여를 지급했기 때문에 "신기할 정도로 스트레스를 느끼지 않았다"고 했다. 심지어 그의 직원 중 한 명은 이 기간에 집을 사기도 했는데, 여전히 회사에 고용된 상태라서 주택담보대출을 받을 자격이 있었기 때문이다.[44]

가난한 사람과 노동계급에게 돈을 지급하면 이들은 그 돈을 곧바로 지출하기 때문에 경제에 즉각적인 효과가 나타난다. 그들은 식료품을 사고, 집세를 내고, 새 신발을 사고, 고장 난 냉장고를 고친다. 위기에 어떤 기업이 살아남아야 하는지 판단하는 최고 결정권자는 정부가 아니라 소비자다. 시장의 힘을 믿는다면 기업이 아니라 소비자의 손에 돈을 쥐여줘야 한다. 팬데믹이 시작됐을 때 정부가 사람들에게 나눠준 1,200달러짜리 수표는 올바른 방향으로 나아가는 작은 발걸음이었지만, 이제는 그 단계를 한참 지났다.

분명히 말하지만 이는 실업급여와는 다르다. 물론 실업급여도 나름의 역할이 있긴 하다. 일을 하지 못하는 사람들을 돌보며, 예상치 못한 실직 기간에 도움을 주는 것은 사회 안전망에서 필수적인 부분이다. 그러나 실업에 대한 조건부 지원은 고용주와 직원 모두에게 지장을 준다. 미국에서 대부분의 사람들에게 실직이란 곧 건강보험 상실을 의미한다. 건강보험을 유지하려면 복잡한 행정절차가 필요한데, 팬데믹 기간에 목격한 것처럼 수요가 많아지면 행정 시스템이 버티지 못하고 무너진다. 따라서 팬데믹 이후의 경제 상황에서도 버틸 수 있는 일자리를 만드는 게 진정한 목표다.

팬데믹에 대한 경제적 대응은 대부분 위험에 처한 이들을 보호하는 형태로 이루어졌어야 한다. 타당한 방식으로 가능한 한 모든 수단을 동원해 이 사태가 끝난 뒤 반드시 일자리를 얻을 수 있게 해줘야 한다. 그리고 이 모든 과정은 서민층부터 시작해 차근차근 위로 올라가야 한다. 소수의 주주들부터 시작해 아래로 내려가서는 안 된다. 우리가 지켜야 하는 우선순위는 일자리가 아니라 사람을 보호하고, 기업이 아니라 일자리를 보호하고, 주주가 아니라 기업을 보호하는 것이다.

팬데믹 상황이 발생했을 때 봉쇄는 극단적인 선택이다. 사회적 거리 두기와 마스크 착용은 행진하는 적에 맞서기 위한 필수적인 보호 조치다. 전염병은 스스로 소진되거나(하지만 그렇게 될 때까지 놔두면 수백만 명이 목숨을 잃을 것이다) 공격적인 격리 조치가 있어야 사라진다. 한국은 코로나 대응을 위한 전술서까지 발표한 바 있다.[45] 경제를 다시 혼수상태에 빠뜨리지 않고 확진자 수를 줄일 수 있는 검증된 공식은 간단하다. 검사, 추적, 그리고 격리다. 즉 광범위한 검사를 실시하고 감염자와 접촉한 모든 사람의 신원을 신속하게 파악해서 일시적으로 격리해야 한다. 미국처럼 바이러스가 널리 퍼진 거대한 나라에서 이런 조치를 취하려면 18만 명 가까이 필요한 것으로 추산된다.

최근 고등학교를 졸업한 젊은이들은 근대 역사상 최악의 취업 시장을 마주하거나, '코로나 시대의 대학'이라 불리는 5만 달러짜리 스트리밍 비디오 플랫폼 중 하나를 선택해야 하는 불쾌한 상황에 처하게 되었다. 이들을 불러모아 코로나에 대응하는 비영리단체를 조직하는 방안이 있다. 이 단체는 모르몬교 선교사나 티치 포 아메리카Teach for America(미국 내 교육 불평등 해소를 위한 비영리단체 - 옮긴이), 평화 봉사단처럼 오랜 전통을 지닌 청년 비영리 조직 중 하나가 되어 당면한 위기 해결에 기여할 수 있다. 이 조직은 접촉자를 파악하고 위험에 처한 이들에게 연락을 할 수 있다. 또 전국에 있는 검사 센터에 인력을 파견하고 격리된 이들을 위한 음식 배달부터 정서적 지원에 이르기까지 다양한 서비스를 제공할 수도 있을 것이다. 정부가 자금을 지원한다면 경비 외에 월 2,500달러 정도의 봉급을 받아 6개월 이상 봉사한 사람은 그 봉급으로 학비를 내거나 학자금 대출을 갚기 위한 융자도 받을 수 있다.

이를 통해 국가는 더 많은 이득을 얻게 될 것이다. 이런 프로그램은 당파적 분열을 해소하는 데 도움이 된다. 1965년부터 1975년까지 3분의 2가 넘는 의회 의원들이 제복을 입고 나라를 위해 베트남전쟁에 참전했던 것을 생각해보자. 그 시대의 중요한 입법 성과는 정치나 정당보다 더 큰 유대감을 공유한 지도자를 통해 달성되었다. 오늘날에는 그런 유대감을 공유하는 공직자가 전체의 20퍼센트도 안 된다.

물론 코로나에 맞서는 비영리 조직에서 일할 때 위험이 전혀 없지는 않을 것이다. 전쟁이 발발했을 때 젊은이들이 최전선으로 가는 이유는 그들이 총알도 피해 가는 불사신이라서가 아니라, 누군가는 반드시 가야 한다면 가장 적합한 계층이기 때문이다. 지금까지 밝혀진 바로는 젊은이들은 코로나19 때문에 심각한 부작용을 겪거나 사망할 위험이 노년층에 비해서는 훨씬 낮은 듯하다. 이 조직의 구성원들은 정기적으로 검사를 받을 테고, 감염될 경우 그냥 회복만 되는 게 아니라 항체가 생길 확률이 압도적으로 높다.

이 단체를 운영하는 비용이 저렴하지는 않을 것이다. 18만 명의 대원에 대한 보상과 훈련, 그리고 지원을 위해 인당 6만 달러 정도 필요할 테니 이를 전부 합하면 110억 달러가 들 것으로 추산된다. 그리고 정부는 틀림없이 그 2배의 비용이 드는 방법을 찾아낼 것이다. 하지만 그래봤자 지금까지 경기 부양과 실업자 구제를 위해서 들인 총액의 반올림 오차 정도에 불과할 액수다. 수조 달러가 필요한 또 다른 구제 정책의 필요성을 없애주는 효과적인 대안이 될 수 있다.

## 우리는 무엇을 할 수 있을까

현재의 위기를 해결하는 것은 정부가 져야 하는 책임의 시작에 불과하다. 미래를 생각할 때 정책적으로 고려해야 하는 우선순위가 두 가지 있다. 민간 권력, 특히 거대 IT 기업들이 가진 권력을 제한하고 개인에게 권한을 부여하는 것이다. 사적인 권력을 억제하는 첫 번째 단계는 그것이 정부에 영향을 미치지 못하게 하는 것이다. 이론적으로는 개인이 소유한 재산에서 정치 캠페인으로 흘러 들어오는 돈을 상당량 줄일 수 있다. 이해 상충 방지(개인의 사적인 이해관계가 자기가 맡고 있는 업무 또는 공공이나 타인의 이익과 상충되는 상황을 방지해야 한다는 것-옮긴이) 규정을 진지하게 받아들이는 분위기가 형성되어야 한다.

특히 공직에 선출된 이들에게는 이 규정을 엄격하게 적용할 필요가 있다. 정치인들이 자기가 얻은 정보를 이용해 주식을 거래할 수 있게 하면 사회제도에 대한 믿음이 약해진다. 1990년대에 상원 의원들의 주식거래 내역을 조사해본 결과, 매년 시장 수익률을 12퍼센트나 초과하는 수익을 올린 것으로 나타났다. 이는 기업 내부자들이 누리는 이익의 2배에 달한다.[46] 2020년 5월, 공화당 소속인 리처드 버Richard

Burr 상원 의원은 코로나 바이러스의 심각성에 관한 기밀 정보에 접근했는데, 이 정보를 이용해서 주식거래 시기를 조정한 것으로 보인다. 미래의 상원 의원들은 이런 부패에 가담하려는 유혹을 받아서는 안 된다. 또 대선 후보들에게 세금 신고서를 공개하라고 요구하지 않거나 대통령이 직위를 이용해서 이익을 얻는 것을 헌법으로 금지하지 않는 것도 어리석은 짓이다.

의회와 행정부는 내부 단속에 힘써야 할 뿐 아니라 독점 금지와 규제, 특히 거대 IT 기업에 대한 규제를 다시 강화해야 한다. 2장에서도 이 문제를 언급한 만큼 여기서는 이런 조치가 발휘하는 힘만 강조하고자 한다. 규제는 오히려 이들 기업을 자유롭게 해줄 수도 있다. 나는 GM 공장 관리자들이 강에 수은을 붓고 싶어 한다고 생각하지 않는다. 그런데 왜 한쪽만 무장 해제를 시키는 것일까? 사업이란 날마다 도덕성 시험을 치르지 않더라도 그 자체만으로도 충분히 힘든 일이다. 따라서 환경법이라는 규제가 마련되어 있으면 옳은 일을 고민 없이 더 쉽게 할 수 있다.

대부분의 사람들은 독점 금지를 위한 기업 해체를 처벌이라고 생각하지만, 실제로는 그 반대의 결과가 나타날 수 있다. 과거 AT&T를 해체해 7개의 회사가 탄생했는데, 이들을 모두 합하면 원래의 회사보다 가치가 크다. 심지어 AT&T에서 분리된 회사 중 하나인 사우스웨스턴 벨Southwestern Bell은 2005년에 AT&T를 인수할 정도로 성공을 거뒀다. 한 분석에 따르면 1983년에 AT&T가 해체되기 직전에 투자한 자금은 1995년까지 연평균 18.5퍼센트의 성장률을 기록한 반면, 전체 시장은 같은 기간 동안 10퍼센트대의 성장률을 보였다.

경쟁은 선택권을 낳는다. 독점기업인 유튜브에 더 효과적인 보호막을 갖춘 경쟁 플랫폼이 없다면 무엇 때문에 아이들을 위한 콘텐츠를 향상시키겠는가? 이들 회사의 이사진 가운데 누군가는 어린 시청자를 보호하겠다고 약속할 경우 프록터 앤드 갬블이 해당 동영상 플랫폼에 광고를 할 가능성이 높다는 사실을 깨달을 것이다. 사실 구글과 유튜브를 별개의 회사로 분리해도 직접적인 경쟁이 발생하지는 않는다. 그러나 분리된 후 유튜브의 첫 번째 이사회에서 새로운 경영진이 텍스트 기반 검색을 시작하기로 결정할 수도 있다. 또 새로운 구글의 첫 번째 이사회에서 동영상 기반의 검색 사업에 착수할 가능성도 있다.

현재 거대 IT 기업 입장에서는 클릭과 중독을 유발하는 알고리즘을 만드는 것 이외의 일을 할 동기가 없다. 이들은 공공 재산에는 전혀 관심이 없다. 바로 이런 이유에서 독점기업들을 해체해야 한다. 그들이 악하거나 세금을 내지 않거나 일자리를 파괴해서가 아니라, 우리가 자본주의사회의 경쟁과 혁신이 지닌 힘을 믿기 때문이다. 다시 한번 말하지만 독점기업을 규제하고 해체하는 것은 처벌이 아니라 시장에 대한 때늦은 산소 공급이다. 또 이를 통해 수십억 달러, 어쩌면 수조 달러의 주주 가치가 발생할 수 있다.

### 자유는 공공의 이익과 반대가 아니다

이 책 첫머리에서 전쟁에 관한 통계를 몇 가지 소개했다. 수많은 희생을 치른 제2차 세계대전과 팬데믹으로 인한 전쟁을 생각하면 아무래도 우리는 이번 전투, 그리고 더 큰 전쟁에서 지고 있는 듯하다. 이 미세한 적은 사회 시스템의 구멍을 파고들었다. 바이러스는 매일 수많은 이들의 목숨을 앗아 가고 있는데, 이는 과거에 진짜 전쟁을 치를 때보다 몇 배나 높은 사망률이다. 과거 미국은 국내와 해외, 기술·산업·농업·정치·개인 등 다양한 분야에서 싸웠다. 제2차 세계대전 당시에는 채소 소비량의 거의 3분의 1을 가정집 앞마당에 심은 '승리의 정원'에서 수확했다. 엘리너 루스벨트Eleanor Roosevelt(미국의 32대 대통령 프랭클린 루스벨트의 부인-옮긴이)도 백악관 잔디밭에 채소를 심었다.

전시의 쪼들리는 경제 상황 속에서 각 가정은 있는 돈을 다 긁어모아 전쟁 채권을 구입하라는 요청을 받았다. 자동차업계 전체가 폭격기와 탱크를 만들기 위해 전시 생산 체제로 재편되었고 거의 3년 동안 새 차는 단 한 대도 만들지 않았다.[47] 크라이슬러는 디트로이트 교외에 공장을 건설해서 제3제국(히틀러 치하의 독일-옮긴이) 전체보다 더 많은 탱크를 생산했다.[48] 젊은 세대는 군의 징집령에 응했고 노르망디 해안과 루손의 정글에서 45만 명이 목숨을 잃었다. 또 전쟁을 끝낼 가장 확실한 방법을 찾아내고자 맨해튼 프로젝트에 12만 명이 참여했다. 하지만 아인슈타인Albert Einstein과 오펜하이머Julius Robert Oppenheimer가 우릴 구해주기를 기다리는 동안에도 사람들은 승리의 정원을 가꾸고, 탱크를 만들고, 기꺼이 목숨을 바치기를 멈추지 않았다.

이 모든 일이 결코 쉬운 것은 아니었다. 분노하고 절망한 사람들은 배급 카드를 위조하고 여행 제한을 피했으며, 5,000명이 넘는 미국인이 징병을 회피한 혐의로 수감되었다.[49] 정부는 강제 동원을 위해 수백만 달러를 투자했다. 하지만 격려하는 분위기도 있었다. 백악관에서 할리우드에 이르기까지 수많은 유명 인사들이 애국심을 고취하고 광범위한 희생을 독려하기 위해 공동의 목표를 세웠다.

제2차 세계대전 당시의 이 같은 애국적 희생은 불가피한 게 아니었다. 사람들은 필요한 게 무엇인지 알고 그것을 솔직하게 털어놓은 지도자들에게 부름을 받았다. 모든 분야에서 개인의 재산과 왜곡된 자유 의식을 지키기보다 공공의 재산과 안전을 지지하는 목소리가 높아졌다. 그러나 오늘날에는 공동의 목표가 어디 있는가? 우리는 지금 제2차 세계대전 당시와 비교하면 3배나 치명적인 적과 싸우고 있지만, 미국인들은 마스크도 쓰려고 하지 않으면서 정부가 돈이나 더 보내주길 기대한다. '자유'라는 허울을 뒤집어쓴 채 희생을 거부하고 공동체의 가치를 묵살하고 있는 것이다.

자유는 개인의 품성을 보장해주는 것도 아니고 공공의 이익과 완전히 단절된 것도 아니다. 생명과 자유와 행복의 추구는 양도할 수 없는 권리일 뿐만 아니라 '이 권리를 확보하기 위해 인간은 정부를 조직했다'. 미국의 헌법 제정자들도 불완전한 인간이었지만, 지금 우리가 잊어버린 것들을 똑똑히 알고 있었다. 벤저민 프랭클린Benjamin Franklin은 서류에 서명하면서 "우리는 모두 단결해야 한다. 그렇지 않으면 틀림없이 따로따로 교수형에 처해질 것이다"라고 말했다.

작가 커트 보니것Kurt Vonnegut은 이런 말을 남겼다.

"잘못된 방향으로 가다가 한 걸음 뒤로 물러서는 것은, 올바른 방향으로 향하는 첫걸음이다."

팬데믹, 전쟁, 대공황 같은 충격적인 사건이 발생하면 고통스럽지만, 그 이후의 시간은 대부분 인류 역사에서 가장 생산적인 시기가 되었다. 고통을 참아낼 줄 아는 세대는 싸움을 대비할 수 있다. 지금의 젊은 세대는 코로나가 끝난 뒤에 찾아올 초국가적인 짐을 어떻게 짊어지게 될까? 우리는 지금 인류가 발휘해야 할 초능력인 협력을 받아들일 수 있을까? 80년 전에 공동의 적과 싸우기 위해 협력한 역사가 있다면, 77억 인류 전체를 위협하는 적을 근절하기 위해 또다시 함께 힘을 합칠 수도 있지 않을까?

미국 인구의 절반은 정부 지원 없이는 60일도 못 버틴다고 판단될 경우, 훗날 긴급 부양책에 투입될 수조 달러를 절약하기 위해 지금 당장 전향적인 투자를 더 많이 해야 한다고 결정할 수 있을까? 지금 시대를 살아가는 세대는 인간에 대한 예의, 소외된 사람들에 대한 공감이 의미하는 것을 제대로 느낄 수 있을까?

역사적으로 보면 오류와 실패도 미덕과 성공만큼 중요하다. 사회가 최상의 상태에 있을 때는 관대함과 근성, 혁신, 그리고 다른 사람과 미래 세대를 위해 기꺼이 희생하려는 의지가 드러난다. 하지만 이런 의지를 잃어버리면 착취와 위기 속에서 방황하게 된다. 미래뿐만 아니라 역사 또한 우리의 것이다. 어떤 추세도 영원히 지속되지는 않는다. 더 악화될 수도, 더 나은 상황으로 흘러갈 수도 있다. 사회의 안녕과 안전은 저절로 생겨난 것도, '원래 그 상태대로' 존재하는 것도 아니며 지금 살아가는 사람들이 만들어가는 것이라는 사실을 기억하자.

## 감사의 글

위대함은 다른 사람의 몫이며 이 책도 마찬가지다. 나는 책을 한 권 마무리할 때마다, 그 책이 내 마지막 책이 될 거라고 다짐하곤 한다. 하지만 출판 에이전트인 짐 레빈Jim Levine이 새로운 책을 써보라고 설득했다. 그는 항상 나에게 영감을 주는 사람이며 이 책도 그의 격려 덕분에 탄생했다.

제이슨 스태버스Jason Stavers와 마리아 페트로바Maria Petrova는 내 초고와 메모, 심야에 보낸 이메일을 받아 근사한 서사를 구성하는 힘든 일을 해냈다. 제이슨은 나와 25년 동안 함께 일했기 때문에 내가 무슨 말을 할지 잘 알고 있다. 이 책을 집필할 때도 마찬가지였다. 마리아는 그녀가 네 번째로 배운 언어로 편집 작업을 하는데, 그녀의 실력은 영어가 모국어인 우리를 압도할 정도다.

데이터 팀과 크리에이티브 팀은 내 아이디어를 고무시켜서 널리 알리는 일을 한다. 그들이 없었다면 내 책은 지금의 절반도 유익하거나 재미있지 않을 것이다. 테일러 말스하이머Taylor Malmsheimer, 미아 실베리오Mia Silverio, 그리핀 칼보그Griffin Carlborg, 제임스 스타이너James Steiner는 거친 데이터의 세계에서 다이아몬드를 찾아냈다. 제를린 첑Jerllin Cheng, 라디카 파텔Radhika Patel, 테드 먼로Ted Munro, 크리스토퍼 곤잘레스Christopher Gonzalez는 그 데이터를 다듬고 시각화해서 기억에 남는 내용을 만들었다. 캐서린 딜런Katherine Dillon은 이 모든 과정을 조율하고, 애런 번지Aaron Bunge와 함께 표지를 만들어줬다.

마지막으로 애드리언 잭하임Adrian Zackheim과 니키 파파도풀로스Niki Papadopoulos, 그리고 출판사 포트폴리오 구성원들 덕분에 성실하고 순조롭게 작업을 진행할 수 있었다.

모든 분들의 수고와 관대함에 감사를 표한다.

# 주석

## 들어가는 말

1. Andrea Falcon, "Time for Aristotle", 〈노트르담 철학 리뷰Notre Dame Philosophical Reviews〉, 2016년 4월 1일, https://ndpr.nd.edu/news/time-for-aristotle

2. Kim Parker, Juliana Menasce Horowitz, Anna Brown, "About Half of Lower-Income Americans Report Household Job or Wage Loss Due to COVID-19", 퓨 리서치 센터Pew Research Center, 2020년 4월 21일, https://www.pewsocialtrends.org/2020/04/21/about-half-of-lower-income-americans-report-household-job--or-wage-loss-due-to-covid-19

3. Greg Iacurci, "40% of Low-Income Americans Lost Their Jobs Due to the Pandemic", CNBC, 2020년 5월 14일, https://www.cnbc.com/2020/05/14/40percent--of-low-income-americans-lost-

their-jobs-in-march-according--to-fed.html

4. Dominic-Madori Davis, "Over 2 Million Gen Zers Have Moved Back in with Family in the Wake of the Coronavirus",《비즈니스 인사이더》, 2020년 8월 1일, https://www.businessinsider.com/gen-zers-moved-back-with-parents-family-coronavirus-zillow-studoc-2020--7
5. 제2차 세계대전 중 도입된 배급제와 그것이 가정 생활에 미친 영향에 관한 설명: Bradley J Flamm, "Putting the Brakes on 'Non-Essential' Travel: 1940s Wartime Mobility, Prosperity, and the US Office of Defense",《운송 역사 저널Journal of Transport History》27, no. 1(2006): 71~92, https://www.researchgate.net/publication/233547720_Putting_the_brakes_on_%27non-essential%27_travel_1940s_wartime_mobility_prosperity_and_the_US_Office_of_Defense / 타이어를 보호하기 위해 속도를 시속 35마일로 제한하는 등 미국이 전시에 어떻게 국민 협력을 도모했는지에 관한 다음의 설득력 있는 에세이도 참조하라. Wade Davis, "The Unraveling of America",《롤링 스톤Rolling Stone》, 2020년 8월 6일, https://www.rollingstone.com/politics/political-commentary/covid--19-end-of-american-era-wade-davis-1038206
6. Amanda Macias, "America Has Spent $6.4 Trillion on Wars in the Middle East and Asia Since 2001, a New Study Says", CNBC, 2019년 11월 20일, https://www.cnbc.com/2019/11/20/us--spent-6point4-trillion-on--middle-east-wars-since-2001-study.html
7. Wyatt Koma, et al, "Low-Income and Communities of Color at Higher Risk of Serious Illness if Infected with Coronavirus", KFF,

2020년 5월 7일, https://www.kff.org/coronavirus-covid--19/issue-brief/low-income-and-communities-of-color-at-higher-risk-of-serious-illness-if-infected-with-coronavirus

### 1장. 빠르게 재편되는 비즈니스 판도

1. Justina Lee&Valdana Hajric, "Why Robinhood Day Traders are Greedy When Wall Street is Fearful", 《블룸버그 비즈니스위크Bloomberg Businessweek》, 2020년 6월 11일, https://www.bloomberg.com/news/articles/2020--06-11/u-s-stock-market-investors-keep-buying-amid-recession
2. Áine Cain&Madeline Stone, "These 31 Retailers and Restaurant Companies Have Filed for Bankruptcy or Liquidation in 2020", 《비즈니스 인사이더》, 2020년 8월 25일, https://www.businessinsider.com/retailers-filed-bankruptcy-liquidation-closing-stores-2020-2#california-pizza-kitchen-filed-for-chapter-11-bankruptcy-on-july-30-after-permanently-closing-an-undisclosed-number-of-restaurants-due-to-the-pandemic-26
3. Dorothy Neufeld, "The Hardest Hit Companies of the COVID-19 Downturn: The 'BEACH' Stocks", 비주얼 캐피털리스트Visual Capitalist, 2020년 3월 25일, https://www.visualcapitalist.com/covid--19-downturn-beach-stocks
4. 카라 스위셔&스콧 갤러웨이 진행, "Addressing the US economy(a note from Andrew Yang), data privacy in a public health emergency, and a listener question on the 'great WFH-experiment'", 팟캐스트《피벗Pivot》, 2020년 3월 20일

5. "James Provisions: Brooklyn", jamesrestaurantny.com
6. Parmy Olsen, "Telemedicine, Once a Hard Sell, Can't Keep up with Demand", 《월스트리트 저널Wall Street Journal》, 2020년 4월 1일, https://www.wsj.com/articles/telemedicine-once-a-hard-sell-cant-keep-up-with-demand-11585734425
7. Laura Forman, "The Pandemic Has Made Sudden Heroes of the Tech Companies-for Now", 《월스트리트 저널》, 2020년 5월 8일, https://www.wsj.com/articles/the-pandemic-has-made-sudden-heroes-of-the-tech-companiesfor-now-11588930200
8. Michelle F. Davis&Jeff Green, "Three Hours Longer, the Pandemic Workday Has Obliterated Work-Life Balance: People Are Overworked, Stressed, and Eager to Get Back to the Office", 《블룸버그》, 2020년 4월 23일, https://www.bloomberg.com/news/articles/2020--04-23/working-from-home-in-covid-era-means-three-more-hours-on-the-job?sref=AhQQoPzF
9. Christopher Mims, "The Work-from-Home Shift Shocked Companies-Now They're Learning Its Lessons", 《월스트리트 저널》, 2020년 7월 25일, https://www.wsj.com/articles/the-work-from-home-shift-shocked-companiesnow-theyre-learning-its-lessons-11595649628
10. Mims, "The Work-from-Home Shift"
11. Christopher Ingraham, "Nine Days on the Road. Average Commute Time Reached a New Record Last Year", 《워싱턴 포스트》, 2019년 10월 7일, https://www.washingtonpost.com/business/2019/10/07/nine-days-road-average-commute-time-

reached-new-record-Last-year
12. 스콧 갤러웨이, "WeWTF", 블로그 〈노 머시/노 맬리스No Mercy/No Malice〉, 2019년 8월 16일, https://profgalloway.com/wewtf / 다음 자료도 참조, James D. Walsh, "'At What Point Does Malfeasance Become Fraud?': NYU Biz-School Professor Scott Galloway on WeWork", 《뉴욕 매거진New York Magazine》, 2019년 10월 1일, https://nymag.com/intelligencer/2019/10/marketing-expert-scott-galloway-on-wework-and-adam-neumann.html
13. "Coca Cola Commercial-I'd Like to Teach the World to Sing(In Perfect Harmony)-1971", 2008년 12월 29일에 업로드, 동영상, 00:59. https://youtu.be/ib--Qiyklq-Q
14. Nicole Perrin, "Facebook-Google Duopoly Won't Crack This Year", 이마케터eMarketer, 2019년 11월 4일, https://www.emarketer.com/content/facebook-google-duopoly-won-t-crack-this-year
15. Zinnia Gill, "Magna Forecasts V--Shaped Recovery for the U.S. Advertising Market", MAGNA, 2020년 3월 26일, https://magna-global.com/magna-forecasts-v-shaped-recovery-for-the-us-advertising-market
16. Megan McArdie, "Don't Just Look at Covid-19 Fatality Rates, Look at People Who Survive But Don't Entirely Recover", 《워싱턴 포스트》, 2020년 8월 16일, https://www.washington-post.com/opinions/dont-just-look-at-covid-19-fatality-rates-look-at-people-who-survive--but-dont-entirely-recover/2020/08/14/3b3de170-de6a-11ea-8051-d5f887d73381_

story.html

17. Elizabeth Chuck&Chelsea Bailey, "Apple CEO Tim Cook Slams Facebook: Privacy 'Is a Human Right, It's a Civil Liberty'", NBC 뉴스, 2018년 3월 28일, https://www.nbcnews.com/tech/tech-news/apple-ceo-tim-cook-slams-facebook-privacy-human-right--it-n860816

18. Chris Smith, "Making the $1,249 iPhone Xs Only Costs Apple $443",《뉴욕 포스트New York Post》, 2018년 9월 26일, https://nypost.com/2018/09/26/making-the-1249-iphone--xs-only-costs-apple-443

19. Kim Lyons, "TikTok Says It Will Stop Accessing Clipboard Content on iOS Devices: A Beta Feature on iOS 14 Showed What the App Was Up To", 더 버지The Verge, 2020년 6월 26일, https://www.theverge.com/2020/6/26/21304228/tiktok-security-ios-clipboard-access-ios14-beta-feature

20. 스콧 갤러웨이, "Four Wedding&a Funeral", 블로그 〈노 머시/노 맬리스〉, 2020년 6월 12일, https://www.profgalloway.com/four-weddings-a-funeral

21. Salvador Rodriguez, "Why Facebook Generates Much More Money Per User Than Its Rivals", CNBC, 2019년 11월 1일, https://www.cnbc.com/2019/11/01/facebook-towers-over-rivals-in-the-critical-metric-of-revenue-per-user.html

22. Kevin Tran, "LinkedIn Looks to Become Dominant Ad Force",《비즈니스 인사이더》, 2017년 9월 7일, https://www.businessinsider.com/linkedin-looks-to-become-dominant-ad-force-2017-9

## 2장. 더욱 강력해진 플랫폼 제국의 미래


1. Yun Li, "The Five Biggest Stocks Are Dwarfing the Rest of the Stock Market at an 'Unprecedented' Level", CNBC, 2020년 1월 13일, https://www.cnbc.com/2020/01/13/five-biggest-stocks-dwarfing-the-market-at-unprecedented-level.html
2. Jeremy Bowman, "Jet.com May Be History, but Walmart Got What It Needed", 모틀리 풀Motley Fool, 2020년 5월 20일, https://www.fool.com/investing/2020/05/20/jetcom-may-be-history-but-walmart-got-what-it-need.aspx ; https://www.axios.com/walmart-jet-com-6502ec3f-090c-4761-9620-944f99603719.html
3. Chris Dunne, "15 Amazon Statistics You Need to Know in 2020", 리프라이서익스프레스Repricerexpress, 2020년 9월 3일에 최종 방문, https://www.repricerexpress.com/amazon-statistics
4. Andrew O'Hara, "Apple's Wearables Division Now Size of Fortune 140 Company", 애플 인사이더Apple Insider, 2020년 9월 3일에 최종 접속, https://appleinsider.com/articles/20/04/30/apples-wearables-division-now-size-of-fortune-140-company
5. 스콧 갤러웨이, "Stream On", 블로그 〈노 머시/노 맬리스〉, 2019년 11월 22일, https://www.profgalloway.com/stream-on
6. Michael Brush, "Opinion: Here's Why Netflix Stock, Now Below $500, is Going to $1,000", 마켓워치MarketWatch, 2020년 8월 1일, https://www.marketwatch.com/story/heres-why-netflix-stock-now-below-500-is-going-to-1000-2020-07-27
7. Kate Knibbs, "Laughing at Quibi is Way More Fun Than Watching Quibi",《와이어드》, 2020년 7월 15일, https://www.wired.com/story/

quibi-schadenfreude

8. Lesley Goldberg, "Inside Apple's Long, Bumpy Road to Hollywood", 《할리우드 리포터Hollywood Reporter》, 2019년 10월 15일, https://www.hollywoodreporter.com/news/apples-bumpy-tv-launch-inside-tech-giants-impending-arrival-hollywood-1247577

9. Aiden Milan, "How Much Did Each Game of Thrones Season Cost to Make?", 《메트로Metro》, 2019년 5월 21일, https://metro.co.uk/2019/05/21/much-game-thrones-season-cost-make-9622963

10. Joan E Solsman, "HBO Max: Everything to Know About HBO's Bigger Streaming App", CNET, 2020년 8월 28일, https://www.cnet.com/news/hbo-max-live-everything-to-know-go-roku-amazon-firestick-streaming-app

11. Lee Gomes, "Microsoft Will Pay $275 Million to Settle Lawsuit from Caldera", 《월스트리트 저널》, 2020년 1월 11일, https://www.wsj.com/articles/SB947543007415899052

12. Ryan Mac, "A Kenosha Militia Facebook Event Asking Attendees to Bring Weapons Was Reported 455 Times. Moderators Said It Didn't Violate Any Rules", 《버즈피드 뉴스BuzzFeed News》, 2020년 8월 28일, https://www.buzzfeednews.com/article/ryanmac/kenosha-militia-facebook-reported-455-times-moderators

13. Julia Carrie Wong, "Praise for Alleged Kenosha Shooter Proliferates on Facebook Despite Supposed Ban", 《가디언Guardian》, 2020년 8월 27일, https://www.theguardian.com/technol-

ogy/2020/aug/27/facebook-kenosha-shooter-support-ban
14. Mark Townsend, "Facebook Algorithm Found to 'Actively Promote' Holocaust Denial", 《가디언》, 2020년 8월 16일, https://www.theguardian.com/world/2020/aug/16/facebook-algorithm-found-to-actively-promote-holocaust-denial
15. Ben Collins&Brandy Zadronzy, "QAnon Groups Hit by Facebook Crackdown", NBC 뉴스, 2020년 8월 19일, https://www.nbcnews.com/tech/tech-news/qanon-groups-hit-facebook-crack-down-n1237330
16. 스콧 갤러웨이&애스워스 다모다란, "Valuing Tech's Titans", 《위너스 앤드 루저스Winners&Losers》, 2017년 7월 27일, 동영상 시리즈, 37:27, https://www.youtube.com/watch?v=4CLEuPfwVBo
17. Karen Weise, "Amazon Sells More, but Warns of Much Higher Costs Ahead", 《뉴욕 타임스》, 2020년 4월 30일, https://www.nytimes.com/2020/04/30/technology/amazon-stock-earnings-report.html
18. Dieter Bohn, "Amazon Announces Halo, a Fitness Band and App That Scans Your Body and Voice", 더 버지, 2020년 8월 27일, https://www.theverge.com/2020/8/27/21402493/amazon-halo-band-health-fitness-body-scan-tone-emotion-activity-sleep
19. Mike Murphy, "There Are Signs of Life for Apple Beyond the iPhone", 쿼츠Quartz, 2019년 10월 30일, https://qz.com/1738780/apples-q4-2019-earnings-show-the-iphone-isnt-all-that-matters
20. Kif Leswing, "Apple is Laying the Groundwork for an iPhone

Subscription", CNBC, 2019년 10월 30일, https://www.cnbc.com/2019/10/30/apple-lays-groundwork-for-iphone-or-apple-prime-subscription.html

21. "Sources of Funds", 캘리포니아주립대학교, 2019~2020년 운영 예산, 2020년 9월 3일에 최종 접속, https://www2.calstate.edu/csu-system/about-the-csu/budget/2019-20-operating-budget/2019-20-operating-budget-plan

22. Tiffany Hsu&Eleanor Lutz, "More Than 1,000 Companies Boycotted Facebook. Did It Work?",《뉴욕 타임스》, 2020년 8월 1일, https://www.nytimes.com/2020/08/01/business/media/facebook-boycott.html?action=click&module=Well&pgtype=Homepage&section=Business

23. Matt Stoller, "Absentee Ownership: How Amazon, Facebook, and Google Ruin Commerce Without Noticing", 빅BIG, 2020년 7월 28일, https://mattstoller.substack.com/p/absentee-ownership-how-amazon-facebook

### 3장. 또 다른 시장 교란자들

1. 미국 노동통계국, https://www.bls.gov

2. Alicia Adamczyk, "Health Insurance Premiums Increased More Than Wages This Year", CNBC, 2019년 9월 26일, https://www.cnbc.com/2019/09/26/health-insurance-premiums-increased-more-than-wages-this-year.html

3. Aileen Lee, "Welcome to the Unicorn Club: Learning from Billion-Dollar Startups", 테크크런치TechCrunch, 2013년 11월 2일, https://tech-

crunch.com/2013/11/02/welcome-to-the-unicorn-club
4. Gené Teare, "Private Unicorn Board Now Above 600 Companies Valued at $2T", 크런치베이스Crunchbase, 2020년 6월 29일, https://news.crunchbase.com/news/private-unicorn-board-now-above-600-companies-valued-at-2t
5. Gerry Smith&Mark Gurman, "Apple Plans Mega Bundle of Music, News, TV as Early as 2020", 《블룸버그》, 2019년 11월 14일, https://www.bloomberg.com/news/articles/2019-11-14/apple-mulls-bundling-digital-subscriptions-as-soon-as-2020?sref=AhQQoPzF
6. Katie Roof&Olivia Carville, "Airbnb Quarterly Revenue Drops 67%; IPO Still Planned", 《블룸버그》, 2020년 8월 12일, https://www.bloomberg.com/news/articles/2020-08-12/airbnb-revenue-tanks-67-in-second-quarter-ipo-planned-for-2020?sref=AhQQoPzF
7. Wallace Witkowski, "Lemonade IPO: 5 Things to Know About the Online Insurer", 마켓워치, 2020년 7월 2일, https://www.marketwatch.com/story/lemonade-ipo-5-things-to-know-about-the-online-insurer-2020-07-01
8. "Investor Relations", 펠로톤, 2020년 9월 3일에 최종 접속, https://investor.onepeloton.com/investor-relations
9. Amy Watson, "Video Content Budget of Netflix Worldwide from 2013 to 2020", 스태티스타Statista, 2020년 5월 28일, https://www.statista.com/statistics/707302/netflix-video-content-budget
10. 〈타이거 킹Tiger King〉, 감독 에릭 구드Eric Goode&레베카 채이클린Rebecca Chaiklin, 2020년, 넷플릭스

11. "Tesla's Recent Rally Comes from Its Narrative, Not the News or Fundamentals, Says NYU's Aswath Damodaran", 동영상, CNBC, 2020년 7월 9일, https://www.cnbc.com/video/2020/07/09/teslas-recent-rally-comes-from-its-narrative-not-the-news-or-fundamentals-says-nyus-aswath-damodaran.html
12. 마이크 아이작Mike Isaac, 『슈퍼 펌프드Super Pumped: The Battle for Uber』(인플루엔셜, 2020), 우버 창업자 트래비스 캘러닉Travis Kalanick이 우버를 이끌던 시절과 코스로샤히 시대로의 전환에 관한 흥미롭고 영화 같은 이야기
13. Brian X. Chen&Taylor Lorenz, "We Tested Instagram Reels, the TikTok Clone. What a Dud", 《뉴욕 타임스》, 2020년 8월 14일, https://www.nytimes.com/2020/08/12/technology/personaltech/tested-facebook-reels-tiktok-clone-dud.html
14. KPMG International, "Venture Capital Remains Resilient", PR 뉴스와이어PR Newswire, 2020년 7월 22일, https://www.prnewswire.com/news-releases/venture-capital-remains-resilient,Äîus62-9-billion-raised-by-vc-backed-companies-in-the-second-quarter-according-to-kpmg-private-enterprises-global-venture-pulse-q220-report-301097576.html

### 4장. 위험과 혁신이 기다리는 고등교육

1. Rabah Kamal, Daniel McDermott, Cynthia Cox, "How Has US Spending on Healthcare Changed over Time?", 헬스 시스템 트래커Health System Tracker, 2019년 12월 20일, https://www.healthsystem-tracker.org/chart-collection/u-s-spending-healthcare-changed-

time/#item-nhe-trends_total-national-health-expenditures-us-per-capita-1970-2018

2. 스콧 갤러웨이, "Getting the Easy Stuff Right", 블로그 〈노 머시/노 맬리스〉, 2018년 12월 14일, https://www.profgalloway.com/getting-the-easy-stuff-right
3. 스콧 갤러웨이, "Gang of Four: Apple / Amazon / Facebook / Google(Scott Galloway, Founder of L2) | DLD16", DLD 컨퍼런스 강연, 독일 뮌헨, 2016년 1월 25일, 동영상, 16:18, https://www.youtube.com/watch?v=jfjg0kGQFBY
4. Brian Walsh, "The Dirty Secret of Elite College Admissions", 미디엄Medium, 2018년 12월 12일, https://gen.medium.com/the-dirty-secret-of-elite-college-admissions-d41077df670e
5. John Gage, "Harvard Newspaper Survey Finds 1% of Faculty Members Identify as Conservative", 《워싱턴 이그재미너Washington Examiner》, 2020년 3월 4일, https://www.washingtonexaminer.com/news/harvard-newspaper-survey-finds-1-of-faculty-members-identify-as-conservative
6. Kevin Carey, "The 'Public' in Public College Could Be Endangered", 《뉴욕 타임스》, 2020년 5월 5일, https://www.nytimes.com/2020/05/05/upshot/public-colleges-endangered-pandemic.html
7. Ben Miller et al, "Addressing the $1.5 Trillion in Federal Student Loan Debt", 미국진보센터Center for American Progress, 2019년 6월 12일, https://www.americanprogress.org/issues/education-postsecondary/reports/2019/06/12/470893/addressing-1-5-trillion-federal-

student-loan-debt

8. Paul Fain, "Wealth's Influence on Enrollment and Completion",《인사이드 하이어 에듀Inside Higher Ed》, 2019년 5월 23일, https://www.insidehighered.com/news/2019/05/23/feds-release-broader-data-socioeconomic-status-and-college-enrollment-and-completion
9. Gregor Aisch et al, "Some Colleges Have More Students from the Top 1 Percent Than the Bottom 60. Find Yours",《뉴욕 타임스》, 2017년 1월 18일, https://www.nytimes.com/interactive/2017/01/18/upshot/some-colleges-have-more-students-from-the-top-1-percent-than-the-bottom-60.html
10. Mara Leighton, "Yale's Most Popular Class Ever is Available Free Online-and the Topic is How to Be Happier in Your Daily Life",《비즈니스 인사이더》, 2020년 7월 13일, https://www.businessinsider.com/coursera-yale-science-of-wellbeing-free-course-review-overview
11. Jeffrey J. Selingo, "Despite Strong Economy, Worrying Financial Signs for Higher Education",《워싱턴 포스트》, 2018년 8월 3일, https://www.washingtonpost.com/news/grade-point/wp/2018/08/03/despite-strong-economy-worrying-financial-signs-for-higher-education
12. Clayton M. Christensen&Michael B. Horn, "Innovation Imperative: Change Everything",《뉴욕 타임스》, 2013년 11월 1일, https://www.nytimes.com/2013/11/03/education/edlife/online-education-as-an-agent-of-transformation.html
13. Abigail Hess, "Harvard Business School Professor: Half of Ameri-

can Colleges Will Be Bankrupt in 10 to 15 Years", CNBC, 2018년 8월 30일, https://www.cnbc.com/2018/08/30/hbs-prof-says-half-of-us-colleges-will-be-bankrupt-in-10-to-15-years.html
14. Oneclass Blog, "75% of College Students Unhappy with Quality of eLearning During Covid-19", 블로그 〈원클래스OneClass〉, 2020년 4월 1일, https://oneclass.com/blog/featured/177356-7525-of-college-students-unhappy-with-quality-of-elearning-during-covid-19.en.html
15. "Looking Ahead to Fall 2020: How Covid-19 Continues to Influence the Choice of College-Going Students", 아트 앤드 사이언스 그룹Art and Science Group LLC, 2020년 4월, https://www.artsci.com/studentpoll-covid-19-edition-2
16. "The College Crisis Initiative", 데이비드슨 칼리지Davidson College, 2020년 9월 3일에 최종 접속, https://collegecrisis.shinyapps.io/dashboard
17. Katie Lapp, "Update on Operational and Financial Planning", 하버드대학교, 2020년 6월 9일, https://www.harvard.edu/update-on-operational-and-financial-planning
18. Kevin Carey, "Risky Strategy by Many Private Colleges Leaves Them Exposed", 《뉴욕 타임스》, 2020년 5월 26일, https://www.nytimes.com/2020/05/26/upshot/virus-colleges-risky-strategy.html
19. Laurence Steinberg, "Expecting Students to Play It Safe If Colleges Reopen is a Fantasy", 《뉴욕 타임스》, 2020년 6월 15일, https://www.nytimes.com/2020/06/15/opinion/coronavirus-college-safe.html
20. Anne Field, "10 Great Places to Live and Learn", AARP.org, https://

www.aarp.org/retirement/planning-for-retirement/info-2016/ten-ideal-college-towns-for-retirement-photo.html

21. Jie Zong&Jeanne Batalova, "International Students in the United States", 이민정책연구소Migration Policy Institute, 2018년 5월 9일, https://www.migrationpolicy.org/article/international-students-united-states-2017

22. Doug Whiteman, "These Chains Are Permanently Closing the Most Stores in 2020", 《머니와이즈MoneyWise》, 2020년 8월 12일, https://moneywise.com/a/chains-closing-the-most-stores-in-2020

23. Lauren Thomas, "25,000 Stores Are Predicted to Close in 2020, as the Coronavirus Pandemic Accelerates Industry Upheaval", CNBC, 2020년 6월 9일, https://www.cnbc.com/2020/06/09/coresight-predicts-record-25000-retail-stores-will-close-in-2020.html

24. "Public Viewpoint: COVID-19 Work and Education Survey", STRADA: 소비자 인사이트 센터STRADA: Center for Consumer Insights, 2020년 7월 29일, https://www.stradaeducation.org/wp-content/uploads/2020/07/Report-July-29-2020.pdf

25. 스콧 갤러웨이, "Cash&Denting the Universe", 블로그 〈노 머시/노 맬리스〉, 2017년 5월 5일, https://www.profgalloway.com/cash-denting-the-universe

26. Justin Bariso, "Google's Plan to Disrupt the College Degree Is Absolute Genius", 《Inc.》, 2020년 8월 24일, https://www.inc.com/justin-bariso/google-career-certificates-plan-disrupt-college-

degree-university-genius.html

27. John M. Bridgeland&John J. DiIulio Jr, "Will America Embrace National Service?", 브루킹스 연구소Brookings Institution, 2019년 10월, https://www.brookings.edu/wp-content/uploads/2019/10/National-Service_TEXT-3.pdf

28. Ann-Cathrin Spees, "Could Germany's Vocational Education and Training System Be a Model for the U.S.?", 《월드 에듀케이션 뉴스+리뷰World Education News+Reviews》, 2018년 6월 12일, https://wenr.wes.org/2018/06/could-germanys-vocational-education-and-training-system-be-a-model-for-the-u-s/ 그리고 이 주제를 다룬 훌륭한 책인 매튜 크로포드Matthew Crawford의 『손으로, 생각하기Shop Class as Soulcraft: An Inquiry into the Value of Work』(사이, 2017)

#### 5장. 거대한 가속이 우리에게 남긴 것들

1. Yuval Noah Harari, 『사피엔스Sapiens: A Brief History of Humankind』(김영사, 2015)

2. Kristen McIntosh et al, "Examining the Black-White Wealth Gap", 브루킹스 연구소, 2020년 2월 27일, https://www.brookings.edu/blog/up-front/2020/02/27/examining-the-black-white-wealth-gap

3. Gregor Aisch et al, "Some Colleges Have More Students from the Top 1 Percent Than the Bottom 60. Find Yours", 《뉴욕 타임스》, 2017년 1월 18일, https://www.nytimes.com/interactive/2017/01/18/upshot/some-colleges-have-more-students-from-the-top-1-percent-than-the-bottom-60.html

4. Mike Maciag, "Your ZIP Code Determines Your Life Expectancy, But Not in These 7 Places", 거버닝닷컴Governing.com, 2018년 11월, https://www.governing.com/topics/health-human-services/gov-neighborhood-life-expectancy.html; https://time.com/5608268/zip-code-health
5. 대니얼 카너먼Daniel Kahneman, 『생각에 관한 생각 Thinking, Fast and Slow』(김영사, 2018)
6. "About Chronic Diseases", 질병통제예방센터, 2020년 9월 3일에 최종 접속, https://www.cdc.gov/chronicdisease/about/costs/index.htm
7. "CDC-Budget Request Overview", 질병통제예방센터, https://www.cdc.gov/budget/documents/fy2020/cdc-overview-factsheet.pdf
8. Jeff Stein, "Tax Change in Coronavirus Package Overwhelmingly Benefits Millionaires, Congressional Body Finds", 《워싱턴 포스트》, 2020년 4월 14일, https://www.washingtonpost.com/business/2020/04/14/coronavirus-law-congress-tax-change
9. Hiat Woods, "How Billionaires Got $637 Billion Richer During the Coronavirus Pandemic", 《비즈니스 인사이더》, 2020년 8월 3일, https://www.businessinsider.com/billionaires-net-worth-increases-coronavirus-pandemic-2020-7/ Christopher Mims, "Covid-19 is Dividing the American Worker", 《월스트리트 저널》, 2020년 8월 22일, https://www.wsj.com/articles/covid-19-is-dividing-the-american-worker-11598068859도 참조. 이 저자는 우리가 "'K' 자형 회복세를 보이고 있다"고 말한다. "현재 2개의 미국이 존재하는데, 하나는 대부분 업무에 복귀했고 주식 포트폴리오도 최고치를 경신 중인 전문직 종사자들이고 다른 하나는 그 외의 모든 사람들이다."

10. Paul Kiel&Justin Elliott, "Trump Administration Discloses Some Recipients of $670 Billion Small Business Bailout", 《프로퍼블리카ProPublica》, 2020년 7월 6일, https://www.propublica.org/article/trump-administration-discloses-some-recipients-of-670-billion-small-business-bailout
11. Christopher Ingraham, "Wealth Concentration Returning to 'Levels Last Seen During the Roaring Twenties,' According to New Research", 《워싱턴 포스트》, 2019년 2월 8일, https://www.washingtonpost.com/us-policy/2019/02/08/wealth-concentration-returning-levels-Last-seen-during-roaring-twenties-according-new-research
12. "Changes in U.S. Family Finances from 2013 to 2016: Evidence from the Survey of Consumer Finances", 연방준비제도, 2017년 9월, https://www.federalreserve.gov/publications/files/scf17.pdf
13. "Poverty Thresholds", 미국 인구조사국, 2020년 9월 3일에 최종 접속, https://www.census.gov/data/tables/time-series/demo/income-poverty/historical-poverty-thresholds.html
14. Abbie Langston, "100 Million and Counting: A Portrait of Economic Insecurity in the United States", 폴리시링크PolicyLink, 2018년 12월, https://www.policylink.org/resources-tools/100-million
15. Thomas Richardson, Peter Elliott, Ronald Roberts, "The Relationship Between Personal Unsecured Debt and Mental and Physical Health: A Systematic Review and Meta-Analysis", 《임상심리학 리뷰Clinical Psychology Review》 2, no. 8(2013): 1148~1162. https://pubmed.ncbi.nlm.nih.gov/24121465

16. Laura M. Argys, Andrew I. Friedson, M. Melinda Pitts, "Killer Debt: The Impact of Debt on Mortality", 애틀랜타 연방준비은행, 2016년 11월, https://www.frbatlanta.org/-/media/documents/research/publications/wp/2016/14-killer-debt-the-impact-of-debt-on-mortality-2017-04-10.pdf
17. Gary W. Evans et al, "Childhood Poverty and Blood Pressure Reactivity to and Recovery from an Acute Stressor in Late Adolescence: The Mediating Role of Family Conflict", 《정신신체의학 Psychosomatic Medicine》 75, no. 7(2013): 691~700, https://www.ncbi.nlm.nih.gov/pmc/articles/PMC3769521
18. Pablo A. Mitnik, "Economic Mobility in the United States", 퓨 자선 신탁 Pew Charitable Trusts, 2015년 7월, https://www.pewtrusts.org/~/media/assets/2015/07/fsm-irs-report_artfinal.pdf
19. Julia B. Isaacs, "International Comparisons of Economic Mobility", 퓨 자선 신탁, https://www.brookings.edu/wp-content/uploads/2016/07/02_economic_mobility_sawhill_ch3.pdf / Katie Jones, "Ranked: The Social Mobility of 82 Countries", 《비주얼 캐피털리스트 Visualcapitalist》, 2020년 2월 7일, https://www.visualcapitalist.com/ranked-the-social-mobility-of-82-countries
20. Andy Kiersz, "31 Countries Where the 'American Dream' is More Attainable Than in the US", 《비즈니스 인사이더》, 2019년 8월 19일, https://www.businessinsider.com.au/countries-where-intergenerational-mobility-american-dream-better-than-the-us-2019-8
21. "The World Fact Book", 미국 중앙정보국, 2020년 9월 3일에 최종

접속, https://www.cia.gov/library/publications/the-world-factbook/rankorder/2102rank.html
22. "Countries and Territories", 프리덤 하우스Freedom House, 2020년 9월 3일에 최종 접속, https://freedomhouse.org/countries/freedom-world/scores?sort=desc&order=Total%20Score%20and%20Status
23. John F. Helliwell et al, "Social Environments for World Happiness", 세계행복보고서, 지속가능발전해법네트워크Sustainable Development Solutions Network, 2020년 3월 20일, https://worldhappiness.report/ed/2020/social-environments-for-world-happiness
24. Nia-Malika Henderson, "White Men Are 31 Percent of the American Population. They Hold 65 Percent of All Elected Offices", 《워싱턴 포스트》, 2014년 10월 8일, https://www.washingtonpost.com/news/the-fix/wp/2014/10/08/65-percent-of-all-american-elected-officials-are-white-men
25. Juliana Menasce Horowitz, Ruth Igielnik, Rakesh Kochhar, "Most Americans Say There is Too Much Economic Inequality in the U.S., but Fewer Than Half Call It a Top Priority", 퓨 리서치 센터, 2020년 1월 9일, https://www.pewsocialtrends.org/2020/01/09/most-americans-say-there-is-too-much-economic-inequality-in-the-u-s-but-fewer-than-half-call-it-a-top-priority
26. Alex Abad-Santos, "Watch John Oliver Completely Destroy the Idea That Hard Work Will Make You Rich", 《복스Vox》, 2014년 7월 14일, https://www.vox.com/2014/7/14/5897797/john-oliver-explains-wealth-gap
27. "Food Insecurity", 차일드 트렌드Child Trends, 2018년 9월 28일,

https://www.childtrends.org/indicators/food-insecurity
28. Michael Lewis, "Extreme Wealth is Bad for Everyone-Especially the Wealthy", 《뉴 리퍼블릭New Republic》, 2014년 11월 12일, https://newrepublic.com/article/120092/billionaires-book-review-money-cant-buy-happiness
29. Leigh Buchanan, "American Entrepreneurship is Actually Vanishing. Here's Why", 《Inc.》, 2015년 5월, https://www.inc.com/magazine/201505/leigh-buchanan/the-vanishing-startups-in-decline.html
30. Josh Eidelson&Luke Kawa, "Firing of Amazon Strike Leader Draws State and City Scrutiny", 《블룸버그》, 2020년 3월 30일, https://www.bloomberg.com/news/articles/2020-03-30/amazon-worker-who-led-strike-over-virus-says-company-fired-him
31. Lauren Hepler, "Uber, Lyft and Why California's War Over Gig Work Is Just Beginning", 《캘 매터스Cal Matters》, 2020년 8월 13일, https://calmatters.org/economy/2020/08/california-gig-work-ab5-prop-22
32. Lauren Feiner, "Uber CEO Says Its Service Will Probably Shut Down Temporarily in California If It's Forced to Classify Drivers As Employees", CNBC, 2020년 8월 12일, https://www.cnbc.com/2020/08/12/uber-may-shut-down-temporarily-in-california.html
33. David Ingram, "Designed to Distract: Stock App Robinhood Nudges Users to Take Risks", NBC 뉴스, 2019년 9월 12일, https://

www.nbcnews.com/tech/tech-news/confetti-push-notifications-stock-app-robinhood-nudges-investors-toward-risk-n1053071/ "이 @RobinhoodApp의 일러스트 세상에서 살고 싶다"고 한 Neil Shankar(@tallneil)의 트위터 게시물도 참조, 2020년 5월 18일, https://twitter.com/tallneil/status/1262401096577961984/ 마지막으로, Matthew Q. Knipfer, "Optimally Climbing the Robinhood Cash Management Waitlist", 미디엄, 2019년 11월 5일, https://medium.com/@MatthewQKnipfer/optimally-climbing-the-robinhood-cash-management-waitlist-f94218764ea7

34. A. W. Geiger&Leslie Davis, "A Growing Number of American Teenagers-Particularly Girls-Are Facing Depression", 퓨 리서치 센터, 2019년 7월 12일, https://www.pewresearch.org/fact-tank/2019/07/12/a-growing-number-of-american-teenagers-particularly-girls-are-facing-depression

35. Siddarth Shrikanth, "'Gamified' Investing Leaves Millennials Playing with Fire", 《파이낸셜 타임스Financial Times》, 2020년 5월 6일, https://www.ft.com/content/9336fd0f-2bf4-4842-995d-0bcbab27d97a

36. Briana Abbott, "Youth Suicide Rate Increased 56% in Decade, CDC Says", 《월스트리트 저널》, 2019년 10월 17일, https://www.wsj.com/articles/youth-suicide-rate-rises-56-in-decade-cdc-says-11571284861

37. Melissa C. Mercado et al, "Trends in Emergency Department Visits for Nonfatal Self-Inflicted Injuries Among Youth Aged 10 to 24 Years in the United States, 2001~2015", 《미국의사협회저널Jour-

nal of the American Medical Association》 318, no. 19(2017): 1931~1933, https://jamanetwork.com/journals/jama/ful larticle/2664031

38. Lulu Garcia-Navarro, "The Risk of Teen Depression and Suicide is Linked to Smartphone Use, Study Says", NPR, 2017년 12월 17일, https://www.npr.org/2017/12/17/571443683/the-call-in-teens-and-depression

39. Sam Harris, "205: The Failure of Meritocracy: A Conversation with Daniel Markovits", 팟캐스트 〈메이킹 센스Making Sense〉, 2020년 5월 22일, 00:58:58, https://samharris.org/podcasts/205-failure-meritocracy(사이트에 가입하면 이 에피소드의 긴 버전을 들을 수 있다)

40. Erin Griffith&Kate Conger, "Palantir, Tech's Next Big I.P.O., Lost $580 Million in 2019",《뉴욕 타임스》, 2020년 8월 21일, https://www.nytimes.com/2020/08/21/technology/palantir-ipo-580-million-loss.html

41. "Federal Receipt and Outlay Summary", 조세정책센터Tax Policy Center, https://www.taxpolicycenter.org/statistics/federal-receipt-and-outlay-summary

42. 스콧 갤러웨이, "A Post-Corona World", 팟캐스트 〈G교수 쇼Prof G Show〉, 2020년 3월 26일, 00:51:49, https://podcasts.apple.com/us/podcast/a-post-corona-world/id1498802610?i=1000469586627

43. Vicky McKeever, "Germany's Economic Response to the Coronavirus Crisis is an Example for the World, Union Chief Says", CNBC, 2020년 5월 1일, https://www.cnbc.com/2020/05/01/coronavirus-germany-ilo-chief-says-it-set-a-global-economic-

example.html

44. Peter S. Goodman, Patricia Cohen, Rachel Chaundler, "European Workers Draw Paychecks, American Workers Scrounge for Food", 《뉴욕 타임스》, 2020년 7월 3일, https://www.nytimes.com/2020/07/03/business/economy/europe-us-jobless-coronavirus.html

45. "Flattening the Curve on COVID-19", UNDP, 2020년 4월 16일, http://www.undp.org/content/seoul_policy_center/en/home/presscenter/articles/2019/flattening-the-curve-on-covid-19.html

46. John Divine, "Does Congress Have an Insider Trading Problem?", 《US 뉴스US News》, 2020년 8월 6일, https://money.usnews.com/investing/stock-market-news/articles/does-congress-have-an-insider-trading-problem. Stephen Bainbridge, "Insider Trading Inside the Beltway"(2010), https://www.researchgate.net/publication/228231180_Insider_Trading_Inside_the_Beltway

47. "War Production", PBS, 2020년 9월 3일에 최종 접속, https://www.pbs.org/thewar/at_home_war_production.htm / "The Auto Industry Goes to War", 티칭 히스토리Teaching History, https://teachinghistory.org/history-content/ask-a-historian/24088도 참조

48. Wade Davis, "The Unraveling of America", 《롤링 스톤》, 2020년 8월 6일, https://www.rollingstone.com/politics/political-commentary/covid-19-end-of-american-era-wade-davis-1038206

49. Bradley Flamm, "Putting the Brakes on 'Non-Essential' Travel: 1940s Wartime Mobility, Prosperity, and the US Office of De-

fense", 《운송 역사 저널》 27. no. 1(2006): 71~92, https://www.researchgate.net/publication/233547720_Putting_the_brakes_on_%27nonessential%27_travel_1940s_wartime_mobility_prosperity_and_the_US_Office_of_Defense / "Draft Resistance and Evasion", 인사이클로피디아닷컴Encylopedia.com, 2020년 9월 3일에 최종 접속, https://www.encyclopedia.com/history/encyclopedias-almanacs-transcripts-and-maps/draft-resistance-and-evasion

**옮긴이** 박선령

세종대학교 영어영문학과를 졸업하고 MBC 방송문화원 영상 번역 과정을 수료했다. 현재 출판 번역 에이전시 베네트랜스에서 전속 번역가로 활동 중이다. 옮긴 책으로는 『타이탄의 도구들』, 『지금 하지 않으면 언제 하겠는가』, 『혁신 역량 극대의 전략』, 『비즈니스 씽커스』, 『고성장 기업의 7가지 비밀』, 『업스트림』 등이 있다.

# 거대한 가속

**초판 1쇄 발행** 2021년 10월 5일
**초판 7쇄 발행** 2022년 1월 10일

**지은이** 스콧 갤러웨이 **옮긴이** 박선령

**발행인** 이재진 **단행본사업본부장** 신동해
**편집장** 김예원 **책임편집** 김보람
**디자인** 김은정 **조판** 손향기 **교정** 이정현
**마케팅** 이화종 이인국 **홍보** 최새롬 권영선 최지은
**국제업무** 김은정 **제작** 정석훈

**브랜드** 리더스북
**주소** 경기도 파주시 회동길 20
**문의전화** 031-956-7352(편집) 031-956-7089(마케팅)
**홈페이지** www.wjbooks.co.kr
**페이스북** www.facebook.com/wjbook
**포스트** post.naver.com/wj_booking

**발행처** ㈜웅진씽크빅
**출판신고** 1980년 3월 29일 제406-2007-000046호


ISBN 978-89-01-25253-7 03320

리더스북은 ㈜웅진씽크빅 단행본사업본부의 브랜드입니다.

※ 책값은 뒤표지에 있습니다.
※ 잘못된 책은 구입하신 곳에서 바꾸어드립니다.